빅파마로 가는 길

한경 BIO Insight 총서는
바이오산업 트렌드 매거진 <한경바이오인사이트>가 만든
바이오 전문 포켓북입니다. 바이오산업 분야별 전문지식과
새로운 인사이트를 알기 쉽게 담았습니다.

한경 BIO Insight 총서 ❹

빅파마로 가는 길
글로벌 9대 빅파마 성장사

김태억 지음

1%의 가능성을 뚫고 바이오텍에서 빅파마 진입에 성공한 이들은 무엇이 달랐을까? 제넨텍, 암젠, 리제네론, 버텍스, 길리어드, 아이오니스, 다이이찌산쿄, 바이오엔텍, 로이반트까지, 바이오텍에서 시작해 빅파마가 된 이들의 여정을 좇았다.

한국경제신문

머리말

국내 바이오텍이 빅파마가 되려면

전 세계 제약시장의 규모는 2023년 기준 1조6000억 달러(2300조 원)이며, 이중 30%인 5000억 달러를 10대 빅파마가 점유하고 있다. 연구개발비로는 20대 빅파마가 연간 1450억 달러를 투입해서 전체 2600억 달러의 55%를 점유하고 있다. 빅파마는 거대한 마케팅 파워와 자본력을 기반으로 자체 연구개발은 물론이고, 전 세계 바이오텍으로부터 신약 파이프라인의 라이선스인license-in기술도입과 인수합병M&A을 통해 신약을 출시하면서 제약산업 가치사슬의 정점이자 혁신의 정점을 차지했다.

하지만 동시에 글로벌 30대 빅파마는 그 어떤 다른 산업보다 높은 연구개발 집중도와 자본집약도, 10년 이상의 장기투자의 회임懷妊과 여타 산업 대비 3배 이상 높은 영업이익률로 강력한 독과점 질서를 구축하고 있다. 빅파마 중심의 독과점적 질서는 너무나 강력해서 1960~1980년까지 단 1개의 신규기업이 빅파마 대열에 진입했으며, 1980~2024년까지 40여 년간 총 13개 신규기업이 빅파마 대열에 입성했다. 나스닥에 상장된 바이오텍을 기준으로 한다면 1100여 개 중 6개가 빅파마 대열에 입성했다. 신약개발 성공률 1% 수준보다 낮은 확률이다.

하지만 빅파마가 된다는 것은 기업가치 측면이나 신약개발에 미치는 영향력에서 엄청난 변화를 가져온다. 상장 시점 기준 빅파마 진입 시 기업가치는 보통 200~300배 이상 증가하며, 현재 기업가치로 보면 1000배 이상 증가한 경우가 일반적이다. 또한 빅파마로 진입할 경우 풍부한 자금력을 기반으로 새로운 새로운 생물학과 모달리티에의 접근성이 획기적으로 높아지고, 실제 임상현장에서 환자나 의사들과 직접 소통채널을 확보할 수 있다. 신약개발에서 임상현장까지 가치사슬의 전체 사이클이 완성되는 것이다. 모든 바이오텍이 빅파마로 성장하려는 이유이다.

우리나라에서 신약개발이 본격화된 것은 1980년대 전후이다. 40년이 지난 현재 우리나라 신약개발 역량은 본격적인 성장의 전환점에 서 있다. 2015년부터 본격화된 글로벌 라이선스아웃 license-out 실적은 연평균 15건, 계약금액 기준으로는 연평균 5000억 원이다. 대표적으로 유한양행이 개발하고 얀센이 출시한 항암제 렉라자는 블록버스터급 매출을 눈앞에 두고 있고, 대형 라이선싱 실적 중 상당수가 1980년대 이후 창업한 바이오텍에 의해 만들어졌다. 하지만 라이선스아웃은 자체 출시를 위해 필요한 자본을 조달하기 위한 하나의 수단이지, 그 자체가 목표가 될 수는 없다. 게다가 그동안 빅파마로 성장한 바이오텍 중

라이선스아웃을 주력 비즈니스 모델로 삼는 경우는 없다. 그렇다면 우리나라에서 창업한 바이오텍으로서 글로벌 빅파마로 성장할 수 있는 방법은 무엇일까? 이러한 문제의식이 이 책을 쓰기 시작한 동기이다.

우선 1980년대를 전후해서 창업한 바이오텍으로 2023년 매출액 기준 30억 달러를 넘는 회사들 중, 해당 기업의 성장사에 대한 문헌기록이 상대적으로 많은 기업을 분석했다. 특히 신약개발업의 특성상 과학, 자본, 사람과 더불어 당시의 시대적 상황을 중심으로 살펴보기 위해 노력했다. 이 과정에서 특히 제약산업 전반의 질서변화에 블록버스터급 약물을 창출한 신약 모달리티가 매우 결정적인 영향력을 미친다는 사실을 확인했다. 신약개발 모달리티는 특정 기술 하나가 아니라 물질생산에서부터 임상허가까지 하나의 통합적 시스템을 구성한다. 이 때문에 신규 모달리티의 등장은 신약개발 바이오텍 생태계 전체를 변화시키고, 나아가서는 빅파마들 간 매출 서열도 변화시킬 만큼 강력했다.

이 책에서 분석대상으로 삼은 기업들은 1980년대 재조합단백질 신약, 2000년대 항체신약, 2010년 핵산신약, 2020년 메신저리보핵산 mRNA 신약 등 떠오르는 신약개발 모달리티의 대표주자들이다. 주로 나스닥에 상장한 미국 바이오텍들을 다루었지만 자본시장이 덜 발달한 사례도 분석하기 위해 일본과 독일 등에서 창업, 성장한 다이이찌산쿄와 바이오엔텍도 포함시켰다. 각 기업들을 분석함에 있어서 주로 참고한 자료는 <네이처 바이오테크놀로지Nature Biotechnology>, 해당 기업을 다룬 단행본, 사례연구 논문과 관련자 구술자료 등으로 참고문헌에 밝혀두었다. 특히 <네이처 바이오테크놀로지>의 경우 1983년 이후 미국 바이오텍 생태계 진화의 과정을 다양한 관점에서 분석하고, 당대의 모달리티를 둘러싼 관련 전문가들의 치열한 논쟁을 충실하게 소개하고 있어서 큰 도움이 됐다.

한 가지 아쉬운 점은, 새로운 모달리티 도입을 선도했으나 인수합병이 되거나 경쟁에서 밀려나 소멸된 기업도 적지 않다. 실패한 기업들의 사례, 혹은 이들을 포함한 기업 간 경쟁현황 분석을 통해 더 생생한 진화의 과정을 추적하고 교훈을 얻을 수도 있었겠지만 책의 분량을 고려해 포함하지 않았다.

이 책의 후반부인 10장에서는 1980년대 이후 빅파마로 성장한 기업들을 분석해 빅파마로 성장하는 데 핵심적인 요인이 무엇이었는지를 세 가지 측면, 즉 신규 모달리티 플랫폼 확보, 이를 기반으로 한 전략적 공동연구와 효과적인 자본조달, 자체 임상 및 자체 시판을 통한 대규모 매출확보 과정에서 나스닥을 중심으로 기관투자자를 통한 시장선별 기능과 벤처투자 모델의 진화가 차지하는 중요성을 살펴보았다. 11장에서는 2020년 이후 창업한 바이오텍들이 빅파마로 진입하기 위해 무엇을 해야 하는지 분석했다. 특히 1970년 이후 50년 이상 지속돼 온 신약개발 생산성 위기의 원인과 그 해법에 대해 살펴보았다. 신약개발 생산성의 위기, 이에 따른 빅파마 비즈니스 모델의 위기를 해결할 수 있는 전략이 곧 빅파마로 진입하는 가장 효과적인 길이기 때문이다.

 신약개발은 일만 가지 조건이 모두 충족되어야 성공 가능하다고 말한다. 그만큼 어렵고 험난한 개발과정을 높은 불확실성을 안고 오랜 기간에 걸쳐 개척해야 한다. 게다가 2020년 코로나바이러스 감염증 Covid-19, 코로나19 팬데믹 이후 급격하게 변화된 금융환경으로 인해 신약개발 바이오텍에 대한 투자시장은 꽁꽁 얼어붙은 채 4년 이상 혹한기 상태를 지속하고 있다. 지난 2000년 닷컴 버블과 지노믹 버블 붕괴의 충격보다 더 심각하고 장기화된 위기이다. 그러나 이 책의 후반부에서 살펴보겠지만 전 세계 제약산업은 2030년 전후 일대 전환기를 맞이할 것이고, 그 과정에서 혁신 바이오텍은 결정적인 영향력을 행사하게 될 것이다. 2030년 블록버스터 약물에 기반한 빅파마 중심의 제약산업 지배질서는 지속적인 신약개발 생산성 하락, 특허만료로 인한 막대한 규모의 매출 하락, 외부 혁신에 대한 과도한 의존으로 인한 부작용 등이 한꺼번에 겹치면서 심각한 위기에 직면할 것으로 예상된다. 반면에, 2020년 이후 혹한기를 뚫고 성장한 바이오텍 중에서 차세대 신약개발 난제를 해결할 수 있는 솔루션을 제공하거나 혹은 차세대 모달리티를 개척한 바이오텍들은 위기에 직면한 빅파마에 대한 협상력이 크게 강화될 것이다. 결국 이러한 흐름은 머지않아 2015~2020년 사이에 경험했던 바이오텍의 폭발적 성장보다 더 강력한 성장으로 이어질 것이며, 더 많은 바이오텍이 빅파마 대열에 진입하게 될 것이다.

Contents

머리말 — 04

1장.
바이오텍의 시대를 연 제넨텍 — 12

2장.
암젠, 바이오텍이 빅파마로 성장한 최초의 역사 — 52

3장.
플랫폼 기반 독자성장 모델, 리제네론 — 74

4장.
제2의 MSD를 꿈꾼 버텍스 파마슈티컬 — 98

5장.
인수합병으로 성장한 길리어드 사이언스 — 124

6장.
RNA 치료제의 시대를 연 개척자 아이오니스 — 144

7장.
다이이찌산쿄는 어떻게 ADC 신약의 왕좌를 차지했나? 168

8장.
바이오엔텍이 열어갈 mRNA 치료제 194

9장.
로이반트, 신약개발 비즈니스 모델의 혁신 224

10장.
빅파마 성장, 어떻게 가능했나? 246

11장.
빅파마로 가기 위해 무엇을 준비할 것인가? 282

참고문헌 315

01

바이오텍의 시대를 연 제넨텍

Genentech

분자생물학의 발전

제넨텍Genentech이 등장한 1970년대 미국 제약산업은 큰 변화를 겪고 있었다. 우선 연구개발 측면에서 보자면 데옥시리보핵산DNA 구조를 규명하면서 시작된 분자생물학의 발전과 병리학 기반의 신약 타깃 발굴이 본격적으로 발전하는 시기였다. 이에 따라 대형 제약사들은 체계적인 자체 신약개발 연구소를 설립하고 '합리적 약물설계rational drug design'를 위해 대규모 자체 화합물 라이브러리를 구축하게 된다. 당시 주로 개발된 약물은 미생물학과 효소학 기반의 항생제와 항염증제 등에 집중돼 있었다. 그러나 이들 약물 역시 1980년 후반부로 가면서 특허만료를 앞두게 된다. 분자생물학의 경우 매사추세츠와 캘리포니아 지역의 대학에서 집중적으로 연구되고 있었다. 1970년대 초반부터 유전자재조합 기술에 대한 연구가 몇몇 대학을 중심으로 경쟁적으로 진행됐다.

분자생물학은 눈부신 발전을 이뤄 나갔지만 제약회사들의 눈길은 다른 곳에 있었다. 규제기관의 규제가 더 엄격해지고 있어 연구개발비는 더 늘어만 갔으며, 의약품의 광고 허용 등으로 인해 마케팅 출혈경쟁이 발생했다. 결국 신약개발에 대한 획기적인 진전은 이뤄지지 않았고, 자본금이 많은 빅파마 중심의 독과점 진입장벽이 세워지게 됐다. 특히 암 치료제 등 미충족 의료 수요unmet medical needs가 높은 항암제 등에서는 획기적인 진전이 이루어지지 않았다. 거대 제약사가 보유한 파이프라인은 환자 수가 많고 지속적인 약물 복용이 필요해서 대규모 시장창출이 가능한 고혈압·당뇨 치료제 등 심혈관 및 대사 질환에 집중돼 있었으며 계열 내 유사 신약이 많은 비중을 차지했다. 특허만료는 다가왔는데, 새로운 블록버스터급 신약 창출에 어려움을 겪게 된 것이다. 그 결과 1970년대에는 매년 평균 20개씩의 신약이 승인됐으나 출시된 신약 중 5년 내 1억 달러 매출을 달성한 약물은 10년간 총 10개밖에 없었다.

이에 따라 당시 빅파마 중에서는 미국 머크(현재 MSD로 불림), 일라이릴리Eli Lilly, 애보트Abott 등이 분자생물학과 유전자재조합 분야의 연구소를 설립하거나 유전자재조합 기술을 활용한 약물 단백질 생산을 위한 대학과의 공동연구에 착수했다. 하지만 언제쯤 구체적인 산업적 활용이 가능한지, 혹은 어떤 분야에서 활용이 가능할지에 대해서는 아무도 확신을 가질 수 없는 상태였다.

유전자재조합 기술의 등장

유전자재조합 기술은 1966년 특정 코돈codon이 20여 개의 아미노산 중 무엇을 결정하는지 규명한 연구를 기반으로 한다. 이후 1969년 하버드 의학전문대학원Harvard Medical School의 벡위드Beckwith와 샤피로Shapiro가 처음으로 유전자를 분리하는 데 성공했다. 1970년에는 유전자를 잘라낼 수 있는 제한효소를 발견했고, 스탠퍼드대학교Stanford University의 폴 버그Paul Berg가 1972년 최초로 재조합유전자를 만드는 데 성공했다. 곧이어 스탠퍼드대의 코엔Cohen과 샌프란시스코 캘리포니아대학교UCSF의 보이어Boyer가 1973년에 재조합단백질을 만들었으며 1977년에는 프레더릭 생어Frederick Sanger가 DNA 시퀀싱sequencing 기술을 개발하게 된다.

코엔 & 버그Cohen & Berg의 연구결과가 <사이언스>와 <네이처>

스완슨은 2009년 로슈^{Roche}가 제넨텍을 완전 인수하기 이전까지 일관되게 독자성장을 통한 제약기업 진입을 전략적 목표로 유지했다. 자체 생산, 미국 시장 자체 판매를 이후 여러 차례에 걸친 라이선싱 계약에서 기본옵션으로 유지했다.

등을 통해 발표되자마자 워싱턴포스트를 비롯한 다수의 언론에서는 해당 연구결과를 기반으로 유전질환 치료제 개발은 물론이고 약물로 사용 가능한 단백질을 만들 수 있다는, 완전히 새로운 개념의 신약개발이 가능하다는 기대를 쏟아냈다. 하지만 동시에 재조합단백질 기술로 유전자 조작 인간을 만들어 낼 수 있다는 우려 역시 높았다. 당시 대학에서는 베트남전 반대 학생운동이 치열하게 진행되면서 과학의 사회적 책임과 윤리에 대한 요구가 높아지고 있었다. 뿐만 아니라 당시는 베트남전을 전후해서 국방부에 의해 풍부하게 제공되던 기초과학 연구예산이 급격하게 줄어드는 시점이기도 했다. 1970년대 초반 미국 국립보건원[NIH] 예산은 1960년대 대비 10% 이상 감소했다. 암 정복 프로젝트에 예산을 집중하는 등 기초과학보다는 목적성이 분명한 연구에 지원이 집중됐지만, 대부분의 기초과학 연구자들은 산업적 활용에 별다른 관심을 기울이지 않았다.

특히 버그의 연구결과 발표 이후 하버드대, 스탠퍼드대, UCSF 등을 중심으로 연구그룹이 경쟁적으로 연달아 자신들의 연구내용을 <사이언스>와 <네이처>에 발표했고, 유전자 조작 기술에 대한 대중적인 관심 역시 높아지기 시작했다. 하지만 버그의 연구방식은 원숭이 암 발생 바이러스와 대장균(이콜라이 E. coli)을 이용한 재조합단백질 생성법으로 돌연변이 발생 가능성과 바이러스 감염 가능성에 대한 우려가 매우 높았다. 그리고 유전자 조작 연구결과가 사회에 어떤 영향을 미칠지에 대해서 누구도 확신할 수 없었다. 이러한 이유들로 인해 버그 자신을 비롯, 여러 과학자 사이에서도 유전자재조합 연구를 엄격하게 제한해야 한다는 여론이 높아지고 있었다. 이러한 당시 연구계와 사회의 분위기를 반영하듯이 워싱턴포스트는 유전자재조합 기술이 마치 오펜하이머의 원자폭탄 개발과 마찬가지로 멸종적 재앙을 가져오거나, 혹은 미국에 새로운 황금시대를 열 수 있을 것이라고 보도했다.

이에 따라 버그는 1974년 NIH를 비롯한 정부기관 연구비 지원을 받아서 행해지는 유전자재조합 연구에 대한 일시중단 권고안을 공개하고, 세부적인 가이드라인(포유류나 조류 연구는 P3급 시

유전자재조합 연구개발 주요 성과와 마일스톤

1966 — Khorana, Nirenberg, Matthaei, and Ochoa identify which codon sequences indicate each of the 20 amino acids, thereby "cracking the genetic code" and enabling advances in genetic engineering.

1967 — The first DNA ligase is isolated.

1969 — Shapiro and Beckwith isolate the first gene.

자료 National Science Teaching Association's "Cloning Timeline"

설, 인간 DNA는 4급 시설에서 행해져야 한다는 등의 내용을 포함)이 1976년 6월에 확정, 적용되면서 유전자재조합 혹은 재조합단백질 연구는 상당기간 물밑에서 진행되거나 지연이 불가피했다[1].

하지만 연구 일시중단 이슈를 피해 가기 위해 스탠리 코엔-허브 보이어 Stanley Cohen-Herb Boyer 연구팀은 바이러스 벡터 대신 플라스미드 벡터를 사용한 재조합단백질 생성법을 연구, 그 결과를 1973년 11월 생명과학 분야의 권위지인 <미국국립과학원회보 PNAS>를 통해 발표하게 된다. 스탠퍼드대와 UCSF는 해당 연구결과를 기반으로 1974년 11월 특허를 출원하게 되는데, 이 특허출원서를 검토한 노벨상 수상자 등 저명한 연구자들은 "재조합단백질 생산기술을 통해 제약산업의 판도가 완전히 달라질 가능성이 있다"며 특허출원을 적극 독려했다. 해당 기술을 통해 스탠퍼드대가 벌어들일 기술료 수입이 막대해질 수 있다는 조언도 아끼지 않았다.

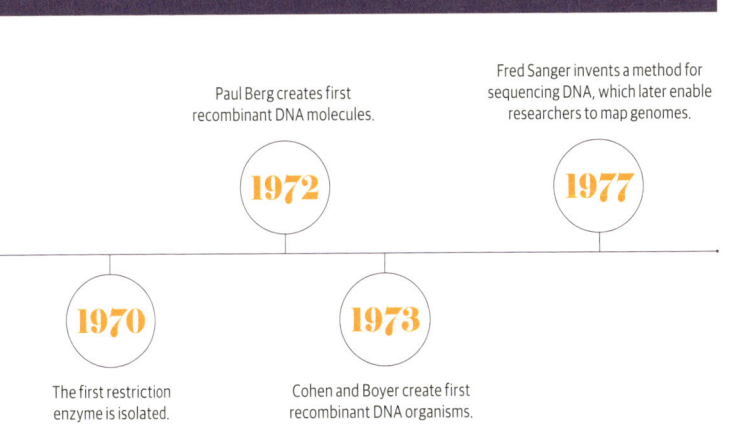

Paul Berg creates first recombinant DNA molecules.

1972

Fred Sanger invents a method for sequencing DNA, which later enable researchers to map genomes.

1977

1970

The first restriction enzyme is isolated.

1973

Cohen and Boyer create first recombinant DNA organisms.

하지만 보이어와 코엔은 당시 과학계의 정서를 반영해 기초과학 연구성과를 특허로 출원해도 좋을지에 대해 주저하고 있었다. 기초과학 연구성과를 특허로 제한할 경우 연구성과의 공유나 확산이 어려울 수 있을 뿐만 아니라 유전자재조합에 대한 사회적 우려 역시 고려할 수밖에 없었기 때문이다. 이러한 연구자들의 주저에도 불구하고 다수의 언론은 해당 특허와 연구결과에 열광적으로 반응했다. 예를 들어서 샌프란시스코 크로니클San Francisco Chronicle과 뉴욕 타임스, 타임스 등이 해당 연구를 활용할 경우 "박테리아를 단백질 신약 생산공장으로 활용할 수 있으며, 지금까지 상상할 수 있었던 것과는 전혀 다른 종류의 약물이 출시되면서 제약산업의 판도가 변화할 가능성이 높다"고 보도했다.

물론 보이어와 코엔 역시 자신들의 연구를 산업적으로 활용할 가능성에 대해 아예 관심이 없었던 것은 아니다. 보이어의 경우 재조합단백질의 생산수율을 충분히 높일 경우 산업계의 관심이 높아질 것으로 예상했다. 이를 위해 제약기업 한 군데와 재조합단백질 인슐린 생산에 관한 공동연구를 진행할 의사가 있는지 타진하기도 했었다. 코엔 역시 마찬가지였다. 재조합단백질의 산업적 가능성에 제일 처음 주목한 회사는 박테리아 기반 항생제 생산기업 시터스Cetus였다. 시터스는 코엔을 연구자문역으로 초빙했고, 제넨텍 창업자인 로버트 스완슨Robert Swanson이 재조합단백질에 대해 알게 된 것 역시 그가 참여하고 있었던 시터스 자문위를 통해서였다.

(시터스는 투자자 모셰 알라피Moshe Alafi와 론 케이프Ron Cape, 그리고 피터 팔리Peter Farley가 1971년에 설립한 회사로 산업용 미생물 발효기술을 개발하는 회사였으나, 곧바로 코엔을 과학자문으로 초

빙하고 도널드 글레이저Donald Glaser, 캐리 멀리스Kary Mullis 등 향후 노벨상 수상자가 될 연구자들을 핵심 연구진으로 구성했다. 시터스가 재조합단백질 연구소를 설립한 것은 1978년이며, 인터류킨IL-2 항암제인 프로류킨Proleukin과 다발경화증 치료제인 인터페론 베타 베타세론Betaseron을 출시하는 데 성공했고, 이후 키론Chiron에 인수된다. 특히 1983년에 DNA 복제 방식인 중합효소연쇄반응Polymerase Chain Reaction, PCR 개발에 성공했으나 프로류킨 개발에 필요한 자금확보를 위해 1991년 로슈Roche에 3억 달러에 매각했다.)

재조합단백질 기술이 진보함에 따라 산업계나 연구자들은 인슐린, 성장호르몬, 인터페론 등을 가장 먼저 적용 가능한 신약개발 아이템으로 거론하기 시작했다. 그 당시 이들 단백질은 그 기능과 구조가 가장 잘 알려진 단백질이다. 합성의약 방식으로는 개발하기 어렵고, 돼지나 인간 시장으로부터 추출하는 방식으로는 대량공급 능력에 한계가 분명했기 때문이다. 그 결과 재조합단백질 기술로 만들려는 첫 번째 목표는 인슐린이 됐다.

재조합단백질 기술을 활용한 인슐린 생산연구는 하버드대와 UCSF가 주도했다. 하지만 버그 방식과 보이어 방식의 차이, 그리고 캘리포니아주와 매사추세츠주의 정치적 성향으로 인해 속도경쟁에서 UCSF가 유리한 위치를 점했다. 당시 버그 주도로 미국국립과학원National Academy of Science에서 마련한 가이드라인(일명 아실로마Asilomar 가이드라인)은 엄격하게 P3, P4급 안전시설이 갖추어진 연구실에서만 단백질재조합 연구를 진행할 수 있다고 규정했는데, 해당 안전시설을 갖춘 미국 내 대학 연구실은 전무했다. 뿐만 아니라 하버드대가 위치한 매사추세츠주는 좌파적 정치성향이 매우 강했다. 과학기술의 사회적 책임에 대한 요구가 높았던 매사추세츠주에서는 연구 일시중단 조치가 1977년 2월까지 여장됐다.

이 때문에 UCSF의 보이어 연구실의 악셀 울리히Axel Ullrich가 1977년 5월 <사이언스>에 쥐 인슐린 유전자를 사용한 재조합 인슐린 개발 결과를 논문으로 게재해 하버드대 팀을 한 달 차이로 앞서게 됐다. 하버드대의 월터 길버트Walter Gilbert(바이오젠Biogen 창업자)는 바이러스 벡터와 인간 인슐린 유전자를 사용하기 때문에 하버드대는 물론이고 미국 내 어니에서도 P4급 연구실을 찾을 수 없었다. 결국 영국에 있는 군사연구시설을 빌려서 인슐린 생산연구를 진행할 수밖에 없었다. 그 결과 길버트 그룹은 울리히보다 한 달 늦은 1977년 6월 인슐린 전구체를 생산한 연구결과를 <PNAS>에 싣게 됐다.

하지만 특허출원과 관련해서는 반전이 일어났다. UCSF의 루터와 굿맨Rutter and Goodman(루터는 이후 키론을 창업)이 사용한 벡터가 아실로마 가이드라인에서 허용한 벡터가 아니라는 점이 밝혀지면서 연구안전은 물론이고 특허의 적절성 이슈로 번졌다. 재조합단백질을 둘러싼 특허등록 이슈만으로도 민감한데, 사용된 벡터를 허위로 보고한 것 역시 문제가 됐다. 특허등록 지연은 당연한 결과였다. 하지만 1970년대 말 미국 대통령 교체 및 재조합단백질에 대한 산업계의 관심과 투자가 급증하면서 가이드라인을 법률로 규정하려던 시도는 자연스럽게 약해지고 아실로마 가이드라인 역시 효력을 중단하게 된다.

제넨텍 창업자, 스완슨의 등장

로버트 스완슨은 매사추세츠공과대학교^{MIT}에서 화학과 학사와 경영학 석사를 마치고 26세가 되던 1970년 미국 시티은행의 벤처투자 그룹에서 첫 직장생활 시작하게 된다. 곧이어 시티은행 샌프란시스코 벤처투자사업부에서 그가 담당한 일은 투자대상 기업 중 파산위기에 직면한 회사를 관리하는 것이었다. 이때 동반 투자사인 클라이너-퍼킨스^{Kleiner & Perkins}와 함께 청산작업을 진행한 것을 계기로 1974년 클라이너-퍼킨스로 옮겨 본격적인 투자심사역으로서 일했다. 4년 차 투자심사역인 스완슨의 첫 번째 일은 클라이너-퍼킨스가 투자한 바이오텍 기업 시터스 관리였다[2].

당시 스완슨은 시터스에서 자문역으로 일하던 코엔의 연구결과를 소개받고 그 즉시 해당 기술의 잠재력에 매료됐다. 스완슨은 시터스 경영진에게 재조합단백질 기술을 이전받아 신약개발 파이프라인을 구축해 보자고 적극적으로 권유했지만 클라이너-퍼킨스의 투자파트너도, 시터스 경영진도 스완슨의 제안에 귀를 기울이지 않았다. 시터스 대표는 재조합단백질의 잠재력에 대해서는 인정했으나 산업적 적용에 이르기 위해서는 앞으로도 최소 5년 이상이 필요할 것이기에 서두를 필요가 없다고 주장했다. 결국 시터스에 대한 클라이너-퍼킨스의 관심이 약해지면서 스완슨의 역할이 애매해지자 클라이너-퍼킨스는 스완슨에게 새로운 직장을 찾아볼 것을 권유하게 된다. 실업자가 된 것이다[3].

실업수당 450달러만 남은 스완슨은 창업을 꿈꿨다. 하지만 회사경영 경험이 필요하다는 생각에 5개월여 동안 구직활동을 하다가 때를 놓치면 재조합단백질 기반 창업이 어려워질 것으로 판단, 관련 연구자 리스트를 구했다. 모든 연구자를 대상으로 무작정 전화통화를 시도했다. 스완슨이 통화를 했던 대부분의 연구자는 재조합단백질의 커다란 잠재력에 대해서는 동의했으나 상업적 적용은 최소 10년 정도 필요하다는 의견이 지배적이었고, 창업을 제안하는 스완슨에게 만남을 허락한 연구자는 한 명도 없었다.

스완슨이 마지막으로 보이어에게 연락을 했을 때 보이어는 30분 정도의 면담을 허락했다. 1976년 1월 스완슨과 만난 보이어는 스완슨의 나이나 경륜이 짧은 것 때문에 그의 창업 제안에 부정적이었다. 하지만 결국 스완슨의 창업에 대한 열정과 재조합단백질에 대한 스완슨의 학습량에 매료됐다. 당일 저녁까지 술집으로 자리를 옮겨 대화를 이어 나갔고, 결국 각자가 500달러씩 출자한 파트너십 계약을 체결하기로 합의했다. 제넨텍의 출발이 그날 저녁 술자리에서 시작된 것이다.

하지만 그 당시의 바이오텍 창업환경은 지금과는 전혀 달랐다. 벤처투자사는 미국 전역에서도 손꼽을 정도로 소수에 불과했

National Science Teaching Association's "Cloning Timeline"
창업을 결심한 날 주점에서 스완슨과 보이어의 만남을 형상화한 동상 앞에 선 둘.

자료 Corporate Communications, Genentech, Inc

고, 벤처투자사들의 펀드 규모는 1억 달러 내외로, 정보기술IT업계에 투자를 집중하고 있었다. 게다가 1973~1974년은 석유금수 조치로 인해 금융시장이 혼란을 겪고 있던 시기로 기업공개IPO 건수 역시 급감했기 때문에 바이오텍 창업투자 시장은 아예 씨가 마른 상황이었다. 이렇다 보니 바이오텍에 투자를 한 경우는 클라이너-퍼킨스가 시터스를 대상으로 진행한 것이 거의 유일하고, 바이오 분야에서 교수가 창업을 한 경우 역시 보이어가 처음이었다. 보이어는 뒷날, 이때의 창업에 대해 "나이브한 두 젊은 영혼의 만남이어서 가능했던 창업"이라고 회고했다.

스완슨이 창업자금을 조달하기 위해 접촉한 첫 번째 벤처캐피털은 투자를 거절했고, 1976년 3월 두 번째 접촉한 투자자인 클라이너-퍼킨스는 스완슨이 제시한 투자규모인 50만 달러의 용도와 재조합단백질, 특히 재조합 인슐린 비즈니스의 구체성과 현실성에 대한 의구심으로 추가적인 논의를 요구했다.

클라이너-퍼킨스는 보이어와의 면담을 통해 단기 실험계획과 소요비용 등에 대한 설명을 들은 뒤에야 10만 달러 투자를 약속했다. 당시 클라이너-퍼킨스 펀드의 규모는 800만 달러였기에 10만 달러 정도는 큰 부담이 되지 않았을 것이라 생각할 수도 있다. 하지만 클라이너-퍼킨스로서는 최초 투자 10만 달러가 문제가 아니었다. 투자 엑시트exit까지 소요되는 기간이 얼마나 될지, 그 과정에서 얼마나 투자를 더 많이 해야 할지가 중요한 문제였다. 이런 점에서 클라이너-퍼킨스의 투자는 과감하지만 매우 어려운 결정이었다. 하지만 이들의 투자결정이 재조합단백질의 시대를 열어젖혔고, 제넨텍을 가장 대표적인 바이오텍 성공사례로 만들었으며, 창업 후 4년 만에 나스닥 상장에 성공하면서 4000%의 투자수익을 거두었다.

첫 시드투자 결과 제넨텍의 기업가치는 35만 달러로 책정됐다. 총 발행주식은 7만 주로 투자사가 2만 주를, 스완슨과 보이어가 각각 2만5000주를 보유하게 된다. 스완슨의 급여는 2500달러, 보이어는 비상임으로 1000달러를 급여로 책정했다. 이 당시 스완슨은 갓 창업한 회사였음에도 자체 개발, 자체 판매를 통해 제약기업으로 성장한다는 비즈니스 플랜을 제시했다. 과감히기보다는 무모한 계획이었다. 당시 1920년대 이후 창업기업이 제약기업으로 성장한 사례는 단 1건에 불과할 만큼 독과점적 진입장벽이 높은 산업환경이었다. 벤처투자 환경 역시 이제 갓 시작해 자금조달 경로는 극히 제한적일 수밖에 없었다. 한마디로 앞이 보이지 않는 상황이었고, 누구도 가보지 못한 영역이 바이오텍의 제약산업 성장 경로였던 것이다.

하지만 스완슨은 2009년 로슈가 제넨텍을 완전 인수하기 이전까지 일관되게 독자성장을 통한 제약기업 진입을 전략적 목표로 유지했다. 이에 따라 자체 생산, 미국시장 판권확보 원칙은 여러 차례에 걸친 라이선싱 계약에서 일관되게 관철됐다. 또한 이러한 전통으로 인해 로슈에 인수합병된 이후에도 제넨텍은 독립적인 경영을 유지할 수 있게 된다. 반면에 이러한 제넨텍의 전략적 일관성은 벤처투자자에게는 더 높은 리스크로 작용할 수밖에 없었다. 창업기업의 당면한 목표는 살아남는 것이며, 살아남기 위해서는 대규모 자본투자가 필요한 자체 제조 및 생산은 아예 생각조차 말고 초기부터 라이선싱 등을 통해 실적을 입증하는 것이 중요했다. 이러한 긴장관계에서도 스완슨의 원칙은 꺾이지 않았다. 재조합단백질 신약은 당시까지의 신약개발 패러다임을 완전히 뒤바꾸는 것이었으며, 생산기술이 곧 플랫폼이었다.

스완슨이 생각한 당시 제넨텍의 비즈니스 핵심은 보이어 연구팀의 연구역량과 재조합단백질 플랫폼 특허를 확보하는 것이었다. 그래서 재조합 인슐린 관련 연구는 보이어의 연구실과 연구원을 활용한 위탁연구 방식으로 진행했다. 무엇보다 중요한 것은 보이어의 특허를 확보하는 것이었다. 스완슨은 이를 위해 스탠퍼드대와 접촉했다(스탠퍼드대와 UCSF 공동연구이지만 특허관리는 스탠퍼드대가 전담하고 있었고, 해당 특허는 출원은 돼 있었으나 언제 등록이 될지는 아무도 예상하기 어려웠다). 스완슨은 해당 기술의 독점적 기술이전을 요청하면서 제넨텍 지분 4000주(2만 달러에 해당)를 선급금으로 지불하는 방식을 제안했다.

고난의
연속

하지만 스탠퍼드대는 제넨텍이 갓 창업한 기업으로 언제 망할지 모른다고 생각해 비즈니스 지속성에 의문을 제기했다. 이 외에도 재조합단백질 기술에 대한 사회적·정치적 우려로 인해 독점적 라이선싱 계약을 체결할 경우 대학 측에 쏟아질 비난이나 출원돼 있던 해당 특허의 등록 가능성에 악영향을 미칠 것을 우려했다. 특히 제넨텍이 제안한 4000주 주식지분으로는 대학 측이 기대한 수준의 선급금 규모와는 차이가 너무 컸다. 더구나 스탠퍼드대가 원하는 수준의 선급금 규모는 해당 금액을 지불할 경우 제넨텍의 생존이 어려워질 수 있는 수준이었다.

 이러한 이유로 스텐피드대 측은 비독점적 라이선싱을 제안했다. 그러나 스완슨으로서는 비독점적 라이선싱은 아예 고려의 대상이 되지 못했다. 제넨텍의 투자가치는 보이어 연구실의 연구능력과 해당 특허에 대한 독점권이었기 때문이다. 스완슨은 당분간은 재조합단백질 기술에 투자하고자 하는 기업들이 별로 없을 것이며, 시일이 지나면 스탠퍼드대 역시 제넨텍에 독점적 라이선싱 권한을 줄 수밖에 없을 것이라고 생각했다. 결국 플랫폼 특허 없이 사업을 진행하기로 결정했다. 한쪽 다리가 없는 채 경주를 하기로 결심한 것이다(스탠퍼드대는 해당 특허를 1980년에 등록한 이후 비독점적 라이선싱으로 선급금 1만 달러에 수백 개 회사와 계약해 1982년에 총 1억4200만 달러의 선급금을 확보했다)[4].

 스완슨의 평소 지론은 초기부터 리스크를 최대한 제거해 나가는 것이 사업성공의 열쇠이며, 회사의 투자가치를 높이기 위해서는 단계마다 확실한 성과를 창출해야 한다고 강조했다. 투자는 그 성과에 맞춰 점진적으로 유치를 해야 한다고 말했지만 플랫폼 특허가 없는 창업은 처음부터 리스크가 너무 높았다. 스완슨은 회사의 명운을 첫 번째 인슐린 생산기술 입증에 걸었다. 하지만 이것 역시 쉬운 목표는 아니었다. 보이어 연구팀은 유전자 합성을 통한 재조합단백질 기술은 확보하고 있었으나 인슐린 생산기술은 하버드대의 길버트 그룹이 먼저 착수했고, 재조합단백질 기술 규제에 대한 연구계와 정치계의 우려는 나날이 강화돼 가고 있었다. 결국 재조합단백질 연구 일시중단과 아실로마 가이드라인[5]이 정부 연구비 지원 프로그램에 대해 적용됐다. 장기적으로는 해당 가이드라인을

> 투자유치에서 제넨텍이 제시한 논리는 단순했다. 회사의 핵심은 고객의 요구가 무엇인지를 정확히 이해하는 것이며, 제품이나 서비스에 대한 구매욕의 정도에 비례해서 그 제품과 서비스를 공급하는 회사의 가치가 높아진다는 것이다.

법률로 제정하고 정부 연구비 지원 프로그램만이 아니라 민간기업의 연구에 대해서도 확대 적용하자는 여론이 높았다. 제넨텍의 인슐린 재조합단백질 생산기술 연구가 과연 가능할 것인지에 대한 의문까지 제기될 수 있는 상황이었다.

첫 시드투자를 유치한 후 8개월 만인 1976년 12월 제넨텍은 첫 번째 재무적 위기에 직면했다. 투자받은 10만 달러 중 9만 달러를 위탁연구비 등으로 사용하면서 추가투자를 유치하지 않을 경우 회사의 존폐를 고민해야 하는 상황이 됐다.

당시 제넨텍은 자체 연구실, 실험장비, 연구원도 모두 없는 상태였고 관련된 특허 역시 보유하지 못한 상태였다. 뿐만 아니라 보이어 연구그룹의 인슐린 생산기술은 아직 완성되지 않은 상태였다. 하지만 다행스럽게도 스완슨의 끈질긴 노력과 당시 제넨텍 이사회 의장으로 참여한 클라이너-퍼킨스의 적극적인 투자유치 활동 덕에 1977년 초 클라이너-퍼킨스를 포함, 5곳의 투자사로부터 75만 달러를 유치해 총 85만 달러를 조달하는 데 성공했다.

당시 투자유치에서 제넨텍이 제시한 논리는 단순했다. 제넨텍 측은 "회사의 핵심은 고객의 요구가 무엇인지를 정확히 이해하는 것이며, 고객이 구매하고자 하는 제품이나 서비스에 대한 구매욕의 정도에 비례해서 그 제품과 서비스를 공급하는 회사의 가치가 높아진다"며 "이를 통해서 돈을 모을 수 있고, 그렇게 모인 돈이 많아질수록 해당 회사는 잘 성장한다는 지표가 되는 것"이라고 했다. 스완슨은 재조합단백질, 특히 인슐린과 성장호르몬 등에 대한 당시의 사회적 관심을 적극적으로 활용한 것이다. 해당 분야에 진입한 민간 창업기업으로는 제넨텍이 거의 유일하다는 점을 투자 포인트로 제시한 것이다.

여기에 덧붙여 제넨텍은 투자자들에게 1977년 하반기 재조합단백질 인슐린 생산이 가능할 것으로 예상한 비즈니스 계획서를 제시했다. 아무것도 없는 상태에서 1년 내 인슐린 생산을 장담한 것이다. 하지만 제넨텍이 당시 확보한 것은 UCSF팀과의 소마토스타틴 somatostatin 생산 관련 위탁연구 계약과 2명의 UCSF 연구원을 제넨텍의 핵심 연구진으로 채용하겠다는 계획 및 관련 계약서밖에 없었다. 사실상 실현 불가능한 목표를 제시한 것이다.

실제로 UCSF의 연구진은 인슐린이 아니라 호르몬의 일종인 소마토스타틴을 먼저 개발하자고 제안했다. 인슐린에 비해 좀 더 빠르게 개념검증을 할 수 있기 때문이다. 스완슨은 이러한 제안에 강하게 반대하며 인슐린 생산기술을 우선 진행할 것을 주장했다. 투자유치를 위해서는 모든 사람의 관심이 집중된 인슐린 기술개발에서 선두주자가 되는 게 필수적이라고 생각했다. 게다가 연구자들이 제안한 소마토스타틴은 의학적 활용도 역시 분명하지 않았고, 따라서 투자자들의 관심을 끌어내기도 어려운 소재였다.

스완슨은 평소 기술개발이 아니라 최종제품에 집중해야 한다는 점을 역설했다. 당시 시터스를 비롯한 다른 기업들은 기술에 초점을 맞췄다. 하지만 스완슨은 개발해야 할 제품을 먼저 선정하고 기술개발은 해당 제품을 만들기 위한 요소기술로 집약돼야 한다고 강조했다. 플랫폼이 아니라 제품을 먼저 강조한 것이다. 그리고 바로 그러한 전략이 있어야 더 좋은 사이언스를 만들 수 있다고 믿었다. 재조합유전자로 실제 어떤 신약을 만들어 낼 수 있을지를 한 번도 경험하지 못한 상황에서는 제품을 통한 입증이 가장 강력한 증거가 되기 때문이다.

기술이 아닌
제품개발에 집중

제넨텍이 출시하고자 하는 인슐린 대신에 좀 더 짧은 서열을 가진 소마토스타틴으로 먼저 검증하고자 하는 연구자들의 의견이 갈리는 상황에서 스완슨은 결국 연구자들의 의견을 따르기로 했다. 중간 개념검증 없이 인슐린 생산기술 개발로 직행할 경우, 예상한 결과가 나오지 않으면 회사가 문을 닫아야 했기 때문이다. 해당 연구 진행을 위해 캘리포니아대학 시티오브호프 캠퍼스 University of California and City of Hope로 학교를 옮긴 보이어 연구팀과 3만5000달러 위탁연구 계약을 1976년 8월 체결했다. 해당 연구결과에 따른 지식재산권은 제넨텍이 독점적으로 보유하는 계약이었다(하지만 이 특허 역시 다이아몬드-차크라바티 Diamond v. Chakrabarty 특허소송 이슈로 인해 1980년에야 등록된다).

소마토스타틴 생산은 몇 번의 실패 끝에 마침내 연구계약 1년 만인 1977년 8월에 성공하게 된다. 하지만 해당 연구에는 처음 위탁연구 비용 3만5000달러 외에 45만 달러가 추가되면서 총 50만 달러가 투입됐다. 2차 투자를 통해 유치된 투자금의 절반 이상이 투입된 것이다. 해당 연구결과는 1977년 12월 <사이언스>에 게재됐다[6]. 합성유전자를 통해 재조합단백질을 생산할 수 있다는 것을 보여준 기술적 진보의 증거이자 산업적 활용이 예상보다 빠르게 진행될 수 있다는 것을 입증한 것이다. 특히 소마토스타틴은 인간 유래 유전자를 사용하지도 않았고, 바이러스를 벡터로 사용하지도 않았기에 아실로마 가이드라인을 위배하지도 않았다.

스완슨은 소마토스타틴 연구결과를 근거로 재조합단백질 기반 인슐린 생산에 가장 큰 관심을 보인 일라이릴리와의 공동연구 계약에 전력을 다했다. 스완슨이 처음에 투자자들에게 약속한 1977년 말까지 인슐린을 생산하겠다는 목표는 달성하지 못했고, 따라서 대기업과의 공동연구 계약 없이는 후속투자 유치도 어려워질 수밖에 없었다. 하지만 일라이릴리는 제넨텍과의 공동연구보다는 관련 특허를 독점적으로 확보할 수 있는 UCSF와의 위탁연구를 선호했다. 일라이릴리는 UCSF와 인슐린 생산 위탁연구를 25만 달러에 진행하고, 곧이어 성장호르몬 관련 계약을 125만 달러에 체결했다. 스완슨은 일라이릴리와의 공동연구 계약이 어려워지자 인간성장호르몬 공급업체인 카비(Kabi)와 100만 달러 규모의 공동연구 계약을 체결했다. 카비와의 공동연구 계약은 자연스럽게 3차 투자유치 성공으로 이어지게 된다. 제넨텍은 1978년 3월 주당 8달러에 95만 달러를 유치했다. 1976년 창업 당시 주당 가치 5달러가 2년 만에 가까스로 8달러로 증가한 것이다.

스완슨은 1978년 초 인슐린 연구 진행 초기에 노보(현재의 노

제넨텍이 개발한 인슐린 합성공정.

자료 Genentech-the Beginning of Biotech. 2010

보노디스크)와의 공동연구 계약을 추진했으나 이것 역시 실패했다. 그다음으로 회흐스트Hoechst사와 접촉했으나 역시 실패했다. 인슐린 생산기술에 대한 검증 없이는 대기업과의 공동연구 계약이 어려웠던 것이다. 결국 1978년 9월 제넨텍과 보이어 연구팀은 인슐린 생산에 성공하고, 그 결과를 기반으로 일라이릴리와 공동연구 계약 체결에 성공하게 된다. 이때 제넨텍은 인슐린 전구체를 생산했다. 인슐린 전구체가 실제 인슐린과 동일한 생물학적 기능을 하는지 실험하지 않은 상태였기 때문에 연구자들은 연구결과 발표를 미뤄줄 것을 요청했으나 스완슨은 일라이릴리와의 계약 성사를 위해 조기 공개를 감행했다. 일라이릴리와의 공동연구 성사 여부가 제넨텍의 운명을 바꿀 수도 있었기 때문이다.

일라이릴리는 선급금 50만 달러에 매달 5만 달러 연구비 지원 및 마일스톤(단계별 기술료) 기반의 성과금 계약과 매출 발생 시 매출액의 8%를 로열티로 지불하는 계약을 제넨텍과 체결했다. 특히 1년 내 임상시험용 인슐린 생산을 프로젝트 마일스톤으로 제시했다(일라이릴리가 UCSF와의 계약에도 불구하고 제넨텍과 공동연구를 추진한 이유는 양산기술의 중요성, 개발속도의 중요성 때문이었다). 제넨텍은 소규모 회사로서 프로젝트 마일스톤 달성이 거의 불가능한 수준이었으나 연구진이 각고의 노력을 한 끝에 임상용 시료생산을 완료했고, 1981년 말 성공적으로 임상시험을 종료할 수 있었다. 참고로 이때 스완슨은 일라이릴리와의 계약에서 제넨텍 기술을 재조합 인슐린의 판매·생산에 대한 권한만으로 한정했다. 기반기술 전체를 이전할 경우 제넨텍의 향후 성장성, 나아가 제약기업으로 성장하겠다는 목표달성이 불가능해지기 때문이다(하지만 이런 계약조항에도 불구하고 일라이릴리는 제넨텍의 기반기술을 자사 제품을 개발하는 데 활용, 이에 따른 특허분쟁이 일어나게 된다).

1982년 최초의 재조합단백질 인슐린인 제넨텍의 휴물린에 대한 시판허가가 이루어졌다. 당시 경쟁은 일라이릴리와 UCSF, 일라이릴리와 제넨텍, 바이오젠과 하버드대의 싸움이었는데, 제넨텍이 선점하게 된 것이다. 휴물린은 돼지로부터 추출한 인슐린 대비 2배의 가격에도 불구하고 월스트리트를 흥분시켰다. 제넨텍의 성공을 배경으로 바이오텍에 대한 벤처투자 역시 크게 증가하기 시작했다. 첫 번째 바이오텍 투자 붐이 시작된 것이다.[7]

인슐린 시판허가에 이은 다음 타깃은 인터페론과 성장호르몬이었다. 제넨텍은 1979년 로슈와의 공동연구 계약을 토대로 인터페론 연구에 진입하게 된다. 로슈와의 공동연구 계약 외에 몬산토

Monsanto와 동물용 성장호르몬 등을 포함, 3건의 공동연구를 동시에 진행하게 된다. 그 결과 제넨텍은 통장잔고 95만 달러로 외부투자 유치 없이도 3년간 생존 가능한 기업이 됐다.

<사이언스>와 월스트리트저널 등에서도 1970년대 초반의 공상과학 소설이 현실화됐으며, 수많은 글로벌 빅파마가 재조합단백질에 투자하기 위해 줄을 서고 있다고 당시 투자시장 분위기를 전달했다. 게다가 1980년에는 스티븐슨 와이들러 기술혁신법 Stevenson-Wydler Technology Innovation Act과 베이돌 특허 및 상표에 관한 법 Bayh-Dole Patent and Trademark Act을 통해 벤처투자시장 육성과 연구자 창업 등 기술이전 촉진법안을 제정하는 등 바이오텍 투자 붐을 형성하기 위한 사회경제적 환경이 완벽하게 갖춰졌다.

역대급 IPO, 4000%의 투자수익

이러한 환경을 이용해서 제넨텍 투자사인 클라이너-퍼킨스는 투자금 회수(엑시트) 전략을 추진하기 시작했다. 제넨텍의 나스닥 상장과 동시에 인수합병을 엑시트 전략으로 고려했다. 먼저 1979년에 존슨앤드존슨J&J을 제넨텍으로 초청해 인수합병 의사를 타진했다. 존슨앤드존슨은 바이오텍 기술에 대한 이해부족 및 인수합병에 따른 시너지에 확신을 가지기 어려워 인수거절 의사를 밝혔다. 그다음 타깃은 일라이릴리였다. 클라이너-퍼킨스는 일라이릴리에게 제넨텍 인수가 1억 달러를 제시했으나 가격협상에 실패했다. 이제 남은 것은 나스닥 상장밖에 없었다.

클라이너-퍼킨스는 당시 꿈의 항암제로 간주되던 인터페론 파이프라인을 앞세워 상장을 추진하고자 했다. 1980년 1월 로슈와의 연구계약 체결 건도 중요한 소재가 됐다. 하지만 스완슨은 상장기업의 정보공개 요건에 따라 중요 연구개발 및 계약 관련 정보가 경쟁사에 흘러가는 것을 우려하며 조기 상장에 강하게 반대했다. 결국 이사회에서 표결이 이루어졌고, 스완슨의 반대에도 불구하고 상장 결정이 이루어졌다. 스완슨은 자신의 뜻과 달리 상장 결정이 이루어지자 최고가 상장을 위해 전력을 다했다. 제넨텍이 상장을 위한 투자 로드쇼를 진행하던 시점에 스완슨은 결혼식을 올렸고, 신혼여행지는 유럽이었다. 신혼여행으로 유럽에 도착한 스완슨은 신부 혼자 여행을 즐기라고 하고는 유럽의 투자자들과 연속적인 미팅을 통해 유럽 투자자들의 관심을 이끌어 내는 데 주력했다.

마침내 1980년 10월 14일 주당 35달러에 제넨텍 상장가가 결

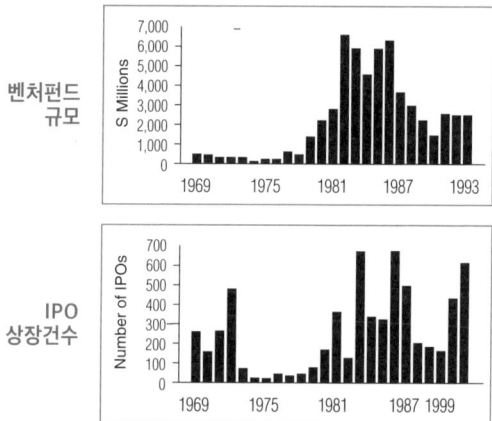

1969~1990년 벤처펀드 조성규모 및 IPO 승인건수

자료 The Rise and Fall of Venture Capital, P. Gompers, 1994

정됐다. 시장의 반응은 예상을 훨씬 뛰어넘는 것이었다. 상장 당일 제넨텍의 주가는 2배 이상 급등해서 89달러까지 치솟은 후 71달러에 거래를 마감했다(시가총액 5억3000만 달러). 제넨텍은 상장을 통해 3500만 달러 자금조달에 성공했다. 그 당시 미국 금리가 20% 이상이었다는 점을 고려하면 시장의 반응은 누구도 예상하지 못한 광풍에 가까운 것이었다.

　　나스닥 상장을 통해 클라이너-퍼킨스가 거둔 수익은 엄청났다. 클라이너-퍼킨스가 제넨텍에 투자한 주당 평균가는 1.85달러였고, 총 보유주식 수는 93만 8000주였다. 상장일 종가 기준 7년 만에 40배의 수익률을 달성한 것이다. 클라이너-퍼킨스의 놀라운 투자 실적은 다른 벤처투자자들의 열광을 불러일으켰다. 그 결과, 미국 내 바이오텍 벤처투자 규모는 1975년 총 1000만 달러에서 1983년 45억 달러로 크게 증가했다[8].

　　제넨텍이 개막한 바이오텍 IPO 붐은 1983년까지 지속되면서 11개의 바이오텍이 상장에 성공했다. 1980~1983년까지 미국의 금리가 14~20%를 유지하던 금융환경에도 불구하고 바이오텍 상장 시장은 격렬하게 불타올랐다. 최초의 바이오텍이자 가장 주목받던 시터스는 시가총액 5억 달러에 1억2000만 달러를 조달했고, 제넥스Genex는 시가총액 1억1000만 달러, 바이오젠은 6억 달러의 시가총액을 달성했다. 그다음 주자는 암젠Amgen이었다. 암젠은 1980년 창업해 1983년 시가총액 2억 달러로 상장에 성공했다. 창업 후 3년 만에 가장 빠르게 상장에 성공한 것이다.

　　IPO에 성공한 제넨텍은 성장호르몬과 인터페론 생산에 전사적 역량을 집중했다. 특히 스완슨은 성장호르몬을 통해 제넨텍의

1980~1983년 IPO에 성공한 바이오텍[9]

	Prepublic	Public	Total	Valuation
Genentech	12.000	35.0	47.000	259.000
Cetus	24.243	115.0	139.243	506.000
Genetic System	2.500	6.6	9.100	27.400
Interferon Sciences	0.600	9.0	9.600	40.000
Monoclonal Antibodies	1.000	4.5	5.500	19.000
Hybritech	13.095	12.0	25.095	81.400
Collabrative Research	6.242	14.3	20.500	88.000
Molecular Genetics	4.414	3.2	7.600	35.100
Genex	15.500	18.0	33.500	109.250
Centecor	8.665	16.8	25.465	95.200
Biogen	72.000	57.5	129.500	429.500
Biotechnica Int'l.	5.000	7.0	12.000	32.275
Amgen	20.000	42.0	62.000	189.000
Applied Biosystems	6.000	17.0	23.000	78.000
Cambridge Bioscience	1.500	6.0	7.500	24.000
Vega Biotechnology	7.500	6.0	13.000	15.000
Advanced Genetic Sciences	17.000	11.0	28.000	165.000
Chiron	6.000	20.0	26.000	84.000
Integrated Genetics	8.500	21.0	30.000	104.000
Immunex	4.000	16.0	20.000	63.000
Biotechnology General	5.000	10.0	15.000	56.000
California Biotechnology	5.000	12.0	17.000	65.000
Intellegenetics	2.000	10.0	12.000	28.000

자료 Nature Biotechnology, 1984, July

제약사 전환을 꿈꿨다. 당시 성장호르몬 투약 대상은 뇌하수체난쟁이pituitary dwarfism 증후군 환자였다. 하지만 스완슨은 성장호르몬 부족으로 발생하는 모든 질환에 적응증 확장이 가능한 것은 물론이고 오프라벨 처방도 가능할 것이라고 예상했다. 게다가 성장호르몬 처방은 몇몇 병원에서만 집중적으로 진행됐기에 영업 네트워크가 약한 후발주자 제넨텍과 같은 회사도 충분히 진입이 가능한 시장이라고 판단했다. 이에 따라 카비에게 팔았던 글로벌 판권에서 로열티 비율을 줄이는 대신 미국 내 판권만 되돌려 받는 것으로 계약을 수정하게 된다.

성장호르몬 임상개발이 순조롭기만 했던 것은 아니다. 1981년 프로트로핀Protropin 임상시험이 진행됐으나, 제넨텍 연구진 대상의 1상 시험에서(당시에는 이런 방식의 임상이 가능) 프로트로핀을 투여받은 연구원에게 염증반응이 관찰됐다. 프로트로핀을 생산하는 데 사용됐던 박테리아에 감염된 것이 원인이었다. 또한 투약한 연구원 몇 명에게서 비정상적인 성장현상을 관찰하기도 했다. 이러한 임상시험 결과를 미국 식품의약국FDA에 알리려던 카비와 이를 숨기려는 스완슨이 대립하는 상황도 발생하는 등 우여곡절 끝에 1984년 임상시험이 종료됐다. 하지만 제넨텍이 신청한 시판허가는 거절됐다. 제넨텍이 생산한 프로트로핀이 인체 유래 성장호르몬과 다르며(제넨텍의 프로트로핀은 메티오닌Met 아미노산이 결합된 형태), 그로 인한 항체반응이 일어나는 등 부작용 위험이 높다고 판단했기 때문이다.

하지만 광우병 사태가 터지면서 상황은 반전됐다. 카비 등이 공급하던 인체 유래 성장호르몬이 오염됐을 수 있고, 이게 광우병을 일으킨 원인이라는 주장이 제기되면서 인체 유래 성장호르몬 공급을 중단하게 된 것이다. 결국 다른 대안이 없던 FDA는 1985년 프로트로핀을 승인하게 된다. 제넨텍의 성장호르몬은 시장에서 큰 성공을 거두었다. 출시 첫해인 1986년 프로트로핀 매출액은 4000만 달러, 1991년 1억6000만 달러, 1992년 2억 달러, 1995년 2억2000만 달러로 미국 시장의 75%를 점유하게 된다.

제넨텍의 다음 목표인 인터페론은 더욱 중요한 파이프라인이었다. 당시 인터페론은 꿈의 항암제로 간주됐고, 미국의 NIH는 암과의 전쟁 프로그램 중 하나로 대규모 인터페론 연구자 임상에 착수했다. 심각한 부작용을 유발하는 화학항암요법이 아니라 인간의 면역체계를 활용해서 암을 극복할 수 있다는 개념은 연구자는 물론이고 투자자와 일반 대중의 관심을 사로잡았다. 월스트리트의 많은 투자자는 그 당시 인터페론 연간 시장규모를 10억 달러 이상으로 평가했다.

인터페론 개발 경쟁에서는 바이오젠과 하버드대가 우위를 선점했다. 1980년 1월 바이오젠과 하버드대의 길버트 팀이 인터페론 생산에 성공하고 1월 8일에 특허출원을 했다. 그 결과 바이오젠의 대주주인 셰링의 주가가 20% 폭등했다(당시 바이오젠은 비상장 상태). 제넨텍의 인터페론 특허는 5개월 뒤인 1980년 6월과 11월에 출원됐다. 하지만 막상 임상에 진입하면서 인터페론에 부정적인 소식이 전해졌다. 1983년 여러 회사에 의해 진행되던 인터페론 알파 임상연구 중간결과, 항암효과가 기대하던 것보다 낮거나 없다는 보고들이 여기저기서 흘러나오기 시작했다[10]. 그 결과 제넨텍 시총의 25%가 날아가 버렸다. 다행스럽게도 제넨텍이 진행한 임상 2상

결과는 반응률 89% 전후를 기록했고, 이를 근거로 가속승인 경로를 통해 털세포백혈병hairy cell leukemia과 카포지 육종Kaposi's sarcoma에 대해 로페론Roferon의 시판허가를 획득하게 된다. 하지만 후속 임상을

재조합단백질 매출실적(1987~1997)[11]

	1987		1992		1997	
	U.S.	World	U.S.	World	U.S.	World
Alpha-interferon	14	55	135	565	290	1020
Beta-interferon	-	5	-	20	10	35
CD4	-	-	-	-	30	45
Centoxin/E5 MAbs	-	-	55	75	115	220
Erythropoietin	-	-	600	1225	910	1845
Factor VIII	10	10	140	235	270	445
Gamma interferon	-	-	15	25	35	45
G-CSF	-	-	295	405	550	870
GM-CSF	-	-	50	70	155	305
Hepatitis B vaccine	50	100	105	260	105	275
Human growth hormone	95	130	270	575	225	660
Human insulin	65	175	245	625	405	1035
Interleukin-2	-	-	5	20	30	50
Orthoclone OKT3	5	10	55	90	95	160
T-PA	55	60	180	230	85	120
TOTAL	294	545	2150	4420	3310	7130

자료 Robin Rodgers, 1992

통해 다양한 암종에 대한 3상 확증연구와 비교임상에서 신세포암 renal cell carcinoma을 제외하고는 화학항암제 대비 우월성이 없다는 결과가 발표됐다. 인터페론 타깃 시장의 규모가 크게 줄어든 것이다. 그럼에도 불구하고 재조합단백질에 대한 미국 시장의 반응은 매우 높았다. 미국 내 인터페론 시장은 1990년 기준 4억5000만 달러를 기록했고, 재조합단백질 제품 3종(인슐린, 인터페론, 성장호르몬)에 대한 전체 매출액은 11억 달러에 달했다. 개발사인 바이오젠과 제넨텍의 로열티 수익만 매년 2억 달러 내외가 된 것이다.

적혈구생성소(에리트로포이에틴 erythropoietin, EPO) 시장은 바이오젠의 선점 가능성이 높다는 이유로 제넨텍은 초기에 개발을 중단했다. 해당 제품에 대한 경쟁은 암젠과 바이오젠 사이에 벌어졌다. 제넨텍은 조직 플라스미노겐 활성화인자 tissue Plasminogen Activator, tPA에 집중하기로 했다. tPA에 대한 경쟁은 제네틱스 인스티튜트 Genetics Institute, 바이오젠, 제넨텍 사이에 이뤄졌다. 제넨텍은 1984년에 tPA 임상을 종료했다. 하지만 임상 결과는 제넨텍이 기대하던 수준보다는 낮았고, 주사방식 역시 불편했다. 이러한 결과를 뒤집기 위해 제넨텍은 과감한 시도를 하게 된다. 제넨텍의 악티바제 Activase와 카비-회흐스트 Kabi-Hoechst가 개발한 스트렙토키나아제 streptokinase와의 직접 비교 임상 3상을 진행한 것이다. 그 결과 제넨텍의 악티바제가 부작용 없이 2배 이상의 효과가 있음을 입증하면서 제넨텍 주가는 50% 이상 폭등했다. 그리고 마침내 1987년 악티바제의 시판허가를 따내게 된다.

하지만 시장매출은 예상보다 저조했다. 출시된 1987년 2개월간 6000만 달러 매출이 발생했지만 1985년 출시된 스트렙토키나아제의 가격이 훨씬 저렴했고, 주사방식의 불편함이 시장점유율 확대에 장애물로 작용했다. 제넨텍은 이러한 상황을 극복하기 위해 대단히 공격적인 마케팅 전략을 사용했다. 하지만 의사를 대상으로 한 개별적 리베이트 제공 혹은 제넨텍 제품을 사용하지 않는 의사에 대한 협박 등이 지나치게 공격적이었고 위법의 소지 역시 다분했다. 이로 인해 제넨텍은 업계로부터 시장질서의 교란자로 지탄받게 되면서 매출이 빠르게 감소하기 시작했다. tPA 시장 점유율 확보가 어려워지면서 제넨텍의 재무상태가 나빠지고 스완슨과 마케팅 책임자인 커크 라브Kirk Raab 간의 분쟁이 깊어지는 틈을 타고 로슈가 개입하게 된다. 로슈는 1990년 재무상태가 악화된 제넨텍에 지분 55.9%를 21억 달러에 매입하겠다는 의사를 표시했다. 제넨텍은 로슈의 제안을 받아들일 수밖에 없었다. 로슈는 제넨텍의 대주주 지위를 확보하면서 스완슨을 최고경영자CEO에서 내려오게 만들었지만 제넨텍의 연구진에 대해서는 이전과 동일한 자유를 보장해 줬다. 제넨텍 연구진이야말로 제넨텍 경쟁력의 핵심이라고 판단했기 때문이다.

블록버스터급
항체신약의 등장

로슈가 제넨텍의 다수 지분을 보유하게 되고, 당시 등장하던 항체신약 개발 트렌드에 제넨텍이 합류하면서 행운의 여신이 다시 한 번 방문하게 된다.

첫 번째 행운은 리툭산Rituxan이다. 리툭산은 CD20 항원에 바인딩한 뒤 항체의 항체 의존적 세포독성ADCC, 항체 매개 식균작용ADCP,

보체 의존적 세포독성CDC 기능을 활용해 타깃 암세포를 살상하는 방식으로 작용하는 항암제였다. IDEC 파마슈티컬스(2003년 바이오젠이 인수합병)는 1991년에 마우스/인간 키메릭Chimeric 항체를 발굴하고 즉시 임상에 진입해서 1993년 임상 1상을 종료했다. 하지만 2상에 진입하면서 IDEC의 재무상태는 급격하게 악화됐다. 공동연구 파트너를 확보하지 않고는 임상 2상을 종료하는 것이 어려워진 것이다. IDEC는 급하게 파트너사를 찾아다녔지만[12], 로슈의 지분 매입으로 풍부한 자금력을 확보한 제넨텍을 제외하고는 파트너사를 찾을 수 없었다. 제넨텍은 500만 달러 규모로 IDEC 주식을 매입하는 대신 리툭산에 대한 미국과 캐나다 판권을 확보했다. IDEC는 제넨텍의 투자를 기반으로 1997년 리툭산 임상 3상을 성공적으로 종료해서 시판허가를 획득했다. 출시 첫해인 1997년 리툭산 매출액은 500만 달러에 불과했지만 불과 5년 만인 2002년 매출액은 70억 달러로 메가 블록버스터급 항암 항체신약이 탄생했다.

아바스틴Avastin은 제넨텍 연구원인 나폴레옹 페라라Napoleone Ferrara가 1989년 심장질환 관련 단백질 연구를 진행하던 중 발견한 혈관내피성장인자VEGF에서 시작됐다[13]. 당시 페라라는 이 단백질로 약을 만들 수 있을지에 대해 몰랐다. 하지만 제넨텍은 연구자가 선택한 주제를 그것이 무엇이든 마음껏 연구하게 만드는 정책을 가지고 있었다. 페라라는 IDEC가 개발한 리툭산과 마찬가지 방식으로 VEGF에 반응하는 인간화 항체를 개발하고, 이를 이용할 경우 암세포 성장이 줄어든다는 연구결과를 발표했다. 곧이어 1997년 유방암 대상 임상시험에 진입했으나 결과는 좋지 않았다. 로슈의 든든한 자금력을 가졌던 제넨텍은 굴하지 않고 대장암으로 대상 질환을 변경해서 생존기간 4.7개월 연장에 성공했다. 아바스틴은 2005년 매출액 10억 달러로 시작해서 2010년 13억 달러로 증가했다. 리툭산에 이은 두 번째 블록버스터의 탄생이었다.

제넨텍의 세 번째 블록버스터 항암제는 허셉틴Herceptin이다[14]. 허셉틴에 대한 연구는 창업 초기 연구자인 악셀 울리히와 마이클 셰퍼드H. Michael Shepard가 시작했다. 울리히는 제넨텍 입사 당시 제넨텍 주식 8000주를 스톡옵션으로 부여받았다. 하지만 상장 몇 년 전 8000주의 제넨텍 주식을 8000달러에 매각해 폭스바겐 중고차 구매에 사용한 비운의 연구원이기도 하다(상장 시 8000주의 가치는 71만 달러에 해당).

허셉틴 연구는 로스앤젤레스 캘리포니아대학교UCLA에서 암 임상의인 데니스 슬라몬Denis Slamon을 학회 참석 후 공항에서 우연히 만나면서 시작됐다. 슬라몬과 울리히는 UCLA에 입원한 환자의 조직으로부터 사람표피증식인자수용체 2형HER2의 발현을 조사해서 HER2가 암 유발 유전자임을 확인했다. 그 결과를 1987년 <사이언스>에 발표했지만 해당 연구결과가 다른 연구팀들에 의해 재현되지 않으면서 의문을 제기하는 사람들이 많아졌다. 슬라몬과 울리히는 연구자들의 부정적 반응을 반전시키기 위해 또 한 번의 재현실험을 진행하고 그 결과를 2년 뒤 <사이언스>에 다시 발표했으나 한번 형성된 부정적 여론은 쉽게 반전되지 않았다.

그래도 두 명의 연구자는 좌절하지 않았다. HER2에 반응하는 항체를 발굴해서 해당 항체를 처리하면 암세포 성장이 억제되는 것을 실험결과로 입증했다. 이 연구결과는 다른 팀들에 의해서도 검증됐다. 하지만 제넨텍의 연구자율성 정책이 보장하는 연구비 규모는 여기까지가 한계였다. 두 명의 연구자는 실험결과를 바탕으로 제넨텍에 본격적인 개발비용 투자를 요청했으나 거절당하고, 이러한 결정에 실망한 울리히는 제넨텍을 떠나 자신의 회사를 창업하게 된다. 하지만 셰퍼드는 울리히로부터 과제를 넘겨받아 연구를 지속하려고 최선을 다했다. 슬라몬 역시 제넨텍 경영진을 끈질기게 설득했다. 하지만 이들의 설득에도 불구하고 1989년 HER2 항암항체 개발은 거의 폐기될 위기에 직면하게 된다.

이때 연구부소장인 데이비드 보트스타인 David Botstein과 차기 제넨텍 대표가 될 아트 레빈슨 Art Levinson, 그리고 제조부사장인 빌 연 Bill Youn이 해당 프로젝트 계속을 간접 지원하면서 가까스로 명맥을 유지할 수 있었다. 게다가 당시 제넨텍은 HER2 항암항체 개발에 있어서 주요 장애물 중 하나였던 마우스 항체를 인간화 항체로 만드는 기술을 확보할 수 있게 됐다. 1990년 로슈의 제넨텍 지분매입으로 변화된 경영진은 우선 300만 달러를 투입해 HER2 타깃 항암항체 개발에 본격적으로 진입, 1992년 1상, 1998년 패스트트랙 fast track을 통한 시판허가 획득에 성공했다. 허셉틴은 출시 1년 만인 2000년 75억 달러 매출을 달성했다. 제넨텍의 세 번째 블록버스터이자 최대 메가 블록버스터가 됐다. 항암항체 3개가 연속적으로 성공하면서 로슈가 제넨텍을 완전히 인수합병해야 할 이유가 확실해진 것이다.

로슈와 합병,
그 이후

2007년을 기준으로 로슈의 매출액은 93억 달러인 데 비해 제넨텍 매출 총액은 36억 달러였다. 게다가 로슈의 매출액 증가율은 -5%인 데 반해 제넨텍의 매출액 증가율은 14%에 달했다. 로슈의 장기성장을 위해서는 제넨텍 인수가 필수적이었다. 로슈는 2006년부터 2007년에 1999년 지분투자 시 체결한 계약사항에 따라 제넨텍 추가지분에 대한 장내매입을 시도했다(당시 주가는 67~81달러). 그러나 이러한 로슈의 시도에 대해 주식시장이 부정적으로 반응했고, 제넨텍 역시 이러한 시도를 적대적 인수합병의 신호로 간주해 크게 반발했다.

이에 로슈는 방향을 선회해서 제넨텍에 주당 가격 89달러로 인수합병을 공개 제안했다. 로슈가 인수조건을 공개하자마자 제넨텍 주가는 94달러로 급상승했다. 하지만 제넨텍 이사회는 합병제안을 거절하면서 제넨텍의 가치가 지나치게 저평가됐다고 주장했다. 특히 당시 아바스틴의 대장암 임상결과 발표가 2003년 4월경으로 예상되고 있었고, 성공에 대한 기대는 매우 높았다. 제넨텍은 이를 근거로 주당 가격 111달러를 제안했고, 끈질긴 협상 끝에 최종적으로 주당 95달러에 합의했다. 인수합병 총 규모는 160억 달러였다.

로슈의 제넨텍 인수는 우여곡절을 겪었지만 바이오제약업계에서는 가장 손꼽히는 모범적 사례의 하나로 꼽힌다. 비슷한 시기에 노바티스가 키론을 51억 달러에, 화이자가 와이어스^{Wyeth}를 680억 달러에, MSD는 셰링-플라우$^{Schering-Plough}$를 410억 달러에, 사노피는 젠자임^{Genzyme}을 185억 달러에 인수합병했다. 합병 이후 피합병 기업은 인수한 기업의 사업부 중 하나로 흡수됐고, 인수합병에 따른 장기적인 시너지(상승효과)는 없었다. 이에 반해 제넨텍은 인수합병 이후에도 연구개발 자율성을 부여받았다. 그 결과 제넨텍 브랜드로 24개의 혁신신약을 시장에 출시했으며, 2023년 현재 제넨텍 자체 파이프라인은 물질 기준 100여 개이다. 로슈 브랜드 출시제품은 물질 기준 22개, 파이프라인 82개로, 제넨텍 파이프라인이 로슈 기업가치의 절반 정도를 차지한다고 해도 과언이 아니다.

몇 가지 교훈과 시사점들

① 바이오텍 벤처캐피털의 등장

제넨텍이 1976년 창업할 당시 회사가치는 35만 달러였고, 1980년 상장 시 가치는 5억3000만 달러였다. 2003년 로슈의 인수가는 160억 달러로 창업에서 상장까지는 15배, 창업에서 인수합병까지는 457배로 증가한 것이다. 또한 현재 로슈의 기업가치 2421억 달러 중 제넨텍의 가치를 1200억 달러로 계산하면 상장시점부터 현재까지 226배, 창업을 기준으로는 3만4000배 성장한 셈이다. 제넨텍의 성장사야말로 글로벌 바이오신약 생태계의 시작이자 가장 성공적인 모델이라고 간주되는 이유이다.

미국 내에서 당시 벤처투자자는 200여 개, 총 펀드규모는 2억 달러 내외였다. 신규 결성되는 펀드의 규모는 대략 1000만~2000만 달러 규모에 불과했으며, 대부분은 컴퓨터 하드웨어 등에 투자처가 집중돼 있었다. 이때 퍼킨스는 800만 달러 펀드를 조성해서 하나는 컴퓨터 회사에, 또 하나는 시터스에 투자했다. 아마도 최초의 바이오텍 벤처투자 사례일 것이다. 하지만 시터스 경영진과 퍼킨스는 회사의 경영방침을 둘러싸고 의견이 크게 달랐다. 퍼킨스는 시장이 아니라 기술 그 자체에 주목해서는 안 된다며 시터스 이사진에서 발을 빼기로 결정한다. 퍼킨스는 그 대신 제넨텍에 투자를 결정했다. 퍼킨스는 재조합단백질에 대한 전문적인 이해도 없었고, 기술적 성공가능성 역시 절반의 확신밖에 없었지만 스완슨의 전략적 혜안과 보이어의 연구 진실성에 투자를 결심하게 된다.

이때 투자는 퍼킨스가 책임지고 회사는 스완슨이 운영하며, 투자방식은 연구 마일스톤 진행여부에 따라 후속 투자금이 결정되는 트랜치 투자tranche investment 방식으로 합의했다(트랜치 투자방식은 투자 시점에 회사가치가 결정되고 마일스톤이 달성돼도 회사가치 변동은 없으며, 마일스톤을 달성하지 못하면 제넨텍의 지분이 점점 퍼킨스에게 넘어가는 구조). 제넨텍의 창업자에게는 매우 불리한 투자조건이었지만 시터스에서 실패를 경험한 퍼킨스로서는 양보할 수 없는 조건이기도 했다. 결과적으로 퍼킨스와 제넨텍 투자모델은 이후 플래그십Flagship, 아틀라스벤처Atlas Ventures, 서드록ThirdRock 등 기획창업 전문 벤처투자자의 원형모델이 됐다. 또한 퍼킨스는 제넨텍의 사례를 토대로 항체 전문기업 하이브리텍Hybritech과 IDEC 등을 창업했으며 나중에는 전미벤처투자자협회장NVCA도 역임하는 등 바이오 투자생태계 형성에 크게 공헌했다.

② 공동연구 계약의 중요성

하버드대의 경영학자이자 바이오벤처 생태계 연구의 선구자인 개리 피사노Gary Pisano[15]가 지적했듯이 바이오텍의 특성상 장기간에 걸친 대규모 투자, 신약개발의 매우 높은 불확실성, 투자시장의 상대적으로 짧은 투자사이클(벤처투자는 최대 7년 내외, 증권시장은 1년 내외)은 바이오 벤처기업 성장에 가장 큰 장벽으로 간주된다. 특히 증권시장의 짧은 투자사이클로 인한 투자자들의 압력으로부터 중장기 전략경영과 안정적이고 지속적인 연구개발을 지켜내기 위해서는 일종의 차단막이 필수적이다. 제넨텍은 이를 위해 처음부터 빅파마와의 공동연구에 전력을 집중했다. 빅파마와의 공동연구는 평균 3~5년 동안 지속되며, 대규모 안정적인 자본조달 창구로 역할했고, 마일스톤 달성 여부는 개발사의 역량과 독자적인 판단에 의해 결정되기 때문에 라이선싱에 비해 훨씬 더 많은 자율성 확보가 가능하다(라이선싱과 공동연구는 포괄적으로 컬래버레이션collaboration으로 표현되는데, 그 차이가 항상 명확한 것은 아니다. 여기에서는 의사결정 권한이 누구에게 있는가로 구분함). 그 결과 제넨텍의 1980년대 연구개발 예산 중 70%가 공동연구를 통해 조달됐으며, 이는 다른 바이오텍도 크게 다르지 않았다. 당시 대부분의 바이오텍은 벤처캐피털VC이나 증시를 통한 자본조달에 비해 빅파마와의 공동연구를 통한 자본조달 비중이 매우 커서 전체 투자조달액의 60%를 넘었다.

당시 재조합단백질 기술은 패러다임 전환, 혹은 모달리티의 대전환으로 간주됐고 대부분의 빅파마는 재조합단백질 기술에 대해 문외한이었기에 제넨텍이 빅파마를 대상으로 공동연구 파트너를 선정함에 있어서 협상력 우위를 가졌다. 제넨텍은 이미 해당 시장이 존재하며, 그 시장 내에서 주요 플레이어로 자리 잡고 있는 일라이릴리와 카비를 협력 파트너로 선정해 파트너들이 원하는 마일스톤에 따라 연구개발을 진행했고, 상장 이후에도 로슈 등과의 협력을 진행함으로써 증권시장의 주가 등락으로부터 일종의 방화벽을 칠 수 있었다.

공동연구 파트너십은 당시만이 아니라 현재에도 매우 중요하며, 지금도 미국 바이오텍 자본조달 경로 중 평균 40% 정도가 공동연구 파트너십에 의해 조달되고 있다. 이처럼 공동연구 파트너를 찾는 일이 바이오텍 성공에 가장 결정적인 만큼 무엇을 무기로, 어떤 파트너와 협력할 것인지에 대한 전략이야말로 경영진이 가져야 할 핵심역량 중 하나이다.

공동연구 파트너십은 모달리티 전환의 시기에 더욱 활발해지지만 특정 모달리티가 확립된 상황에서도 상대 파트너의 연구개발 핵심 장애요인, 개발장벽을 해결해 줄 수 있는 솔루션(기술 플랫폼)을 제공한다면 성공가능성이 매우 높다. 라이선싱은 파트너사의 임상 파이프라인 공백을 해소해 주는 반면에 공동연구는 비임상 단계부터 파이프라인 창출의 플랫폼으로 역할하기 때문에 빅파마 입장에서는 현재가 아니라 미래에 주목한다.

파트너 바이오텍이 5년 후 미래 기술경쟁에서 중요한 관문에 해당하는 영역을 먼저 선점하고 있는지, 해당 기술의 확장성이 얼마나 넓은지, 해당 연구진에 대한 신뢰성이 얼마나 높은지 등이 중요한 판단요소가 된다. 반면에 바이오텍 입장에서는 공동연구 프로젝트가 3~5년 존속하기 때문에 연구 마일스톤 달성의 불확실성은 물론이고 연구결과로 만들어질 연구성과물을 미리 예상하기 어렵기 때문에 분쟁의 가능성이 매우 높다는 점을 고려해야 한다. 따라서 파트너 빅파마를 선정함에 있어서 상대방의 과거 공동연구 사례로부터 얼마나 신의성실, 상호호혜의 원칙을 구현했었는지를 꼼꼼하게 분석해야 하며, 제약사로 성장을 하기 위해서는 중요 시장에 대한 독자판권을 반드시 확보해야만 한다.

③ 새로운 모달리티로 개발 불확실성이 낮은 기전을 공략

제넨텍은 초기 파이프라인으로 시장이 존재하며, 해당 질환에 대한 생물학적 이해가 매우 높은 분야인 인슐린과 성장호르몬으로부터 시작해서 생물학적 기전과 시장의 불확실성은 낮고 기술적 성공가능성은 불확실한 분야를 선택했다. 시장도, 작용기전도, 기술도 불확실할 경우 비즈니스 위험이 감낭할 수 없을 만큼 높아지기 때문이다. 이는 제넨텍이 다음 타깃으로 설정한 인터페론이나 인터류킨의 저조한 실적에서 분명하게 나타났다. 하지만 이러한 실패의 경험으로 항암제 개발에 필요한 작용기전이나 암 질환에 대한 임상적 지식을 확보할 수 있었기에 항암항체 신약으로 방향을 전환할 수 있었다. 또한 제넨텍이 비교적 빠른 시점에 재조합단백질에서 항체신약으로 방향을 전환할 수 있었던 이유 중의 하나는 로슈와의 전략적 협력관계가 있었기 때문임도 기억해야 한다. 재조합단백질로 마케팅 경험과 역량을 갖춘 상태에서 다가오는 항체신약의 가능성을 보았지만 자본력이 충분히 뒷받침되지 않았다면 모달리티 전환을 감행하기는 어렵다. 실제로 제넨텍이 항체신약에 본격적으로 진입한 것은 모두 로슈가 제넨텍 지분을 60% 이상 인수한 1990년도 이후이며, 로슈의 자본력을 기반으로 리툭산, 아바스틴, 허셉틴으로 이어지는 항체신약에 과감한 베팅을 할 수 있었기에 제넨텍의 3연속 블록버스터 창출이 가능했던 것이다.

주석

(1) Biomedical Politics, National Academies of Sciences, 1991
(2) Genentech-The Beginnings of Biotech, Chicago University Press, 2011
(3) Venture Capital and The Chairmanship of Genentech, University of California, 2002
(4) The Recombinant University, Doogab Yi, Chicago University, 2015
(5) https://en.wikipedia.org/wiki/Asilomar_Conference_on_Recombinant_DNA
(6) Expression in Escherichia coli of a Chemically Synthesized Gene for the Hormone Somatostatin, Science, 1977, Dec
(7) 인슐린 개발경쟁에 대해서는 Insulin, Kersten T. Hall, Oxford University, 2022을 참조
(8) The Rise and Fall of Venture Capital, P. Gompers, 1994
(9) Initial Public Offerings of Biotechnology Companies 1980-1983, Nature Biotechnology, 1984, Jul
(10) Interferon on Trial, Nature Biotechnology, 1984, Mar
(11) Back to the Future: Biotech Product Sales 1983-1993, Nature Biotechnology, 1993, Mar
(12) 이때 우리나라 LG생명과학(현 LG화학)에 대해서도 투자 혹은 공동연구 파트너를 제안한 것으로 알려졌다.
(13) Persistence—luck—Avastin, Journal of Clinical Investigation, 2004, Apr
(14) HER-2, Robert Bazell, Random House, 1988
(15) Science Business, Garry Pisano, Harvard Business School Press, 2006

02

암젠,
바이오텍이 빅파마로 성장한
최초의 역사

Amgen

2022년 기준 전 세계에 2만4000명의 직원이 종사하며 248억 달러 매출액을 기록한 암젠^Amgen은 여러 가지 측면에서 바이오텍의 역사를 기록한, 최초로 바이오텍이 빅파마로 성장한 사례이다. 암젠은 1980년에 창업해서 3년 만인 1983년에 나스닥 상장에 성공했으며, 창업 후 12년 만인 1992년에 매출액 10억 달러를 기록했다. 이 역시 1970년 이후 창업한 바이오텍 중 가장 짧은 시간에 매출액 10억 달러에 도달한 사례이다(참고로 삼성바이오로직스는 2011년 창업해서 9년 만인 2020년에 11억 달러 매출을 달성했다). 특히 암젠의 2024년 2월 기준 시가총액은 1552억 달러인데, 이는 1983년 상장 시 시가총액 대비 970배 이상 성장한 것이다.

암젠의 대표적인 블록버스터급 약물은 엔브렐^Enbrel, 뉴라스타^Neulasta, 프롤리아^Prolia, 리파타^Repatha 등 8개가 있으며, 현재 바이오시밀러 제품군을 포함해 37개의 임상 파이프라인을 보유하고 있다. 암젠은 최초 블록버스터급 신약인 에포젠^Epogen과 뉴포젠^Neupogen 등 몇몇 제품을 제외하고는 자체 개발보다 외부 도입을 통해 개발되는 경향이 강했다.

특히 2020년 이전까지 암젠의 주력제품들은 대개 인수합병이나 라이선스인^license-in을 통해 확보한 물질을 기반으로 개발됐다. 하지만 2019년 이후에는 난공불락 타깃으로 간주돼 왔던 K-RAS 저해제를 독자적으로 개발하는가 하면 RNA 분해제(아라키스테라퓨틱스^Arrakis Therapeutics), 인공지능^AI 기반 다중기능 단백질 엔지니어링(제너레이트 바이오메디신^Generate Biomedicine), 단백질 분해제(플렉시엄 테라퓨틱스^Plexium Therapeutics) 분야에서 전략적 투자 혹은 공동연구를 통해 차세대 모달리티 확장에도 적극적으로 나서고 있다.

1980년대
미국 바이오텍 생태계

암젠이 창업한 1980년 전후 미국 경제는 두 차례에 걸친 오일쇼크로 인해 인플레이션은 14%, 국채금리는 18% 수준을 기록했다. 이러한 경제위기에도 불구하고 1975년과 1976년에 각각 창업한 마이크로소프트Microsoft, 애플Apple 등 정보기술IT 기업들과 함께 키론Chiron(1978), IDEC(1978), 하이브리텍Hybritech(1978), 센토코Centocor(1979) 등 재조합단백질 혹은 항체 기반 바이오텍 창업열풍이 거세게 불던 시기이기도 하다. 전통적인 성장산업은 어려움에 직면한 데 반해 신생 산업에 대한 투자자들의 기대는 역사상 유례없는 고금리 상황에서도 여전히 높았다. 제넨텍이 상장을 통해 조달한 초유의 금액 3500만 달러는 이러한 투자자들의 기대를 상징적으로 보여주는 것이었다.

하지만 1982년 실업률 14%, 1983년 국채금리 20% 수준이 돌파되면서 투자자들의 위험회피 현상은 점점 높아져 갔다. 의외로 1983년 상장시장은 예상보다는 긍정적이었다. 1983년 초반에 상장한 IDEC는 1억3000만 달러, 하이브리텍은 2500만 달러 조달에 성공했고, 암젠은 4200만 달러 자금조달에 성공했다. 하지만 암젠이 상장한 1983년 하반기에는 상황이 급격하게 나빠지기 시작했다. 키론은 1600만 달러, 이뮤넥스Immunex는 1700만 달러, 이뮤노메딕스ImmunoMedics는 250만 달러로 조달자금의 규모는 점점 줄어들었고, 바이오젠, 하이브리텍, 센토코 등 1970년대 후발 바이오텍들의 연구개발 실적이 투자자들의 기대보다 느려지면서 투자의 불씨는 서서히 꺼져가기 시작했다. 그 결과 1984년부터 1986년까지 바이

2장. 암젠, 바이오텍이 빅파마로 성장한 최초의 역사

암젠은 상장으로 조달한 자금을 몇몇 특정한 파이프라인 개발에 집중했다. 당시 대부분의 재조합단백질 신약개발 기업은 인터페론, 인터류킨, B형 간염백신 개발에 집중했다. 그러나 암젠이 주목한 것은 EPO^{Erythropoietin}였다.

오텍 상장시장의 문은 완전히 닫혔다.

불씨가 약해지는 투자환경과는 별개로 신약개발은 새로운 불씨가 타오르기 시작했다. 바로 새로운 모달리티, '항체'가 등장하는 시기였다. 기존 시터스, 키론, 바이오젠 등은 재조합단백질 신약을 주도했으며 성장인자, 인터류킨IL, 인터페론 등에 대한 임상결과를 속속 발표하는 상황에서 1975년 게오르게스 쾰러의 단일클론항체 생산기술이 널리 알려지게 됐다. 이는 항체 기반 창업을 가속화했으며 하이브리텍, 제네틱시스템스, 이뮤넥스 등 새로운 바이오텍 열풍이 시작됐다. 특히 항체는 그 당시 마법의 탄환 magic bullet 으로 불렸는데, 특정한 타깃만을 선택적으로 공략할 수 있는 최적의 플랫폼으로 간주됐기 때문이다[1].

이와 함께 1983년 희귀의약품법 Orphan Drug Act 이 시작되면서 생명공학 기반의 바이오텍들에게 절대적으로 유리한 신약개발 환경이 만들어지게 된다. 항체를 포함한 바이오의약품의 경우 합성의약품에 비해 타깃 특이성이 높고 상대적으로 안전성과 효능이 높은 특징을 가지는데, 이러한 특징이 가장 잘 드러나는 분야가 희귀질환(대부분의 암종은 희귀질환에 해당)이기 때문이다.

혼란했던 암젠의 창업과 성장전략

암젠은 벤처투자사 블라이드앤드코$^{Blythe\&Co}$의 멤버로 시터스에서 이사로 일하던 윌리엄 보위$^{William\ Bowes}$가 주도해 창업됐다. 경제학과 MBA를 전공한 보위는 블라이드앤드코로부터 독립해서 자신의 벤처투자사를 설립, 제넨텍과 같은 회사를 창업하고자 했다. 보위는 당시 대표적인 재조합단백질 연구자인 스탠퍼드대학교의 로버트 쉼케$^{Robert\ Schimke}$를 설득해서 공동창업에 나시고져 했지만 쉼케는 창업에 뜻이 없었다. 그 대신 바이오텍 설립에 관심을 가질 만한 로스앤젤레스 캘리포니아대학교^{UCLA}와 캘리포니아공과대학교$^{California\ Institute\ of\ Technology,\ Caltech}$의 면역학·세포생물학, 단백질생화학, 유기화학 교수들인 노먼 데이비드슨$^{Norman\ Davidson}$, 리로이 후드$^{Leroy\ Hood}$, 아널드 버크$^{Arnold\ Berk}$, 존 카본$^{John\ Carbon}$ 등을 소개했다. 보위는 이들을 포함한 8명의 저명한 연구자로 과학자문위원회^{SAB}를 구성하고 1980년 4월 어플라이드 몰레큘러 제네틱스$^{Applied\ Molecular\ Genetics}$라는 이름으로 창업했다[2].

보위는 암젠의 시드투자로 GC&H 인베스트먼트와 몇몇 바이오텍 창업투자 경험을 가진 엔젤투자자들로부터 8만1000달러를 확보하고 나머지 7만5000달러는 대출을 받아서 사무실과 운영비용을 마련했다. 하지만 당시에는 회사의 이름만 정해졌으며, 무엇을 연구개발할 것인지에 대해 정확한 목표나 전략을 정하지 못했다. 과학자문위를 구성한 연구자들의 관심분야가 워낙 다양하기도 했고, 아이디어 차원을 벗어나 개발전략으로 구체화할 수 있는 사업가적 역량을 가진 사람이 없었기 때문이다. 회사의 중심을 잡아

2장. 암젠, 바이오텍이 빅파마로 성장한 최초의 역사

줄 경륜 있는 최고경영자CEO가 절실하게 필요했던 보위는 제너럴 일렉트릭General Electrics과 애보트Abott에서 사업경험을 가지고 있던 조지 라스만Gorge Rathmann을 설득, CEO 영입에 성공하게 된다.

라스만은 암젠의 CEO로 취임한 이후 4개월 만에 진단회사 애보트Abott, 셰일오일 회사 토스코TOSCO, 로스차일드유에스벤처Rothschild US Venture 등으로부터 1900만 달러 시리즈 A 투자를 유치하는 데 성공했다. 시리즈A에서 대규모 투자유치가 가능했던 것은 라스만의 개인적 네트워크가 큰 역할을 했지만, 당시 미국 벤처캐피털 시장이 급성장했던 것도 큰 몫을 했다. 우선 1980년 전후 재조합 단백질과 항체신약에 대한 투자자의 관심이 매우 높았고, 벤처투자에 대한 세금혜택, 연금펀드를 벤처캐피털 회사에 투자할 수 있도록 관련 법률이 개편되면서 벤처캐피털 시장 자체가 급성장했다.

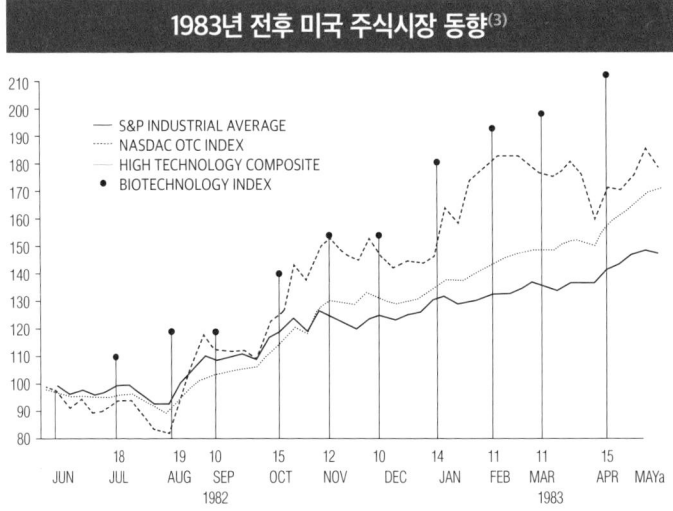

자료 Nature Biotechnology, 1983, July

당시 라스만은 암젠에 합류하면서 암젠의 중장기 목표로 제넨텍의 스완슨과 마찬가지로 기술개발 그 자체가 아니라 대규모 매출을 발생시킬 수 있는 제품 우선주의 전략을 강조했다. 하지만 당시 암젠의 연구자문위나 시리즈A 투자자로 참여한 회사들은 각자 자신의 영역에서 관심 있는 연구분야를 진행하고자 원했고, 이사회에서는 라스만이 회사의 경영전략을 특정한 하나의 분야로 선정하는 것을 허락하지 않았다. 이에 따라 라스만은 특정 분야에 대한 전략적 집중 이전에 회사의 경영기반을 안정화시키고 필요한 자금을 수혈하는 것에 집중했다. 제안된 다양한 분야의 연구주제들은 연구개발 성과를 보면서 나중에 선택해도 좋을 것으로 생각했기 때문이다.

암젠의 1대 CEO, 조지 라스만.

암젠의 초기 연구개발 파이프라인은 매우 다양했다. 신약분야에서는 알파인터페론, B형 간염백신, 각종 성장인자 개발이 이루어졌고, 동물의약 분야에서는 닭이나 돼지의 성장을 촉진하는 성장인자 개발, 진단분야에서는 각종 데옥시리보핵산DNA 기반 어세이assay를 개발했으며, 정밀화학 분야에서는 셰일로부터 오일을 추출하는 기술, 이콜라이E.coli로부터 인디고 염료를 추출하는 기술 등을 개발했다. 이처럼 암젠의 파이프라인이 다양했던 이유는 SAB를 구성하는 다양한 전공 연구자들의 연구수요, 이사회를 구성하는 다양한 투자자들의 이해관계를 모두 반영해야 했기 때문이다. 하지만 파이프라인이 다양한 만큼 비용지출도 빠르게 늘어났다.

창업 후
3년 만에 추진한 IPO

1982년이 되자 암젠이 시리즈A에서 조달한 투자금도 바닥을 드러내기 시작했다. 암젠의 다양한 파이프라인은 여전히 초기단계에 머물러 있었고, 제넨텍이 개발하고 있던 인터페론을 모방한 생산기술만이 확립돼 있을 뿐이었다. 라스만은 기존 투자자들로 구성된 이사회에 시리즈B 투자를 요청했지만 아무도 후속투자를 약속하지 않았고, 오히려 비용절감을 위한 인원감축을 요구했다. 파이프라인 진행속도는 느리고 서로 다른 이해관계를 가진 투자자-이사진의 관심영역 역시 하나로 집중되지 못했기 때문이다.

하지만 이사회를 구성한 선행 투자자들이 투자를 결정하지 못하면서 신규 투자자를 찾는 것은 더욱 어려웠다. 라스만은 시리즈B 투자유치를 포기하고 직접 나스닥 상장을 시도했다. 당시 제넨텍과 시터스가 성공적인 상장을 이루는 상황이었지만, 라스만은 당시 경제적 상황에서 고위험 바이오텍에 우호적이기만 한 투자환경은 곧 사라질 것이라고 생각했기 때문이다. 그래서 신속한 상장이 반드시 필요하다고 생각했다. 하지만 이사회에서는 라스만의 직상장 시도를 위험한 도박으로 여겼다. 무엇보다 암젠의 신약 파이프라인 개발속도가 너무 느려서 성공적인 상장을 위한 결정적 무기가 없다고 판단했다. 심지어 1982년 말에 증권업계에서 잔뼈가 굵고 바이오텍업계 미다스의 손으로 불리던 데이비드 블레흐^{David Blech}[4]가 창업한 제네틱시스템^{Genetic Systems}조차 애초에 목표한 기업공개^{IPO} 자금 조달 목표액 1500만 달러의 절반에도 미치지 못하는 600만 달러만을 조달하는 등 증권시장은 빠르게 경색되기 시작했다.

이사회의 반대에도 불구하고 라스만은 나스닥 상장을 서둘렀다. 하지만 상장을 위한 투자 로드쇼가 진행되는 시점에 대형 악재가 발생했다. 암젠의 투자자이자 이사회 구성원인 애보트와의 투자계약에서 문제가 발생한 것이다. 애보트와 암젠은 시리즈A 투자계약에서 암젠이 개발한 파이프라인 중 일부에 대해 애보트가 우선선택권을 가진다는 조항을 담았는데, 이때 '일부'가 무엇을 의미하는지가 쟁점이 됐다. 투자계약을 할 당시 시점에서 특정 파이프라인을 명시하기 어려웠기에 해당 '일부'를 특정하는 계약갱신을 했어야 했지만 그러지 않아서 발생한 문제였다. 암젠이 상장을 결정하자 애보트는 계약서상의 '일부'를 암젠 파이프라인 '전부'로 해석하고 법적 분쟁을 예고했다. 해당 이슈가 해소되지 않을 경우 암젠의 상장 자체가 어려워질 수 있게 된 것이다. 다행히 애보트와 라스만의 협상 끝에 해당 이슈는 상장 직전에 해소됐다. 이는 계약관계를 명확히 하는 것이 얼마나 중요한지를 알려주는 중요한 교훈이 됐다.

암젠의 나스닥 상장은 1983년 6월 17일에 이루어졌는데, 당시 조달금액은 주당 18달러로 총 4300만 달러를 조달하는 데 성공했다. 하지만 암젠 주가는 상장과 동시에 하락하기 시작해서 3개월 뒤인 9월에는 9달러, 12개월 만에 3달러까지 하락했다. 암젠 상장과 동시에 바이오텍 투자환경에 한파가 몰아닥친 것이다. 바이오텍 한파는 고물가, 고금리, 경기불황이 오랫동안 지속된 것도 한 원인이 됐지만, 또 다른 이유는 바이오텍 경쟁이 지나치게 치열해진 탓도 있었다.

1993년 기준 미국 내 바이오텍은 1227개로, 상장된 바이오텍만 235개였으며, 임상에 진입한 바이오의약품은 500개에 육박했다. 파이프라인 하나당 시판허가까지 당시 기준 2억 달러 내외가 소요됐으므로 전체를 합칠 경우 약 1000억 달러가 필요했다. 하지만 나스닥에 참여하는 기관투자자들의 투자규모는 30분의 1도 되지 못했다. 또한 당시 바이오텍 회사들이 제품판매를 통해 달성한 매출액 규모는 90억 달러로 필요한 투자금에 비해 실현된 매출의 규

초창기 바이오텍 상장실적[5]

회사	IPO시점	조달금액
Genentech	10/80	35M
Cetus	3/81	107M
Genetic Systems	4/81	6M
Ribi	5/81	1.8M
Centocor	12/82	21M
Immunex	3/83	16.5M
Amgen	6/83	42.3M
Biogen	6/83	57.5M
Chiron	8/83	17M
Immunomedics	11/83	2.5M
Repligen	4/86	17.5M
Xoma	6/86	32M
Imclone	6/86	32M
Genetic Institute	5/86	79M

자료 From Alchemy to IPO, 2000

모 역시 10분의 1 수준이었다.

행운의 여신, 에포젠 개발

암젠은 상장으로 조달한 자금을 몇몇 특정한 파이프라인 개발에 집중했고, 다행히 행운의 여신도 암젠을 도왔다. 그동안 개발하던 신약 외 파이프라인은 기대하던 수준의 효과 입증에 실패했거나 시장수요가 충분하지 않음이 확인됐다. 암젠에게 남은 것은 모두에게 새로운 영역, 리스크도 공존하는 미지의 재조합단백질 영역이었고, 암젠은 재조합단백질 신약개발 회사로 정체성을 가지기로 결심한다. 문제는 재조합단백질 중에서도 어떤 파이프라인에 집중할 것인가였다. 당시 대부분의 재조합단백질 신약개발 기업은 인터페론, 인터류킨, B형 간염백신 개발에 집중했다.

암젠이 주목한 것은 적혈구생성소(에리트로포이에틴 erythropoietin, EPO)였다. 만성 신장질환자, 만성빈혈 환자에 대한 EPO의 치료효과는 잘 알려져 있었고, 이를 재조합단백질로 만들 경우 시장수요 역시 매우 컸다. 이에 많은 기업이 관심을 기울였지만 EPO는 인슐린이나 성장인자에 비해 유전자 시퀀스 규명이 이루어지지 않은 상태였으며, 단백질의 구조 역시 길고 복잡했다. EPO 유전자 시퀀스 분석을 위해 암젠의 푸린 Fu-Kuen Lin 연구팀 역시 말 그대로 밤낮을 새워가며 2년 넘게 연구에 전념했으나 결과는 나오지 않았다.

암젠 경영진 중 다수는 연구결과가 나오지 않는 EPO 프로젝트의 중단을 요구했으나 라스만은 푸 린 연구팀의 노력과 열정을

라스만은 투자유치를 포기하고 직접 나스닥 상장을 시도했다. 당시 경제적 상황은 고위험 바이오텍에 우호적인 투자환경이 지속되기 어려울 것으로 판단했기 때문이다. 그는 이사회의 반대에도 불구하고 나스닥 상장을 서둘렀다.

존중했다. 그래서 60일 이내에 연구결과를 내온다는 것을 조건으로 최후통첩을 보내면서 프로젝트 계속을 승인했다. 행운의 여신이 이때 암젠을 방문했다. 2년 넘게 불가능했던 EPO 시퀀스 분석에 성공하고 생산 역시 가능하다는 실험결과를 얻었다. EPO 실험성공과 함께 다른 신약 파이프라인에 대한 투자는 전반적으로 재조정됐고, 암젠의 플래그십 파이프라인으로 빈혈 치료제 에포젠Epogen이 선정됐다.

EPO 프로젝트의 성공에 고무된 라스만은 1984년 2000만 달러를 투자해서 생산공장을 먼저 설립하고, 곧이어 다수의 빅파마와 에포젠 판권계약을 서둘렀다. 하지만 빅파마들이 제시한 계약조건은 암젠이 기대한 것보다 훨씬 낮은 수준이었다. 결국 일본 기린Kirin과는 신장질환 대상 아시아 판권계약을, 존슨앤드존슨J&J과는 신장질환을 제외한 질환대상 글로벌 판권 계약을 체결했다. 당시 판권계약과 관련해서 일본 기린과는 세세하게 계약서를 작성하지 않았음에도 일본 기업의 특징인 신의성실 원칙에 의해 이후에도 상호호혜적 협력관계가 유지됐다. 하지만 J&J와는 계약내용을 매우 꼼꼼하게 작성했음에도 이후 대형분쟁이 발생하게 된다. 이러한 경험을 통해 라스만은 <네이처 바이오테크놀로지> 등의 지면을 통해 여러 차례에 걸쳐 상대 파트너사의 평판, 과거 분쟁발생 사례 등을 다방면으로 검토한 후에 파트너 선정을 해야 한다고 강조하게 된다[6].

암젠의 파이프라인 운영전략

1984년 미국 국채금리가 20% 수준에서 6% 수준까지 낮아지면서 나스닥 시장 역시 긴 침체기를 끝내고 반등장으로 돌아섰다. 라스만은 긍정적인 에포젠 임상진행 상황을 근거로 1985년에 2차 유상증자를 통해 4300만 달러를, 곧이어 1987년에는 3차 유상증자로 1억5000만 달러를 조달했다. 증시 혹한기를 경험한 라스만은 "물 들어왔을 때 노를 저어야 한다"는 교훈을 충실하게 따랐던 것이다. 두 차례에 걸친 유상증자를 통해 조달된 자금은 뉴트로필 생산을 촉진하는 과립구집락자극인자 Granulocyte Colony-Stimulating Factor, G-CSF인 뉴포젠 Neupogen 개발에 투입됐다. 그 결과, 에포젠은 1989년에 시판허가를 받아서 출시 첫해 매출액 3억5000만 달러를 기록했다. 1991년에는 뉴포젠 역시 시판허가를 받았고, 뉴포젠과 에포젠을 합친 암젠의 매출액은 1992년 11억 달러를 돌파했다. 에포젠과 뉴포젠 외에도 몇몇 제품이 출시돼 있었지만 시장점유율은 미미했다. 이미 선발주자들이 해당 시장을 선점하고 있었기 때문이다.

암젠 제품 포트폴리오와 예상 시장점유율[7]

종류	파트너	1990년 예상 시장점유율	
Erythropoietin	Johnson&Johnson Kirin Brewery	Amgen	85%
		Genetic Institute	10%
		Biogen	5%
		Integrated Genetics	
GCS-F	Kirin	Amgen	30%
		Immunex	30%
		Genetics Institute	30%
		Cetus	10%
Hepatitis B Vaccine	Johnson&Johnson	Amgen	5%
		Biogen	5%
		Chiron	85%
		Genentech	5%
Interleukin-2	Johnson&Johnson	Amgen	10%
		Cetus	45%
		Immunex	45%
Gamma Interferon	None	Amgen	10%
		Biogen	45%
		Genentech	45%

자료 Nature Biotechnology, Vol 4, 1986, September

암젠의
인수합병 전략

라스만은 암젠의 파이프라인 운영전략과 관련해서 크게 4가지를 파이프라인 우선선정 기준으로 제시했다. 첫째, 강력한 특허 확보가 가능한가. 둘째, 치명적인 질환 환자군이 존재해서 경구형 약물 대비 주사제로 투약되는 바이오의약품으로도 충분한 임상적 차이를 제공할 수 있는가. 셋째, 해당 질환과 관련된 의사나 병원이 지나치게 많지 않아서 마케팅 채널 구축이 용이한가. 넷째, 신속한 개발을 통해 기간단축이 가능하거나 개발기간이 상대적으로 늦어도 충분히 임상적 장점이 분명한가 등이다. 이러한 원칙에 따라 암젠은 자체 개발 파이프라인을 확보하기보다는 외부에서 임상 후기 단계에 진입한 물질을 도입하는 데 주력했다.

1994년 IL-1 저해제 관절염 치료제인 아나킨라Anakinra(2001년 승인)를 보유한 키네렛 시너젠Kineret Synergen을 2억5000만 달러에 인수했으며, 곧이어 종양괴사인자 알파 TNF-α 저해제 관절염 치료제(엔브렐Enbrel)를 개발하던 이뮤넥스를 2002년 160억 달러에 인수했다. 당시 엔브렐은 1998년에 승인돼 연매출 30억 달러를 기록하는 대형 블록버스터가 됐지만 이뮤넥스는 엄청난 수요를 감당할 수 있는 생산능력이 없었다(당시 엔브렐 공급역량이 너무나 제한적이어서 환자들은 추첨을 통해 약을 공급받을 정도였다). 이미 센토코가 개발하고 있던 레미케이드 외에도 많은 경쟁제품이 출시됐거나 임상 후기단계를 진행하고 있었기에 그 시점에 생산시설 구축에 착수해서는 시장을 선점하기 어려웠다.

이뮤넥스는 암젠의 인수제안을 받아들일 수밖에 없었다. 이뮤

암젠은 자체 개발 파이프라인을 확보하기보다는 외부에서 임상 후기 단계에 진입한 물질을 도입하는 데 주력했다. 또 항체신약 기술이 충분히 성숙한 이후 풍부한 자금력을 바탕으로 인수합병을 통해 항체신약 강자대열에 안전하게 진입했다.

넥스 인수가 160억 달러는 바이오텍 간의 인수합병 딜로는 유례없는 대규모 계약이었다. 이는 암젠이 에포젠과 뉴포젠의 지속기간을 늘린 신규 제형인 아라네스프Aranesp와 뉴라스타Neulasta를 통해 연매출 30억 달러를 돌파했기 때문에 가능했다.

이뮤넥스 인수를 통해 자신감을 확보한 암젠은 2004년 1억 달러 규모의 기업형 벤처캐피털CVC인 암젠벤처를 설립, 플랫폼 기반의 초기기업에 장기투자를 진행했으며, 2006년에는 항체신약을 개발하던 앱제닉스Abgenix를 인수해서 전이성 대장암 치료제 벡티빅스Vectibix(성분명 파니투무맙panitumumab)를 확보했고, 이를 통해 확보된 항체기술을 활용해서 항체 골관절염 치료제인 데노수맙Denosumab과 프롤리아Prolia, 제게바Xgeva를 출시하는 데 성공했다. 항체신약 기술이 충분히 성숙한 이후에 풍부한 자금력으로 인수합병을 통해 항체신약 강자대열에 안전하게 진입한 것이다.

암젠이 빅파마 15위권에 진입하고, 좀 더 안전한 바이오시밀러 사업에 착수한 2011년 이후 암젠의 인수합병 전략은 처음의 보수적인 기조와는 달리 과감해졌다. 암젠은 2012년 12억 달러를 투입해서 이중특이성 T세포 접합항체BiTE 항암제를 개발하고 있던 마이크로멧Micromet을 인수한다[8]. 이를 통해 암젠은 CD3×CD19 타깃 면역세포 인게이저인 블린사이토Blincyto를 확보하게 되고 이중항체 기반의 신약개발 플랫폼을 구축할 수 있었다. 블린사이토는 당시 표준치료제였던 글리벡 대비 탁월한 효능을 입증했다. 뿐만 아니라 마이크로멧의 이중항체 기술은 애브비Abbvie, 로슈, 제넨텍, 리제네론Regeneron, 아스트라제네카Astrazeneca 등 다수의 빅파마가 자체 개발을 진행할 만큼 폭발적인 관심을 끌던 분야였다. 이에 따라 사노피, 베링거인겔하임Boehringer Ingelheim, 아스트라제네카, 베이어 등은 마이크로멧과 경쟁적으로 공동개발 파트너십을 맺었지만 암젠이 과감하게 인수합병을 통해 선점한 것이다.

암젠은 또한 2020년대 이후에는 후기 임상 파이프라인을 보유한 케모센트릭스ChemoCentryx를 37억 달러에 인수했고, 호라이즌테라퓨틱스Horizon Therapeutics는 278억 달러에, 파이브 프라임 테라퓨틱스Five Prime Therapeutics는 19억 달러에 인수하는 등 매년 1건 이상의 대형 인수합병을 꾸준하게 지속했다. 특히 성숙한 파이프라인을 보유한 기업에 대한 인수합병과 함께 주목할 만한 흐름은 리보핵산 RNA 타깃 신약개발을 선도하는 아라키스Arrakis와 수십억 달러에 달하는 공동연구 계약을 맺는가 하면, 인공지능을 이용해서 다양한 기능을 가지는 단백질 엔지니어링 기술을 보유한 초창기 기업 제너레이트 바이오메디신Generate Biomedicine과 19억 달러 규모의 공동연구, RNA 분해제 개발 초창기 기업인 플렉시엄테라퓨틱스Plexium Therapeutics와의 공동연구를 진행했다. 차세대 모달리티 경쟁에 본격적으로 진입한 것이다.

암젠 성공의 열쇠,
매출중심의 경영전략과 보수적 영역 확장

암젠은 창업 후 12년 만에 블록버스터급 매출을 달성했으며 28년 만에 바이오텍에서 빅파마 대열에 진입한 첫 번째 사례이다. 그렇다면 무엇이 암젠의 성공을 가능케 했으며, 성장하는 바이오텍의 특징은 무엇일까? 관련된 두 가지 핵심 시사점을 짚어본다.

첫째, 암젠의 보수적인 경영전략이다. 암젠은 1991년 뉴포젠 승인 이후 2002년 이뮤넥스 인수를 통해 엔브렐을 확보하기까지 10년 동안 신규 약물을 개발하지 못했다. 하지만 암젠은 무분별한 파이프라인 확장이나 신규 모달리티 분야로 진출하는 것에 매우 신중했다. 1980~1990년대에는 지금 시점에서 보아도 아주 다양한 신규 모달리티가 우후죽순 등장했다. 투자자들 역시 새로운 모달리티가 등장할 때마다 열광적으로 반응했다. 암젠은 내부 파이프라인은 상대적으로 적은 반면에 보유한 현금이나 조달 가능한 자본력은 매우 우수했다. 마음만 먹으면 언제든 유행하는 트렌드나 신규 모달리티에 진입할 수 있었다. 1990년 기준 암젠의 주가는 주당 149달러로 상장 시점 기준 10배가 올랐다. 또한 1989년을 기준으로 암젠은 흑자전환에 성공했다. 게다가 당시 나스닥 바이오텍 투자환경역시 매우 좋았다. 암젠이 원한다면 유상증자를 통해 유리한 조건으로 자본조달 역시 가능했다. 하지만 암젠은 충분한 매출이 가능하면서 개발속도가 충분히 빨라서 시장점유율 확보가 가능한 타깃이나 파이프라인만을 고집했다.

대표적인 사례가 항체신약이다. 1980년 이후 창업하거나 상장한 회사들의 다수는 항체신약에 집중했으며, 항체신약은 당시의 가장 뜨거운 투자유행어였다. 하지만 암젠은 항체신약 붐과 거리를 뒀다. 이러한 암젠의 선택은 올바른 것이었다. 실제로 항체를 기반으로 창업한 대다수의 회사는 마우스 항체가 가지는 강력한 면역원성으로 인해 1990년까지 사람에게 투약 가능한 항체신약을 개발하지 못했다. 항체를 기반으로 처음에 시도됐던 항체약물접합체 ADC나 항체면역독소Antibody Immunotoxin는 링커와 페이로드 기술이 성숙하지 않아서 전혀 성과를 내지 못했으며, 항체방사능결합체 Antibody Radio Conjugation 역시 마찬가지 어려움을 겪었다. 항체신약이 본격화되기 위해서는 인간화 항체 생산기술이 해결돼야 했는데, 1991년 '파지 디스플레이Phage Display' 기술과 1994년 형질전환 마우스transgenic mouse를 이용한 항체생산 기술이 개발되면서 항체신약의 시대가 개화됐기 때문이다. 암젠은 항체신약 기술이 충분히 성숙한 2006년에야 앱젠닉스 인수를 통해 항체시장에 진입했다.

둘째, 암젠의 성공은 라스만과 그의 철학을 승계한 CEO들의 경영능력에 크게 힘입었다. 라스만은 과학의 힘보다는 돈의 힘을 더욱 강조했으며, 충분한 자금이 확보된 이후에야 중요한 투자결정을 내렸다. 제약산업이 모든 산업 중 가장 자본의존적인 산업이며, 라이선싱은 기업성장을 위한 여러 가지 자본조달 수단 중 하나일 뿐이라는 점을 고려한다면 너무나 당연한 경영원칙이라고 할 수 있다. 하지만 지금이나 그때나 대부분의 바이오텍은 자신들이 개발하고 있는 기술에 대한 낙관적 미래 가정과 유행어 중심의 경영, 라이선싱이 마치 최종 목표인 것처럼 움직였다. 이뮤넥스 인수합병 사례가 대표적이다. 이뮤넥스는 당시 가장 화려한 연구진과 연구내용으로 빅파마에 대한 라이선싱을 핵심 비즈니스 모델로 삼았다. 하지만 재무관리에 실패했기 때문에 엔브렐이라는 블록버스터급 신약을 출시하고도 암젠에 인수되는 운명에 처했다.

이와 관련, 1980~2000년대 바이오텍의 성장사를 분석한 <바이오테크, 바이오 비즈니스(원제 From Alchemy to IPO)>라는 책의 저자 신시아 로빈스로스 Cynthia Robbins-Roth는 성공적 바이오텍을 선별하는 6가지 핵심지표로 다음과 같은 내용을 제시하면서, 그중 첫 번째 지표를 탁월한 경영능력으로 꼽았다[9].

① 관련된 분야에서 풍부한 경험을 가진 경영진의 존재. 특히 좋은 사이언스와 나쁜 매니지먼트를 보유한 기업보다는 좋지 않은 사이언스지만 훌륭한 매니지먼트 역량을 가진 기업을 선택할 것 ② 수월성을 가진 연구기관이나 학교와의 네트워크를 확보해서 내부적으로 개발되는 과제의 기술적 어려움이 있을 때 즉시 해결할 수 있는 역량, 그리고 새로운 아이디어를 수혈받을 수 있는 안정적인 연구자 네트워크를 확보할 것 ③ 파트너십이나 공동연구 등을 통해 주식시장 외에 회사의 자금원을 확보하고 이를 가능케 해줄 수 있는 이사진의 네트워크 다양성을 확보할 것 ④ 개별적인 파이프라인이 아니라 강력한 특허로 보호받는 기술 플랫폼을 보유할 것 ⑤ 과학적 발견을 단서로 새로운 비즈니스 기회를 창출하거나 그것을 예측할 수 있는 역량의 경영진이 있으며, 이들의 미래전망이 얼마나 합리적이고 구체적인지를 검증할 것 ⑥ 투자자는 항상 새로운 모달리티(치료접근법)를 원하지만 투자대상 회사가 단순히 유행이나 트렌드를 좇는 것인지 아니면 정말 새로운 모달리티를 개척해 나가는 것인지를 반드시 구분할 것 등이다. 특히 ⑥번과 관련해 유행하는 트렌드가 등장하기 최소 12개월 이전에 해당 내용을 연구하고

있었는지를 검증해야만 실패하지 않는 투자가 가능하다고 지적했다. 신시아 로빈스로스가 제시한 성공하는 바이오텍의 특징과 함께 암젠의 CEO인 라스만이 보여준 적극적인 자금조달 및 보수적인 재무관리의 중요성을 곱씹어 볼 필요가 있다.

주석

(1) Monoclonal Antibodies, Nature Biotechnology, 1983, Apr
(2) 암젠의 성장사를 다룬 책으로 Science Lesson, Binder Gordon, Harvard Business Press, 2008을 참조
(3) Biotech Stock Rises Beat Market Averages, Nature Biotechnology, 1983, July
(4) David Blech는 음악을 전공한 후 증권업에 종사. 이후 벤처투자자로 변신해서 Genetic Systems, ICOS, Celgene, Incyte, Alexion, ARIAD 등을 설립. 1990년대 이후 바이오텍 상장 주관사로 역할하는 D. Blech & Company를 운영하면서 바이오텍 투자의 미다스로 불리던 전설적 투자자이자 창업자이다.
하지만 1994년 주가조작 혐의로 체포되고, 주가조작 가담자들의 정보를 제공하는 플리바기닝으로 형량을 5년으로 낮추어 복역했다.
(5) From Alchemy to IPO, Cynthia Robbins-Roth, Basic Books, 2000
(6) Knocking on Opportunity's Window, Nature Biotechnology, 1993, March
(7) Delivery Becoming Key for Biotech Drugs, Nature Biotechnology, 1986, Sep
(8) Amgen swallows Micromet to BiTE into ALL market, Nature Biotechnology, 2012, April
(9) From Alchemy to IPO, Cynthia Robbins Roth, Basic Books, 2000

03

플랫폼 기반 독자성장 모델, 리제네론

Regeneron

리제네론Regeneron은 1988년 창업 36년 만인 2024년 현재 시가총액 1102억 달러의 글로벌 빅파마로 성장했다. 바이오텍 회사로는 3번째, 전체 제약기업으로는 16번째로 시가총액이 높다. 리제네론은 2023년 매출액 131억 달러, 영업이익률 38%를 기록한 알짜배기 회사이다. 리제네론은 완전 인간화 항체 발현시스템을 기반으로 이중항체, 완전 인간화 T세포 수용체 등 7개로 구성된 벨로시스위트VelociSuite라는 항체 플랫폼을 보유하고 있으며, 출시한 신약으로는 2023년 매출액 116억 달러를 자랑하는 항체신약 듀피센트Dupixent와 50억 달러를 기록한 아일리아Eyelia를 비롯해서 11개 제품이 있고, 30개 이상의 임상 파이프라인을 보유하고 있다. 리제네론이 현재 개발 중인 파이프라인의 대다수는 T세포 인게이저T Cell engager이거나 항체를 기반으로 면역항암 공동자극co-stimulatory 타깃을 공략하는 데 집중돼 있다.

대부분의 빅파마가 공격적인 인수합병을 통해 성장한 것과는 달리 리제네론은 플랫폼 기술을 기반으로 빅파마와의 중장기 공동연구를 통해 상대적으로 안전하게 다수의 블록버스터급 신약을 보유하는 데 성공했다. 또한 2020년 이후부터는 안정적 매출확대를 위해 데시벨 테라퓨틱스Decibel Therapeutics와 체크메이트 파마슈티컬Checkmate Pharmaceutical을 인수하는 동시에, 인텔리아Intellia와는 유전자 편집 신약을, 앨나일람Alnylam과는 핵산신약 개발을 위한 협력을 진행하는 등 차세대 모달리티 개발경생에 나서고 있다. 특히 리제네론은 2014년에 설립한 리제네론 제네틱스 센터Regeneron Genetics Center를 차세대 신약개발 경쟁력의 원천으로 활용하고 있다. 리제네론의 CEO인 리어나도 슈라이퍼Leonard S. Schleifer는 여러 매체를 통해 "인공지능은 도구에 불과할 뿐 진짜 중요한 신약개발 경쟁력은 질병과 유전자와의 상관관계 규명을 통해 신규 타깃을 발굴하는 것"이라며, 유전자 치료제 개발을 위해 한 신규 타깃 발굴, 해당 타깃을 적절히 공략할 수 있는 신규 모달리티 등의 분야에 투자를 집중하고 있다.

리제네론의 성장사는 순탄하지 않았으며, 오히려 롤러코스터와 같았다. 리제네론은 3명의 노벨상 수상자로 구성된 화려한 과학자문위와 단 4년 만에 나스닥 상장에 성공한, 가장 빠르게 성장한 바이오텍 중의 하나였다. 하지만 리제네론 주력 파이프라인 3개가 대규모 임상 3상에서 연거푸 실패하면서 1995년 전후에는 존망의 위기에 직면했다. 뿐만 아니라 2011년 아일리아 첫 출시 이전까지 창업 후 20년간 시판허가를 받은 제품이 없었다.

특히 리제네론의 모태가 됐던 NGF, BDNF, CNTF를 타깃한

리제네론 성장사 요약연표

연도	주요 이벤트
1988	창업
1989	Yancopoulos 합류
1990	NT factor 논문 발표
1991	다수의 공동연구 및 나스닥 상장(9160만 달러 조달)
1992	NT-3 임상 진입
1993	생산시설 구축
1995	Roy Vagelos 이사회 의장
1996	Trap 플랫폼 기술개발
1997	NT-3 등 3개 파이프라인 임상 실패
2000	Trap 기술적용 IL-1 차단제 Rilonacept 임상 진입
2003	인간화 항체 플랫폼 Velocigene 개발
2004	VEGF Trap 기반 wet AMD Aflibercept 임상 착수
2006	최초 인간화 항체 Sarilumab 임상 진입
2007	Sanofi와 장기 공동연구 Velocimmune 협력
2008	Rilonacept 승인
2011	Aflibercept 승인(2012년 첫 매출 8억4000만 달러)
2015	PCSK-9 타깃 심혈관 치료제 Praluent 승인
2016	아일리아 50억 달러 매출 기록
2017	아토피 치료제 Dupixent, 관절염 치료제 Sarilumab 승인
2018	PD-1 면역항암 Cemiplimab 승인
2022	면역항암제 기업 Checkmate Pharmaceutical 인수
2023	Complement inhibitor VEOPOZ 승인
2023	유전자치료제 기업 Decibel Therapeutics 인수
2024	세포치료제 기업 2seventy 인수

자료 저자 작성

신경계 질환 치료제는 3번 이상 연속적으로 임상실패를 겪으며 회사 존립의 위기에 직면했었다. 하지만 2003년 이후 인간화 항체 플랫폼 기술과 사이토카인 디코이 리셉터인 트랩Trap 기술을 기반으로 기사회생, 항체신약의 명가로 변신한 기업이다. 리제네론은 이들 두 개의 플랫폼을 이용, 사노피와의 장기 공동연구 협력을 통해 창업 후 15년 만인 2013년 1조 원 매출을 달성했으며, 이후 연속해서 아토피 치료제인 듀피센트와 심혈관 치료제인 프롤루엔트Proluent, 면역항암제 리브타요Libtayo를 출시하면서 2020년 10조 원 매출을 달성하는 데 성공했다.

리제네론
창업

리제네론은 1988년 웨일코넬 의과대학Weill Cornell Medicine의 신경

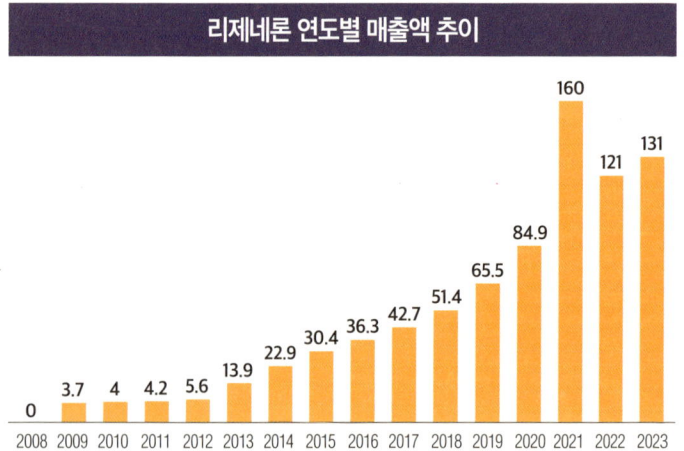

리제네론 연도별 매출액 추이

자료 https://www.MACROTRENDS.net/ 단위 억 달러

과 교수 슈라이퍼가 신경영양인자Neurotrophic Factors를 가지고 메릴린 치벤처Merril Lynch Venture로부터 100만 달러를 투자받아서 설립됐다. 회사의 이름이 리제네론Regeneron으로 정해진 것도 신경세포재생regenerating neurons이라는 개발목표를 반영했기 때문이다. 당시 신경질환은 치료제가 없는 난공불락의 질환으로 해당 분야 치료제 개발을 위해 창업된 20여 개의 바이오텍이 약 10억 달러 내외를 투자받을 만큼 투자자들의 관심이 집중된 분야였다.

슈라이퍼는 이후 노벨상 수상자가 된 앨프리드 길먼Alfred Gilman, 신경세포의 분화와 성장과 관련된 연구의 세계적 권위자 에릭 슈터Eric Shooter, 1959년 노벨상 수상자 아서 콘버그Arthur Kornberg, 1985년 노벨 생리의학상 공동수상자 조지프 골드스타인Joseph Goldstein과 마이클 브라운Michael Brown 등 4명의 노벨상 수상자를 포함, 5명으로 이루어진 과학자문위를 구성했다. 미국 바이오텍 중 가장 화려한 과학자문위를 구성하고, 이를 기반으로 추가 600만 달러 투자유치에 성공했다. 하지만 문제는 연구팀 구성 및 이를 이끌어갈 최적, 최고의 연구소장을 구하는 일이었다.

리제네론 자문위는 당시 28세인 컬럼비아대학교의 젊은 교수인 그리스인 출신 얀코풀러스Yancopoulos를 최고과학책임자CSO로 추천했다. 당시 얀코풀러스는 프레데릭 알트Frederick W. Alt와 함께 인간 면역유전자를 마우스에 삽입해서 인간 면역시스템을 발현하는 연구를 주도하고 있었으며(이 기술은 앱제닉스Abgenix, 메다렉스Medarex에 기술이전), 정부연구비로 8년간 250만 달러를 확보한 촉망받는 젊은 연구자였다.

하지만 그 당시 얀코풀러스의 연봉은 3만5000달러에 불과했으며, 그의 아버지는 아들이 박봉의 교수보다는 같은 그리스 출신 사업가인 미국 머크^{MSD} 로이 바젤로스^{Roy Vagelos}와 같은 사람으로 성장하기를 원했으며, 더 많은 연봉을 받아야 마땅할 만큼의 연구업적을 가지고 있다고 생각했다. 이러한 아버지의 소망에 덧붙여 슈라이퍼가 약속했던 과학 중심의 기업운영 원칙에 설득된 얀코풀러스는 같은 연구실의 동료 및 후배들에게 같이 합류할 것을 권유했지만 아무도 동참하지 않았다. 이때만 해도 바이오텍이라는 단어는 연구자들에게 "더러운 단어[1]"로 간주됐기 때문이다.

리제네론의 기라성 같은 과학자문위와 풍부한 초기 투자금에도 불구하고 연구원 모집은 쉽지 않았다. 1985년 이후 나스닥 시장에 한파가 거세게 몰아쳤고, 상장에 성공한 바이오텍 역시 거의 없었다. 또한 그 당시 창업한 항체 기반 회사들은 처음의 약속과 달리 별다른 성과를 입증하지 못했다. 바이오텍들이 제시한 과대포장^{overhype}에 대한 투자자들과 연구자들의 냉소가 최고조에 달하던 때였다. 그 결과 초기 연구팀 구성을 완료하는 데 2년이나 소요됐다. 그 당시 얀코풀러스가 채용한 연구원들은 학계나 산업계에 잘 적응하지는 못했으나 연구실력만큼은 뛰어난 공포의 외인구단급 연구자들이었다. 그리고 이들 대부분은 리제네론의 부침에도 불구하고 꾸준하게 자리를 지켰다.

이 당시 슈라이퍼와 얀코풀러스는 리제네론의 핵심가치로 "1. 과학이 비즈니스를 이끌고, 열정이 사이언스를 이끈다. 2. 우리는 선택된 팀이다. 3. 우리는 매일매일 도전에 직면할 것이다. 4. 이건 과거에 우리가 늘 했던 것이라는 태도를 버려라. 5. 좋은 아이디어를 막는 관료주의를 제거하라"는 5대 원칙을 제시했다. 이러한

5대 원칙은 지난 30년을 경과하면서 "Lead with Science, Take on Big Idea, Make it Happen, Be Great Together, Do What's Light"로 이어졌고, 2020년 이후에는 "과학의 영역을 확장하는 과감한 혁신"을 가장 상위의 가치로 제시하고 있다. 이처럼 리제네론은 과학적 연구가 기업성장의 가장 중요한 기반이라는 원칙에 충실했으며, 신경영양인자 중심의 임상이 연속 실패한 후 1996년 항체 기반 플랫폼 회사로 전환했을 때에도 이러한 원칙은 더욱 확고해졌다.

시련만 남겨준 퇴행성 신경질환 치료제 개발

리제네론이 집중했던 신경영양인자를 활용한 치료제 개발은 뇌유래신경영양인자Brain-Derived Neurotrophic Factor, BDNF, neurotrophin-3NT-3, 섬모신경친화성인자Ciliary Neurotrophic Factor, CNTF가 중심이었다. 당시 해당 분야의 경쟁자는 제넨텍, 시너젠Synergen, 세팔론Cephalon 등이었는데, 리제네론의 개발속도가 가장 빨랐다[2].

리제네론은 창업 후 2년째인 1990년 <사이언스>에 NT-3 관련 논문을 발표한 이후, 이러한 연구성과를 기반으로 일본 스미토모Sumitomo로부터 1500만 달러 규모의 공동연구 계약, 암젠과는 1억 달러 규모의 공동연구 계약을 체결하는 데 성공했다. 리제네론은 이렇게 확보한 자금을 기반으로 1990년부터 1년에 한 개씩 3개의 파이프라인을 임상에 진입시켰다.

창업 후 4년 만인 1992년에는 3개의 임상 파이프라인을 근거로 나스닥에 상장하는 데 성공했다. 당시 리제네론의 시가총액은 1억5000만 달러, 주당 가격 22달러에 9160만 달러가 조달됐다. 리제네론 시드투자에 100만 달러를 투자한 메릴린치는 상장 시점 지분이 23.8%로 당시 주가 기준 약 50배의 투자수익을 거둬들였고, 대규모 자금조달에 성공한 리제네론은 1993년 CNTF 임상성공을 자신하며 생산공장을 설립했다(이 공장은 2011년 아일리아 승인 때까지 위탁개발생산CDMO용으로 활용되다가 아일리아 생산을 전담하게 된다).

하지만 창업 후 4년 만에 나스닥 상장과 2개의 추가 임상진입에 성공한 리제네론은 1994년 임상 3상 실패를 겪으며 결정적 위기에 직면하게 된다. 1994년 근위축성 측삭경화증(루게릭병, ALS) 환자 720명 대상 CNTF 임상 3상은 체중감소 등의 심각한 부작용으로 인해 실패했다. 주가는 상장가 22달러의 5분의 1 수준인 4달러로 하락했고 1997년에는 1000명의 ASL 환자 대상 BDNF 임상 3상 역시 효능 입증에 실패했다. 게다가 2003년에는 CNTF 임상에서 확

퇴행성 신경질환 치료제 개발기업 경쟁현황[3]

Factor	대상질환	개발사
Nerve Growth Factor	신경병성 통증 및 알츠하이머	제넨텍, 시너젠
Brain Derived Neurotrophic Factor	Amyotrophic lateral sclerosis (ALS) 및 파킨슨병	암젠, 리제네론
Neutrophin-3 Factor	신경병성 통증	제넨텍, 암젠, 리제네론, 다케다
Glia Cell derived Neurotrophic Factor	ALS 및 운동신경 질환	시너젠
Insulin like growth factor	ALS, 신경병성통증 등	세팔론

자료 SCIENCE, 1994, May

인된 체중감소 부작용에 착목해서 CNTF를 비만 치료제로 개발하려던 2000명 대상 비만 치료제 3상 역시 중단됐다. 효능과 안전성을 입증했으나 경쟁약물로 개발 중인 경구형 비만 치료제와의 경쟁력을 확신하기 어려웠기 때문이다. 이처럼 10년간 3개 파이프라인이 임상시험 최종단계에서 연속 실패하면서 리제네론은 생존의 위기에 내몰린 것이다.

리제네론의 위기와 부활

리제네론의 대표인 슈라이퍼는 1995년 ALS 임상 3상 실패로 위기에 직면한 회사를 살리기 위해 당시 MSD의 대표이사에서 퇴임한 제약업계의 전설 로이 바겔로스를 이사회 의장으로 영입했다. 바겔로스 영입소식에 주가 역시 긍정적으로 화답했으며, 투자자들 역시 새롭게 리제네론의 미래를 신뢰하게 됐다. 그러나 리제네론의 성장을 위해 보다 중요했던 것은 바겔로스가 이사회 의장으로 취임하면서 제시한 다음과 같은 원칙이었다[4].

첫째, 임상을 통해서만 개발하고 있는 약물의 성공 여부를 판단할 수 있다면 해당 약물에 투자하지 않아야 한다. 이러한 문제를 극복하기 위해서는 약물개발에 착수하기 이전에 타깃 질환에 대한 바이올로지와 사용하는 모달리티가 가진 특성을 완벽하게 파악해야만 한다.

둘째, 개발하려는 약물의 임상실패 원인을 예상하거나 분석하지 않은 채 초기 약물개발에 착수하지 말아야 하며, 초기 개발단계부터 목표제품특성 target product profile을 충족할 수 있는지에 대한 개념

증명^{Proof of Concept, PoC} 실험, 혹은 개념입증에 가장 핵심적인 실험인 킬러 실험^{killer experiment}을 선택해야 한다.

셋째, 재무적 의사결정이 아니라 과학과 데이터가 의사결정을 할 수 있는 시스템을 구축해야 한다.

당시 바겔로스가 제시한 원칙은 지금도 여전히 유효한, 가장 중요한 의사결정 원칙 중 하나이기도 하지만, 당시로서는 리제네론이 더 이상 퇴행성뇌질환 치료제 개발에 매달려서는 안 된다는 것을 의미하기도 했다. 포기해야 할 것은 명확했다. 그렇다면 리제네론의 방향전환은 어디에서 시작돼야 했을까?

항체 플랫폼의 명가로 재탄생한 리제네론

많은 사람이 리제네론의 기사회생에 바겔로스가 결정적 역할을 했다고 평가한다. 하지만 이는 진실의 일부에 불과하다. 바겔로스의 이사회 합류로 리제네론에 대한 투자자들의 신뢰는 반전될 수 있었지만, 리제네론의 부활은 얀코풀러스가 만들어 냈다. 그가 개발했던 디코이 리셉터 기반의 트랩 기술과 유전자 조작 마우스를 통한 인간항체 플랫폼 기술이 없었다면 리제네론의 부활은 불가능했다.

얀코풀러스는 1996년부터 새로운 신경영양인자를 발굴하기 위해 강한 결합력을 가진 리셉터 시스템을 개발했다. 이를 이용할 경우 신경세포 관련 성장인자만이 아니라 다양한 사이토카인을 발굴할 수 있었다. 뿐만 아니라 이렇게 만들어진 리셉터를 이용해서 특정 성장인자나 사이토카인에 강하게 바인딩해서 리셉터와 리간드의 결합을 차단하는 디코이 트랩^{Decoy Trap} 개념의 치료제 개발이 가능하다는 아이디어를 얻게 됐다. 이러한 개념을 기반으로 얀코풀러스는 항체보다 높은 결합력을 가진 리셉터 2개를 항체의 Fc 부위에 접합시킨 융합단백질^{Fusion Protein} 치료제로 인터류킨^{IL}-1을 타깃한 아카리스트^{Arcalyst}(성분명 릴로나셉트^{rilonacept})를 2008년에, 혈관내피성장인자^{VEGF}를 타깃한 나이 관련 황반변성^{AMD} 치료제 아일리아^{Eylea}를 2011년에, 그리고 동일물질을 사용한 전이성 대장암 치료제 잘트랩^{Zaltrap}(성분명 애플리버셉트^{aflibercept})을 2012년에 출시하는 데 성공했다.

리제네론은 새롭게 발굴된 디코이 트랩 시스템을 기반으로

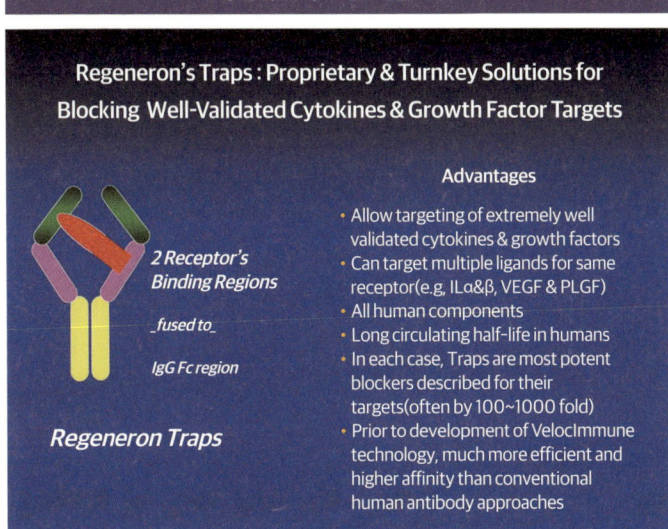

자료 https://www.regeneron.com/science/technology

2003년 노바티스와 IL-1 트랩 관련 공동연구로 선수금 2700만 달러와 진략적 투자 4800만 달러 규모의 계약을 체결했으며(노바티스는 아일리아 임상 2상 결과가 만족스럽지 않다는 이유로 2009년 해당 계약 해지), VEGF 트랩으로는 아벤티스^{Aventis}와 2007년에 8000만 달러 선수금, 4500만 달러 주식매입, 2500만 달러 마일스톤 지급으로 구성된 공동연구 계약을 체결했다. 개발에 성공할 경우 수익은 50 대 50으로 배분하는 내용이었다(그러나 2004년 아벤티스를 인수한 사노피는 안구질환이 전략적 대상질환이 아니라는 이유로 해당 계약을 해지). 트랩 플랫폼 기술을 기반으로 체결된 2건의 공동연구 계약을 통해 리제네론은 연구개발 비용의 절반 이상을 충당할 수 있었으며, 2008년에 아칼리스트를 출시해 연간 매출액 2000억 달러를, 2011년에 아일리아를 출시해서 첫해 매출액 9000만 달러를 기록했고, 2013년에는 마침내 13억 달러 매출을 달성했다.

두 번째 항체 플랫폼이자 리제네론을 항체의 명가로 만들어 준 완전 인간화 항체 발현 플랫폼 기술은 대량의 유전자 변이를 도입, 발현시킬 수 있는 벨로시젠^{Velocigene}을 2003년에 개발한 것으로부터 시작됐다. 곧이어 2007년에는 유전자 변형 마우스를 이용해서 생체 내$^{in\ vivo}$로 완전 인간화 항체를 발현할 수 있는 벨로시이뮨^{VelocImmune}, 벨로시맙^{VelociMab} 등으로 구성된 풀패키지 플랫폼 벨로시스위트^{VelociSuite}를 완성했다.

이들 플랫폼 기술을 기반으로 리제네론은 2007년 2월 벨로시스위트를 아스트라제네카가 내부적으로 개발하는 항체에 비독점적으로 활용할 수 있다는 내용의 라이선싱 계약을 체결했다. 이 계

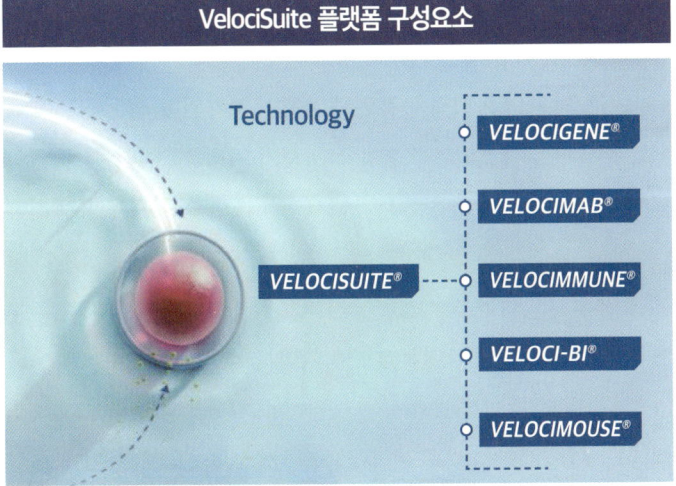

자료 https://www.regeneron.com/science/technology

약을 위해 아스트라제네카는 선급금 2000만 달러에 매년 2000만 달러를 리제네론에 5년간 지급하는 내용이었다. 아스트라제네카의 경우 2006년에 완전 인간화 항체 파지 디스플레이 기술을 개발한 케임브리지 안티바디테크놀로지Cambridge Antibody Technology, CAT를 13억 달러에 인수했음에도 리제네론의 벨로시이뮨 기술이 가진 상대적 장점을 활용하기 위해 리제네론과 협력한 것이다.

곧이어 2007년 3월에는 일본 아스텔라스Astellas가 벨로시이뮨 기술을 자체 항체신약 발굴에 비독점적으로 활용한다는 내용으로 선급금 2000만 달러, 4년간 매년 2000만 달러를 마일스톤(단계별 기술료) 방식으로 지급하는 계약을 리제네론과 체결했다(이 계약은 2010년에 1억6500만 달러 선급금 지급에 2018년까지 마일스톤 지급액 1억3000만 달러를 지불하는 조건으로 비독점 라이선싱 기간을 2023년까지 확대하는 것으로 변경된다).

2007년 11월에는 리제네론의 성장을 위해 가장 중요했던 파트너 사노피와의 독점적 공동연구 계약이 체결된다. 공동연구의 핵심내용은 벨로시스위트를 통해 사노피가 지정하는 타깃 항체신약을 각각 50 대 50의 비율로 투자해서 공동개발하되, 사노피가 리제네론의 공동연구 비용을 선지불하고 해당 파이프라인이 시판에 성공할 경우 사노피가 선지불한 분담비용을 리제네론이 환불해 주는 조건이었다(미국 내 판권은 50:50, 기타 국가들에 대해서는 사노피가 55~65%의 권리를 보유하는 조건). 이 계약을 위해 사노피는 리제네론에 8500만 달러의 선급금과 5년간 총 4억7500만 달러의 연구자금 지원, 동시에 리제네론 주식의 4% 이상 19% 이내에서 매입하는 방식이었다.

이처럼 리제네론은 벨로시스위트를 통해 3개 빅파마와의 공동연구 계약으로 2007~2011년 총 16억 달러를, 그리고 2012~2017년 총 10억 달러를 공동연구 파트너로부터 조달했다. 이렇게 공동연구 계약을 통해 확보한 26억 달러는 리제네론이 투자한 연구개발비의 3분의 2에 해당했으며, 장기간의 계약을 통해 주식시장의 높은 변동성에도 불구하고 리제네론이 12개 이상의 안정적이고 꾸준한 자체 임상 파이프라인 개발을 추진할 수 있었던 원동력이 됐다.

리제네론 독자성장의 비결

리제네론이 독자 성장할 수 있었던 비결은 무엇일까? 여러 가지 이유가 있겠지만 필자가 주목하는 것은 플랫폼 기술의 중요성과

이를 활용한 독점적 방식의 중장기 공동연구 파트너십 확보이다.

당시 완전 인간화 항체 기술은 1990년 파지 디스플레이 기술(대표기업 다이액스^{Dyax}, CAT), 1994년 휴맙^{Humab} 기술을 기반으로 형질전환 마우스 기반 항체 플랫폼 기술이 빠르게 진화하고 있었다. 형질전환 마우스 항체 플랫폼 기술은 메다렉스^{Medarex}(Ultimab 플랫폼)와 앱제닉스^{Abgenix}(Xenomouse 플랫폼), 그리고 리제네론(VelocImmune 플랫폼)이 대표적이다.

항체신약 시장의 발전에 있어서 완전 인간화 항체 플랫폼 기술이 가지는 중요성은 너무나 명백했다. 1980년 수많은 항체 기반 바이오텍들이 마법의 탄환^{magic bullet}이라는 개념을 내세워 창업하거나 나스닥에 상장했지만, 마우스 유래 항체의 면역원성을 해결하지 않고는 근본적인 한계가 있었다. 이로 인해 1990년대 항체기술의 중심은 키메릭 항체, 인간화 항체 등 면역원성 극복을 위한 다수의 플랫폼 기술에 집중됐고 마침내 파지 디스플레이 기술과 형질전환유전자조작 마우스 항체 플랫폼 기술로 완전 인간화 항체가 만들어지면서 본격적으로 개화됐다. 그 결과 1986년부터 2002년까지 16년 동안 9개 항체신약이 출시돼 54억 달러 시장을 형성했던 것에 비해 2002년부터 2012년에는 모두 20개의 항체신약이 출시돼 총 500억 달러 규모의 시장을 형성하게 된다.

완전 인간화 항체 플랫폼 기술에 대한 빅파마들의 관심은, 아래의 그림에서 볼 수 있듯이, 1998년 전후 공동연구가 10건 내외로 진행됐던 것에 비해 2004년에는 60건 이상으로 폭증한 것에서도 확인할 수 있다. 특히 2005년에 암젠이 앱제닉스를 22억 달러에 인수하는가 하면, 아스트라제네카는 2005년 CAT를 13억 달러에, 브리스톨마이어스스큅BMS은 2009년 메다렉스를 24억 달러에 인수했고, 나이액스는 2016년에 샤이어Shire에 인수됐다. 완전 인간화 항체 플랫폼을 보유한 기업 중 리제네론만이 인수합병이 아니라 독자 성장을 통해 글로벌 빅파마로 성장한 것이다.

완전 인간화 항체 플랫폼 기술 중 파지 디스플레이 기술은 CAT와 다이액스가 대표적인데, 다이액스의 경우 글락소스미스클라인GSK, 젠자임Genzyme, 모포시스Morphosys, MSD, 바이오젠, 사이토젠, 디바이오파마Debiopharma 등 다수의 기업에 비독점적 라이선싱을 제공했다. CAT 역시 제넨텍, 화이자Pfizer, 일라이릴리, 바스프BASF, 미쓰비시Mitsubishi 등을 포함해서 다수의 기업에 타깃 기반 라이선싱을 제공했다.(5) 제노마우스XenoMouse 플랫폼을 가진 앱제닉스는 암젠, 노바티스Novartis, 아스트라제네카 등을 대상으로 타깃 기반 독점 라이선싱을 진행했고(2010년 기준 앱제닉스 기술을 적용한 임상 파이프라인은 18개), 울티맙Ultimab 플랫폼을 가진 메다렉스는 일라

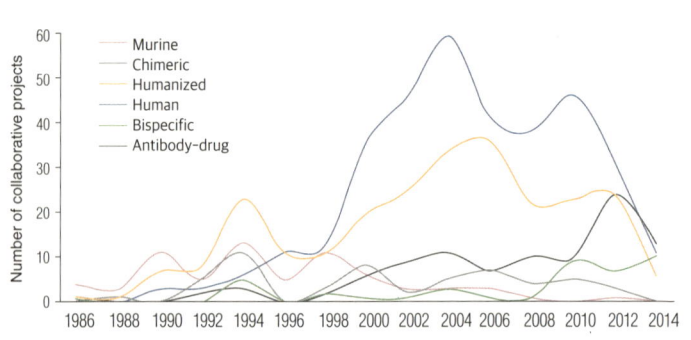

항체 플랫폼 관련 공동연구 진행현황(6)

자료 MABS, 2017, Vol 9, No 7

3장. 플랫폼 기반 독자성장 모델, 리제네론

리제네론이 독자 성장할 수 있었던 것은 탁월한 플랫폼 기술을 보유했고, 이를 활용한 독점적 방식의 중장기 공동연구 파트너를 확보했기 때문이다.

이릴리, 존슨앤드존슨, BMS, GSK, 젠맙Genmab, 노바티스 등을 대상으로 타깃 기반 독점 라이선싱을 진행(2010년 기준 메다렉스 기술을 적용한 임상 파이프라인은 34개)했다.

이에 반해 리제네론은 내부 파이프라인 발굴용 비독점적 라이선싱을 아스트라제네카와 아스텔라스에 제공했을 뿐, 사노피와의 장기 공동연구 외에는 외부에 대한 독점적 라이선싱을 어떠한 형태로도 진행하지 않았다.

혹자는 리제네론이 광범위한 라이선싱을 추진하지 않은 것을 벨로시이뮨 기술의 열등성 때문이라고 해석하지만 진실은 그 반대이다. 리제네론의 신약 개발비용은 2003~2013년 평균 7억3600만 달러였는데, 당시 평균은 43억 달러로 리제네론의 연구개발 생산성이 7배 이상 높았다[7]. 이러한 독보적인 연구개발 생산성은 리제네론 항체 플랫폼이 가지는 우수성으로 인해 임상 실패율이 훨씬 낮았기에 가능했다.

2019년 기준 FDA 승인받은 항체약물의 플랫폼별 기술적용 현황[8]

No.	Antibody	Brandname	Company
1	Adalimumab	Humira	Abbott_Laboratories
2	Panitumumab	Vectibix	Amgen
3	Ustekinumab	Stelara	Johnson & Johnson
4	Canakinumab	Ilaris	Novartis
5	Golimumab	Simponi	Johnson & Johnson/Merck
6	Ofatumumab	Arzerra	GlaxoSmithKline (Genmab)
7	Denosumab	Prolia, Xgeva	Amgen
8	Belimumab	Benlysta	GlaxoSmithKline
9	Ipilimumab	Yervoy	Bristol-Myers Squibb
10	Ramucirumab	Cyramza	Eli Lilly (ImClone)
11	Nivolumab	Opdivo	Bristol-Myers Squibb
12	Alirocumab	Praluent	Sanofi and Regeneron
13	Daratumumab	Darzalex	Johnson & Johnson (Genmab)
14	Necitumumab	Portrazza	Eli Lilly (ImClone)
15	Evolocumab	Repatha	Amgen
16	Secukinumab	Cosentyx	Novartis
17	Olaratumab	Lartruvo	Eli Lilly
18	Atezolizumab	Tecentriq	Roche
19	Avelumab	Bavencio	Pfizer
20	Brodalumab	Siliq	Valeant Pharmaceuticals
21	Dupilumab	Dupixent	Sanofi and Regeneron
22	Durvalumab	Imfinzi	Medimmune/AstraZeneca
23	Guselkumab	Tremfya	Jassen Biotech
24	Sarilumab	Kevzara	Sanofi and Regeneron
25	Erenumab	Aimovig	Novartis and Amgen
26	Cemiplimab	Libtayo	Regeneron
27	Emapalumab	Gamifant	NovImmmune
28	Moxetumomab pasudodox	Lumoxiti	MedImmune/AstraZeneca

자료 Journal of Biomedical Science, 2020

Approval#	Target	References	Technology
2002	TNFα	den Broeder et al. [178]	Phage display
2006	EGFR	Tyagi et al. [179]	XenoMouse
2009	IL-12	Bartlett et al. [17]	HuMabMouse
2009	IL-1β	Church et al. [18]	HuMabMouse
2009	TNFα	Zhou et al. [19]	HuMabMouse
2009	CD20	Coiffier et al. [20]	HuMabMouse
2010	RANKL	Reddy et al. [21]	XenoMouse
2011	BCAF	Ding et al. [180]	Phage display
2011	CTLA-4	Morse et al. [22]	HuMabMouse
2014	VEGFR2	Krupitskaya et al. [181]	Phage display
2014	PD-1	Wolchok et al. [23]	HuMabMouse
2015	PCSK9	Roth et al. [24]	VelocImmune Mouse
2015	CD38	de Weers et al. [25]	HuMabMouse
2015	EGFR	Kuenen et al. [182]	Phage display
2015	PCSK9	Hirayama et al. [26]	XenoMouse
2015	IL-17α	Chioato et al. [27]	XenoMouse
2016	PDGFRα	Chiorean et al. [28]	HuMabMouse
2016	PD-L1	McDermott et al. [183]	Phage display
2017	PD-L1	Boyerinas et al. [184]	Phage display
2017	IL-17R	Papp et al. [29]	XenoMouse
2017	IL-4R	Wenzel et al. [30]	VelocImmune Mouse
2017	PD-L1	Antonia et al. [31]	XenoMouse
2017	IL-23	Sofen et al. [185]	Phage display
2017	IL-6R	Huizinga et al. [32]	VelocImmune Mouse
2018	CGRPR	Tepper et al. [33]	XenoMouse
2018	PD-1	Migden et al. [34]	VelocImmune Mouse
2018	IFNγ	Al-Salama ZT [186]	Phage display
2018	CD22	Kreitman et al. [187]	Phage display

독점적 플랫폼 기반
공동연구의 중요성

통상적으로 파이프라인 중심의 바이오텍은 기술적 불확실성이 제거된 상태의 후보물질을 도입해서 비교적 빠른 시간 내에 임상적 경쟁력을 확인할 수 있는 장점이 있다. 하지만 임상개발에 대규모 자본이 투자돼야 하며, 후보물질 단계에서 기술적 불확실성을 제거하려면 탄탄한 역량을 가진 개방형 협력팀의 좋은 선구안 및 네트워크를 확보해야만 한다. 또한 신행하던 임상이 실패할 경우 이를 신속하게 대체할 신규 파이프라인 확보가 어려울 수 있다. 따라서 파이프라인 중심의 비즈니스 전략은 대규모 자본조달 능력이 확보된 대기업에 오히려 적합한 사업모델이라고 할 수 있다.

이에 반해 플랫폼 기반의 바이오텍은 초기 플랫폼 완성도를 높이기 위해 중장기 투자가 필수적이며 임상에 진입할 때까지 시간 역시 상대적으로 길어질 수밖에 없다. 하지만 하나의 파이프라인이 실패한다 해도 곧바로 대체 파이프라인 확보가 가능하며, 플랫폼의 완성도는 파이프라인이 확장되는 만큼 점점 더 높아질 수 있다. 뿐만 아니라 비즈니스 전략 측면에서도 플랫폼 기반 바이오텍의 장점은 명확하다. 파이프라인 중심 기업은 보유한 파이프라인을 라이선싱할 경우 그 자체로 해당 회사의 핵심자산을 매각한 효과가 발생한다. 공동개발 역시 1개 이상의 기업과 진행하기도 어렵다. 하지만 플랫폼 기반 기업은 다수의 파이프라인을 대상으로 라이선싱, 공동개발, 비독점적 공동연구 등 다양한 사업개발 전략을 적용할 수 있다.

특히 플랫폼을 보유한 기업의 경우 빅파마와의 장기적인 공동연구 파트너십 확보에 유리하다. 신약개발 기업의 경우 높은 변동성을 가지는 주식시장으로부터 안정적 자본조달 능력을 확보하는 것이 매우 어렵고, 10년 이상 꾸준히 투자해야 하는 신약개발의 특성상 단기 테마 변동성이 높은 주식시장으로부터 방화벽을 확보하는 것이 매우 중요하다. 이러한 이유로 미국 바이오텍 중 상위그룹에 속한 기업일수록 자본조달 수단으로 가장 중요하게 고려하는 것이 빅파마와의 공동연구, 장기 파트너십 형성이다.

아래 그림에서 확인할 수 있듯이 2018~2023년 글로벌 바이오텍의 자금조달 경로를 분석한 결과 벤처투자, 기업공개를 통한 자본조달, 유상증자에 비해 공동연구 파트너십을 통한 자본조달 비중이 거의 4배 이상 높은 것을 알 수 있다. 이러한 경향은 최근의 사례만이 아니라 1990년 이후 꾸준하게 관찰되는 결과이며, 공동연구

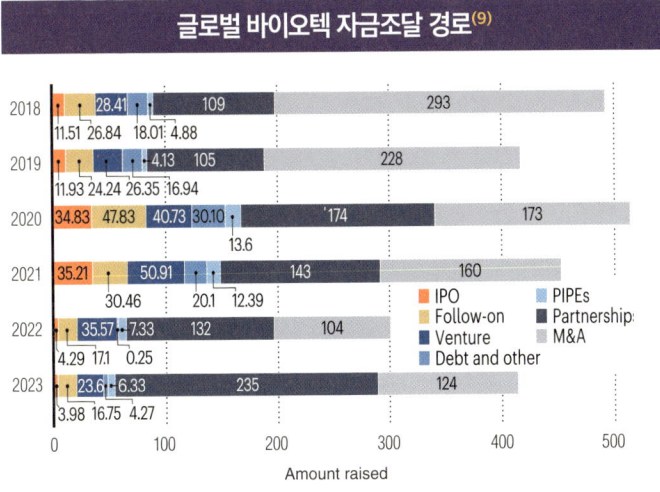

자료 Nature Biotechnology, 2024 **단위** 십억 달러

파트너십을 구축한 기업들은 대부분 새로운 모달리티, 혁신성이 높은 플랫폼 기술을 보유한 기업들이 주도하고 있다.

이런 점에서 리제네론은 차별화된 플랫폼이 가지는 장점을 가장 잘 활용한 사업개발 성공사례라고 할 수 있다. 리제네론은 우수한 플랫폼을 보유하고 있는 기업이 비독점적 라이선싱을 다수의 기업에 제공할 경우 해당 플랫폼의 독점적 가치가 훼손될 수 있으며, 타깃 기반 독점적 라이선싱을 하는 경우라도 충분한 자본력을 가졌기에 더 빠른 속도로 임상개발을 진행할 수 있는 강력한 경쟁자를 만들게 된다는 점을 잘 알고 있었다. 특히 앱제닉스나 메다렉스처럼 당장 현금을 확보하기 위해 다수의 파트너를 대상으로 추진하는 라이선싱은 자신의 미래 경쟁력을 할인판매하는 것과 다름이 없다. 이러한 이유로 리제네론은 소수 빅파마들과의 비독점적 라이선싱으로 플랫폼 기술의 경쟁력을 입증받고, 사노피와는 다수 파이프라인을 공동개발하는 중장기 독점적 연구계약을 체결한 것이다.

이와 유사한 사례는 Fc 사일런스^{Silence} 기술을 보유한 제넨텍과 젠맙에서도 관찰이 된다. 이들 두 회사는 자체 개발하고 있는 파이프라인, 공동연구 파트너사와 개발하는 파이프라인 외에 해당 기술을 라이선싱하지 않는 것으로 알려져 있다. 이 역시 잠재적 경쟁자의 진입장벽을 높이기 위한 전략이다. 이와는 반대로 지나치게 많은 라이선싱 협력으로 인해 독점적 경쟁력을 상실한 경우도 있다. 우수한 위치특이적 링커 기술을 보유한 시나픽스^{Synaffix}의 경우 10개 이상의 ADC 신약개발 기업들에 대해 해당 기술을 라이선싱하면서 독점성이 크게 약화됐다. 뿐만 아니라 론자^{Lonza}가 시나픽스를 인수한 뒤 해당 기술을 툴 박스 서비스로 제공하면서 위치특이적 링커 기술은 더 이상 독점적 기술이 아닌, 누구나 필요하면 사용할 수 있는 보편적 기술이 된 것이다.

 주석

(1) 당시만 해도 학교 내 연구자들 사이에서는 공적 연구자금으로 만들어진 연구결과를 사적으로 활용하는 바이오텍에 대해 부정적인 인식이 강했으며, 특히 당시 바이오텍들이 투자자들에게 제시한 마일스톤이나 목표가 허황된 것으로 사기에 가깝다는 인식이 널리 퍼져 있었기 때문이다.
(2) Molecular cloning and expression of brain-derived neurotrophic factor, Nature, 1989, Sept
(3) Neurotrophic Factors Enter the Clinic, Science, 1994, May
(4) Managing Discovery in the Life Science, Philip A. Rea, et al, Cambridge University Press, 2018
(5) https://lifescivc.com/2017/05/human-antibody-discovery-mice-phage/
(6) Evolving patterns in a collaboration network of global R&D on monoclonal antibodies, MABS, 2017, Vol 9, No 7
(7) Development of therapeutic antibodies for the treatment of diseases, Journal of Biomedical Science, 2020, Jan
(8) Forbes, 2013. 8.11, How Much Does Pharmaceutical Innovation Cost? A Look At 100 Companies
(9) Biotech news from around the world, nature Biotechnology, 2024, Feb

04

제2의 MSD를 꿈꾼 버텍스 파마슈티컬

Vertex

4장. 제2의 MSD를 꿈꾼 버텍스 파마슈티컬

버텍스Vertex는 1989년에 조슈아 보거Joshua Boger와 투자자 케빈 킨셀라Kevin Kinsella가 합리적 약물개발을 주장하면서 설립한 회사이다. 2023년 기준 98억7000만 달러 매출에 38억 달러 순이익을 기록했다. 버텍스의 순이익률은 40%이며, 2024년 2월 시가총액은 1100억 달러를 돌파했다. 또한 2021년 이후 크리스퍼 테라퓨틱스 CRISPR Therapeutics, 모더나Moderna, 리보매트릭스Ribomatrix 등 유전자편집, 경구형 RNA 타깃 약물의 개발 등 다양한 분야의 차세대 모달리티 기술 확보를 위해 꾸준하게 파트너십을 확장하고 있다. 낭포성섬유증 치료제 개발로 글로벌 바이오파마의 대열에 들어선 이후 빅파마 진입을 위한 다음 세대를 준비하려는 것이다.

과감한 도전, 버텍스 창업

버텍스 창업자 조슈아 보거는 그 당시 화합물 신약개발 패러다임을 "원숭이가 타자기로 글을 쓰는 방식으로 소설이 되기에는 너무 낮은 확률"이라고 규정했다. 그 대안으로 타깃 구조를 규명한 뒤, 여기에 결합하는 최적의 약물을 원자 수준에서 재설계하는 '합리적 약물설계rational drug design' 전략이 필요하다는 것이다. 최근 화두가 되는 인공지능AI 기반 약물개발 전략의 원형이라고도 할 수 있다. 보거의 이러한 주장은 당시 제약업계가 직면한 연구개발 생산성 위기를 제대로 포착한 것이었으며, 분자생물학 연구를 통해 만들어진 각종 장비와 도구, 지식의 발전이 있었기에 가능한 전략이었다. 게다가 보거라는 인물 자체가 가지는 상징성도 매우 컸다.

보거는 코네티컷대학교에서 화학을 전공하고 하버드대학교

에서 박사를 마친 후 미국 머크^{MSD}에 입사했다. 당시 MSD는 연간 1조 원 이상을 연구개발비에 투입하고 있었으며, 보거는 그중에서도 핵심부서 중 하나였던 기초화학-생물학 부서의 장으로 근무하고 있었다. 당시 보거의 나이는 38세에 불과했지만 MSD사 내부에서는 장래의 연구소장 후보로 거론될 만큼 탁월한 역량을 인정받았다. 보거는 인간면역결핍바이러스$^{Human\ Immunodeficiency\ Virus,\ HIV}$ 치료제 개발에 합리적 약물설계 전략을 적용하자고 오랫동안 주장했지만 받아들여지시 않았다. 이에 MSD보다 더 크고 훌륭한 제약회사를 만들겠다는 목표로 과감하게 창업에 도전하게 된다.

하지만 버텍스가 창업한 1989년은 바이오텍 전반에 투자환경이 심하게 경색된 시절이었다. 1987년 S&P지수는 15% 하락했고, 1988년 전반기에는 30~40% 이상 추가 하락했다. 그 여파로 1988년 바이오텍 기업공개는 전무했다. 보거는 벤처투자자인 킨셀라로

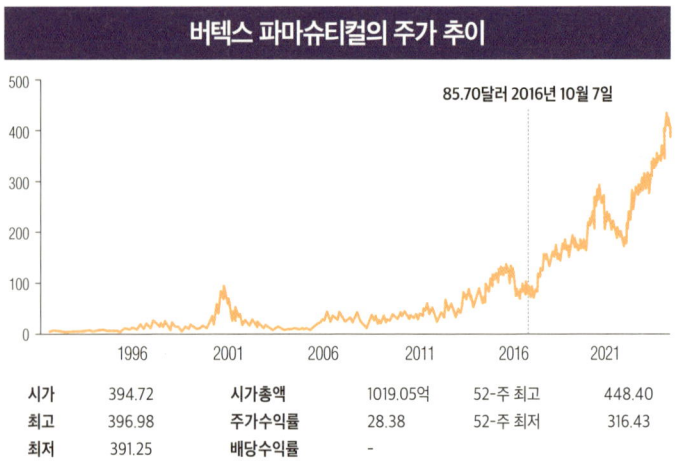

버텍스 파마슈티컬의 주가 추이

85.70달러 2016년 10월 7일

시가	394.72	시가총액	1019.05억	52-주 최고	448.40
최고	396.98	주가수익률	28.38	52-주 최저	316.43
최저	391.25	배당수익률	-		

주 2024.4 기준 **자료** 구글 스톡

버텍스는 타깃 구조를 규명한 뒤, 여기에 결합하는 최적의 약물을 원자 수준에서 재설계하는 합리적 약물설계 전략이 필요하다고 봤다. AI 기반 약물개발 전략의 원형이라고도 할 수 있다.

부터 소규모 창업자금을 지원받은 후 10개월 동안 추가 투자유치 활동을 지속했다. 다행스럽게도 개발개념만 제시된 차세대 면역억제제 파이프라인을 기반으로 아발롱벤처Avalong Ventures, 그레이록 매니지먼트Greylock Management, 휘트니J.H. Whitney&Co., 뉴엔터프라이즈 어소시에이트New Enterprise Associates, 그리고 노웨스트벤처Norwest Ventures로부터 600만 달러를 투자받았다. 하지만 보거의 합리적 약물설계 비즈니스 모델을 구현하기 위해서는 당시 최첨단 장비와 시설 구입이 필수적이었고, 그 결과 초기 버텍스의 현금소진율burning rate은 주당 7만5000달러, 연간 400만 달러에 육박했다.

벤처투자자들에게 팔 것은 데이터가 아니라 FOMO다

버텍스 초기 성장사를 자세하게 다룬 <The Billion-Dollar Molecule(10억짜리 분자)>[1]이라는 책의 첫머리는 스산한 겨울 월스트리트 근처 비스타Vista 호텔에서 열린 투자설명회를 묘사하는 것으로 시작된다. 보거는 그 당시 투자설명회IR에서 버텍스를 이렇게 소개했다. "합리적 약물설계에 필요한 최고 수준의 연구자와 관련 분야 세계적인 석학들로 구성된 과학자문위, 그리고 단백질 구조분석에 필요한 최첨단 장비와 3D 분자모델링 소프트웨어 등을 갖추고 있으며, 낭시 니충족 의료 수요가 높은 차세대 면역억제제 선도물질을 보유한 기업으로 MSD를 뛰어넘는 글로벌 제약사로 성장할 수 있는 벤처기업입니다." 버텍스의 정체성을 합리적 약물설계 선도기업으로 정의한 것이다.

당시 합리적 약물설계 개념은 보거만의 아이디어는 아니었다. 1978년 비영리 연구기관인 아구론연구소Agouron Institute가 최초로 해당 아이디어를 제안하고, 1982년 미국 국립보건원NIH으로부터 대규모 연구자금을 확보해서 합리적 약물설계 플랫폼을 확보한 아구론 파마슈티컬Agouron Pharmaceutical이 창업한 게 1984년이다. 뒤를 이어 바이오크리스트BioCryst, 애피맥스Affymax, 크라이웸Crywehem 등 유사한 기업들 역시 1980년 후반에 연이어 창업됐다. 당시 빅파마가 천

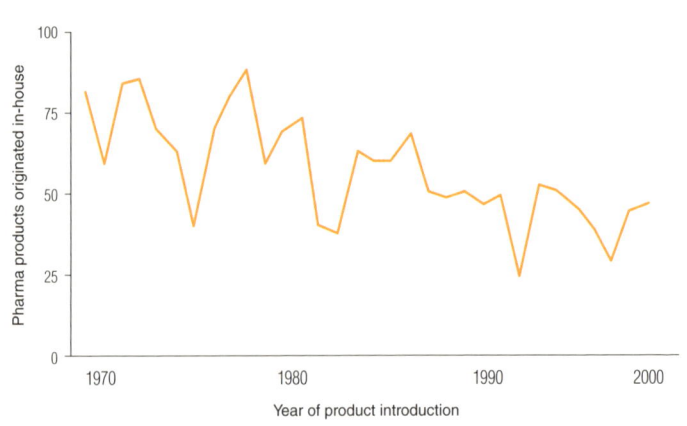

빅파마 자체 개발 파이프라인 비율현황(2)

주 Nature Biotechnology, 2005 **단위** %

연물 유래 화합물 라이브러리 스크리닝을 통해 신약을 개발하던 전통적 모델의 한계가 점점 더 분명해졌기 때문이다.

하지만 버텍스가 창업한 1987년까지 합리적 약물설계 방식으로 신약개발에 성공한 사례는 없었다. 보거의 주장이 매력적이긴 했지만 그 주장을 검증할 수 있는 구체적인 증거는 간접적으로도 부족했고 직접적으로는 없었다[3]. 당시 투자자들은 보거가 제시한 합리적 약물설계 모델이 구현되기 위해서는 최소 5년이 더 필요하다고 반론했다. 하지만 보거는 "5년 후 개념검증이 가능한 때가 되면, 바로 그 시점이 이미 5년 늦은 시점이 될 것"이라고 대답했다. 신약개발 혁신경쟁은 최소 5년 후 미래를 준비하는 싸움이기 때문이다.

보거는 버텍스 대표이사직에서 물러난 뒤 예비 창업자 대상 강연회에서 그 당시의 경험을 다음과 같이 회고했다. "투자자들은 항상 추가 데이터를 요구한다. 개발단계가 무엇이든 투자자들은 투자를 받아서 생산해야 할 데이터를 투자결정 이전에 내놓으라고 요구한다. 더 많은 데이터를 가져가도 그들은 그보다 더 많은 데이터를 요구할 것이다. 투자자들이 확신을 가지기 위해서 추가 데이터를 요구하기도 하지만, 투자시점 회사의 가치를 낮추기 위해서도 데이터를 요구한다. 투자유치에 필요한 것은 더 많은 데이터가 아니라 비전과 전략이며, 투자자들에게 팔아야 할 것은 데이터가 아니라 FOMO^{Fear of Missing Out}(남들이 좋아하는 기업에 나만 투자를 못하게 되는 두려움)이다."

창업초기 기업의 운명을 좌우할
첫 번째 파이프라인

버텍스가 선택한 첫 번째 파이프라인은 차세대 면역억제제였다. 당시 장기이식에서 필수적인 면역억제제는 매출액 5억 달러를 기록하던 사이클로스포린^{Cyclosporine}이었다. 하지만 사이클로스포린은 면역억제능도 부족했고 부작용 역시 매우 높아서 대체약물을 개발하고자 하는 수요가 매우 높았다. 게다가 효과적인 면역억제제가 개발될 경우 다수의 자가면역질환으로의 적응증 확장도 가능했다. 연매출 50억 달러가 가능한 블록버스터급 타깃으로 GSK, MSD 등 다수의 빅파마도 관심이 높았지만 누구도 개발방향과 전략에 대해 단서를 가지지 못했다. 보거가 버텍스의 첫 번째 파이프라인으로 면역억제제를 선택한 것도 이러한 이유 때문이다.

대부분의 창업초기 기업들은 개발가능성은 높지만 누구도 관심을 갖지 않는 소규모 시장을 타깃으로 약을 개발하거나 아니면 개발 불확실성이 높은 위험한 프로젝트를 선택할 수밖에 없다. 따라서 첫 번째 프로젝트의 성공 여부가 회사의 생존에 결정적인 영향을 줄 수밖에 없다. 버텍스가 선택한 면역억제제는 두 번째 경우에 속한 것으로 불확실성이 매우 높았다. 내부 연구진 역시 너무 높은 불확실성으로 반대의견 역시 높았다. 하지만 보거는 자기 스스로에 대한 확신이 강했고, 보거의 강력한 낙관주의와 카리스마가 버텍스의 연구문화를 압도했다. 특히 보거는 버텍스의 파이프라인으로 HIV 치료제나 C형 간염바이러스^{Hepatitis C Virus, HCV} 치료제를 개발하자는 내부 제안에 대해 단호하게 반대했다. 해당 분야는 빅파마가 선진입한 영역들로 시장경쟁에서 이기기 어렵다는 것이 첫 번째 이유였다. 특히 머크나 GSK는 절대로 합리적 약물개발 전략을 선택하지 않을 것이기에 면역억제제 분야야말로 버텍스의 합리적 약물설계 기술로 차별화된 경쟁력을 보여줄 가장 효과적인 분야라는 게 이유였다. 이렇게 차세대 FK506은 버텍스의 생존을 결정지을 유일하고도 결정적인 파이프라인이 됐다.

버텍스는 세계적 바이오텍과 제약기업들이 밀집된 보스턴 지역의 폐업된 자동차 정비소 자리에 회사를 설립했다. 무엇보다 하버드대와 매사추세츠공과대학교MIT 교수로 재직 중이던 세계적 명성의 연구자들을 과학자문위로 영입하기 쉬웠기 때문이다[4]. 당시 버텍스 과학자문위의 의장은 하버드대 스튜어트 슈라이버Stuart Schreiber로 화학생물학의 세계적인 권위자이자 차세대 면역억제제 연구의 선구자였다.

보거는 당시 버텍스 주식 78만 주를 보유하고 있었으며, 과학자문위와 초창기 연구원들의 헌신과 참여가 회사발전에 중요하다는 생각에 슈라이버에게는 15만 주, 그리고 15명의 초창기 연구원에게는 모두 최소 1만 주 이상을 배정했다. 신규 파이프라인 제안 및 연구개발 마일스톤 조기달성을 위해 모든 연구자가 상호경쟁할 수 있는 조직문화를 만들었고, 과학자문위 역시 연구의 개방성보다는 회사의 이익을 더 우선적으로 고려해 줄 것을 요청했다.

유기합성, 화학생물학 연구를 기반으로 면역억제 관련 타깃 단백질인 FK506-Binding Protein^{FKBP}을 연구하던 슈라이버와 FKBP에 바인딩하는 FK506 물질을 개발하려는 버텍스의 협력은 필수적이었다. 하지만 지금이나 그때나 대학에 재직하고 있는 연구자들의 연구업적과 명성은 논문으로 평가받고 바이오벤처의 연구

내용이나 결과는 철저하게 보안을 유지해야만 한다. 이에 따른 기업과 대학 소속 연구자들 간 문화적 차이는 매우 컸다. 버텍스가 보기에 슈라이버의 연구협력 방식은 지나치게 개방적이었다. 그리고 이러한 문화적 차이와 갈등은 이후 버텍스와 슈라이버가 경쟁관계로 돌아서는 계기가 됐다.

미국 바이오텍을 살린
일본 기업의 전략적 투자

버텍스가 개발할 면역억제제는 FK506 물질을 기반으로 시작됐다. 당시 FK506은 일본의 후지사와^{Fugisawa}가 발굴한 물질로 사이클로스포린^{Cyclosporine} 대비 면역억제능이 높고 독성은 상대적으로 낮은 것으로 평가됐다. MSD를 비롯, 많은 빅파마 역시 FK506 기반의 면역억제제 개발 경쟁에 뛰어들었다. 하지만 후속 연구자임상에서 FK506 역시 부작용이 너무 심해서 임상에서 사용하기 어렵다는 점이 점점 분명해졌다. 게다가 FK506의 작용기전 역시 불분명해서 높은 부작용의 원인이 타깃인지, 아니면 약물의 특징 때문인지도 알 수 없었다. MSD와 GSK는 FK506을 기반으로 다양한 유도체를 만들어서 무작위 스크리닝하는 방식으로 개발하고 있었다. 이에 반해 버텍스가 제시한 합리적 약물설계 기반 차세대 면역억제제 개발을 위해서는 FK506 물질에 대한 구조적인 이해는 물론이고 타깃 단백질인 FKBP에 대한 구조분석, FKBP의 생물학적 기전을 규명하는 것이 필수적이었다.

하지만 FK506과 그 타깃 단백질인 FKBP에 대해서 가장 많이 알고 있던 연구자는 과학자문위원장인 슈라이버였다.

슈라이버는 전 세계에서 유일하게 FKBP를 추출하는 데 성공, 관련 연구자들에게 소량의 FKBP를 공급하고 있었다. 버텍스 역시 FKBP의 구조를 분석하기 위해서는 슈라이버에게 의존할 수밖에 없었다. 문제는 슈라이버가 기업의 개발 관련 비밀을 지키기보다는 연구계에서의 지식 확산과 명성 제고를 위해 관련된 연구내용을 공개적으로 토론하고 연구논문을 출판하는 데 더 큰 관심이 있었다. 게다가 하버드대는 슈라이버 연구실의 연구성과를 기반으로 버텍스의 사전 양해 없이 로슈와 FK506 관련(버텍스의 강력한 항의로 HIV 연구로 연구협력 분야가 변경됨) 공동연구 계약을 체결했다. 뿐만 아니라 면역억제제 개발에 관심을 가진 대부분의 빅파마는 버텍스가 아니라 버텍스 과학자문위원장 슈라이버에 대해 더 주목하고 있었다. 버텍스로서는 슈라이버와 결별을 할 수도, 결별하지 않을 수도 없는 딜레마에 직면한 것이다. 게다가 버텍스 내부에서 진행되던 FKBP 구조분석은 거의 진전이 되지 않았고, 최초 유치한 투자금 600만 달러 역시 빠르게 소진되고 있었다.

벤처투자자들을 설득할 수 있는 데이터가 충분하지 않은 상황에서 가능한 투자유치 경로는 같은 분야에 관심을 가진 MSD나 글락소스미스클라인 밖에 없었다. 보거는 자신의 친정인 MSD에 손을 벌리기보다는 GSK와의 협력을 원했다. GSK 역시 버텍스와의 공동연구를 전향적으로 검토하겠다고 약속했다. 하지만 GSK가 버텍스를 방문한 시점까지도 FKBP 구조분석은 이루어지지 못했고, 하버드대의 슈라이버는 FKBP가 타깃 단백질이 아니며 진짜 타깃 단백질과 약리물질이 결합하는 것을 매개하는 분자접착제일 가능성이 있다는 잠정적 연구결과를 얻게 됐다. 만약 슈라이버의 연구결과가 맞다면 버텍스는 애초에 전혀 잘못된 타깃을 대상으로 합리적 약물설계를 진행하고 있던 셈이 되는 것이다.

보거는 버텍스를 방문한 GSK 방문팀에게 해당 사실을 알리지 않고 자신의 연구개발 전략에 대해서만 강조했다. 당시 슈라이버 역시 GSK 방문진과의 미팅에 동석했지만 버텍스의 주장에 대해 반론을 제기하지 않았고, FKBP가 분자접착제일 가능성에 대해서도 말하지 않았다. 관련 사실을 알지 못하는 GSK는 보거의 연구개발 전략에 대해 동의했고, 남은 문제는 GSK 경영진의 동의와 구체적인 계약내용을 조율하는 것이었다. 하지만 계약서에 도장을 찍기 전까지 계약성사 여부는 늘 불확실하다는 점 때문에 버텍스 이사진 중의 하나가 소개한 일본의 추가이^{Chugai}사와도 동시에 공동연구 협의에 착수했다.

우여곡절 끝에 최종 계약금액을 둘러싼 양사의 이견으로 GSK와의 공동연구는 불발됐고 일본 추가이와의 계약은 성사됐다. 최초 양사에 공동연구를 제안한 후로부터 약 8개월, 창업 후 1년 6개월 만인 1990년 7월 추가이와 총 3000만 달러 공동연구 계약에 서명한 것이다. 개발될 면역억제제 일본 판권을 넘기는 대신 추가이가 3000만 달러 공동연구 비용을 지불하고 버텍스의 지분 5%를 전략적 투자하는 계약이었다. 선도물질조차 없는 상태(FK506을 선도물질로 간주할 경우 후보물질이고, 버텍스의 자체 물질은 없는 상태)에서 개발전략과 개념만으로 대규모 공동연구 계약에 성공한 것이다.

이는 보거의 스토리텔링 능력이 탁월했던 것도 한 원인이지만 일본의 압도적 경제력과 현금을 앞세워 미국 바이오텍 지분인수에 나섰던 당시의 금융환경도 결정적 원인으로 작용했다. 실제 1980~1990년 일본 기업의 전략적 투자가 미국 바이오텍 투자재원의 매우 큰 비중을 차지하고 있었다.

불확실한 미래, 비즈니스와 사이언스의 충돌

버텍스의 모든 연구진이 추가이와의 계약에 기뻐했지만, 한 가지 우려할 만한 문제가 있었다. 추가이와의 계약내용 중 1990년 12월까지 사이클로스포린보다 더 강력하며 안전한 후보물질을 개발하겠다는 마일스톤이 걱정거리였다. 슈라이버의 연구결과가 맞다면 버텍스가 지난 1년 6개월 동안 진행한 연구는 잘못된 타깃을 대상으로 진행된 것이었다. 보거가 주창했던 합리적 약물개발 전략이 시작될 수 있는 기반 자체가 없어진 것이고 FK506 개발은 창업 시점으로 다시 되돌아간 상태였다. 이러한 이유로 개발 마일스톤을 달성하지 못할 가능성에 대한 내부 연구자들의 우려와 불안은 커져갔다.

보거 역시 불안한 것은 마찬가지였다. 추가이와의 계약에도 불구하고 현재와 같은 현금소진율이라면 제시된 마일스톤을 달성한다 해도 1991년 말경에 추가 펀딩이 필수적이었다. 하지만 보거는 "어떠한 실험도 그 자체로는 실패한 실험이 되지 않는다. 실패한 실험결과로부터 얻어진 지식과 정보를 다음 약물개발 프로젝트에 적용하지 못했기 때문에 실패한 실험이 된다"는 논리로 연구자들의 불안과 동요를 달랬다.

보거의 입장에서는 대체 파이프라인을 개발하자는 연구자들의 제안을 수용하기도 어려웠다. 당시 가장 유력하게 제안된 HIV 치료제 개발에는 최소 5년간 5000만 달러 이상이 투자돼야 했다. FK506만으로도 재무안정성이 낮은데 HIV까지 추가 파이프라인으로 개발할 경우 자금소진율이 더 빨라질 위험이 있었다. 이러한 이유로 보거는 MSD에서 함께 HIV 치료제 연구를 진행했던 매뉴얼 나비아Manual Navia의 강력한 제안에도 불구하고 소규모 HIV 연구진행은 허락했지만 버텍스의 공식 파이프라인에는 포함하지 않았다.

하지만 FK506 관련 연구상황이 보거의 기대와는 다른 방향으로 흘러가기 시작했다. 추가이와의 계약 이후 버텍스와 결별한 슈라이버는 FKBP가 분자접착제이며, 진짜 타깃 단백질은 한 개가 아니라 네 개일 수 있다는 연구결과를 발표했다. 천신만고 끝에 버텍스 자체적으로 FKBP 구조분석에 성공한 연구결과를 자랑하려던 국제학회에서 슈라이버의 청천벽력 같은 새로운 연구결과가 발표된 것이다.

버텍스로서는 FK506 개발전략을 포기하거나 아니면 전면 재수정이 불가피했다. 어떤 선택을 하든 버텍스의 생존 자체가 위험해진 것이다. 보거의 선택은 어떤 변화도 시도하지 않는 것이었다. 변화가 일어난 순간 외부세계가 그 사실을 알게 될 것이고, 버텍스는 변화의 이유를 설명해야 하며, 설명하는 순간 버텍스의 전략과 연구역량에 대한 불신에 직면할 것이기 때문이다. 게다가 추가이와의 공동연구 역시 파기될 위험이 있었다.

보거는 대안으로 매뉴얼 나비아의 HIV 연구 프로젝트를 전면에 내세우기 시작했다. HIV 치료제 개발에 대한 사회적 요구가 매우 높았고, 엄청난 투자가 오랫동안 지속됐음에도 그때까지는 증상

완화제만이 개발됐을 뿐 효과적인 치료제는 나오지 않았다. 보거는 HIV 치료제 개발에 대한 관심이 매우 높은 일본의 닛신Nissin이라는 회사를 소개받고 이들과의 공동연구 계약을 추진하기로 계획했다. 2번째 파이프라인이 없는 상태에서 FK506이 실패할 경우 버텍스의 생존을 장담할 수 없으며, 공동연구 계약체결에 필요한 아이템으로 HIV 치료제 개발은 여전히 매력적인 소재였기 때문이다.

하지만 HIV 치료제 개발에 착수하게 되면서 현금소진율은 더 커졌다. 1992년이 되면서 일간 현금소진율이 3만 달러 선까지 도달했다. 이대로라면 1996년까지 최소 8000만 달러의 추가재원이 필요했다. 게다가 HIV 치료제 파이프라인으로 공동연구를 계약하는 것은 어려웠다. 다른 기업들의 개발 마일스톤에 비해 개발속도가 늦어서 제시할 만한 데이터가 부족했다.

자본조달은 필요한 때가 아니라 가능할 때 추진해야

하지만 행운의 여신은 버텍스 편이었다. 1991년부터 월스트리트가 극적으로 변화하기 시작했다. 바이오텍에 대한 투자열풍이 다시 돌아온 것이다. 1991년에는 121개의 기업이 나스닥 상장에 성공해서 총 38억 달러를 조달했고, 그중에서 바이오텍은 24개, 평균 조달 금액은 3000만 달러였다. 특히 리제네론의 경우 시가총액 3억4000만 달러에 총 1억 달러를 조달하는 데 성공했다. 이를 기회로 여긴 보거는 추가 벤처펀딩이나 공동연구 대신 나스닥 상장에 도전하기로 결정했다.

보거는 골드만삭스를 주관사로 나스닥 상장을 최대한 서둘렀다. 리제네론의 성공적인 상장에도 불구하고 관련업계에서는 리제네론의 첫 번째 파이프라인이 루게릭 치료제가 임상에서 실패할 가능성이 높다고 생각했다. 동물실험에서 심각한 독성이 나온 것을 알고 있었기 때문이다. 나스닥 바이오 열풍이 언제 꺼질지 모른다는 불안감과 리제네론의 임상실패 소식이 나오기 전에 상장을 해야 한다는 압박감에 버텍스 상장 준비작업은 매우 빠르게 진행됐다.

하지만 부정적인 소식이 먼저 들려오기 시작했다. 리제네론의 루게릭병 치료제 임상실패 가능성이 널리 알려지면서 주가가 폭락했고, 빌 게이츠, 제너럴 포드, 제넨텍의 라스만, 바이오텍업계의 미다스로 불리는 데이비드 블레흐 David Blech가 창업한 나스닥의 관심주 ICOS의 주가 역시 폭락했다. 하지만 보거는 상장 시 버텍스 시가총액은 최소 1억5000만 달러, 목표주가는 13~15달러 수준을 고집했다. 이를 위해 버텍스 개발 마일스톤으로 면역억제제 임상진입 1993년, 시판허가는 1997년, HIV 치료제 임상진입은 1992년, 시판허가는 1995년으로 제시했다. 당시 버텍스의 연구개발 현실을 고려할 때 공격적인 수준이 아니라 달성 불가능한 무모한 수준의 개발 마일스톤을 제시한 것이다.

이런 사실을 알게 된 버텍스 연구진은 분노했다. 지켜질 수 없는 마일스톤이라고 생각했기 때문이다. 연구자들은 "우리가 하고자 하는 건 사이언스지 비즈니스가 아니다. 우리가 원하는 것은 과학적 신뢰와 엄밀함이지 과장된 마일스톤이 아니다"라고 반발했다. 보거와 버텍스 연구진의 불화가 본격화됐고 상장과정에서 심각하게 증폭됐다.

보거와 골드만삭스는 버텍스 상장을 위한 투자로드쇼에서 주당 13달러 3000만 주 신주발행이 가능할 것으로 예상했다. 하지만 석 달 사이에 나스닥 투자환경은 급격하게 악화됐다. 결국 주당 가격을 13달러 선에서 맞추기 위해 주식감자를 결정했다. 감자로 인해 실제 가치는 변동하지 않았지만 버텍스 연구진이 보유한 주식의 수량은 줄어들었다. 보거의 터무니없는 개발 마일스톤에 대한 연구자들의 분노가 감자결정으로 증폭됐다. 엎친 데 덮친 격으로 감자결정에도 불구하고 버텍스 공모가는 9달러, 발행수량 역시 300만

1991년 나스닥 상장 바이오텍[5]

회사명	상장일	조달금액	시가총액
Genzyme	Mar-91	143	706
Chiron	Mar-91	132	1,046
Immunex	Mar-91	107	647
Regeneron	Apr-91	99	336
Synergen	Mar-91	86	465
Xoma	Apr-91	79	471
Immunogen	Apr-91	38	152
ICOS	May-91	36	172
Repligen	May-91	25	137
Medimmune	May-91	23	111
ISIS	May-91	25	104
Vertex	Jul-91	27	86
Biomatrix	Aug-91	28	85

자료 Nature Biotechnology, 1991 **단위** 백만 달러

주로 대폭 줄어들었다. 여기에 보거의 보유주식도 60만 주 매각한다는 내용이 알려지면서 보거가 회사를 배신했다는 이야기도 나돌았다. 나스닥 상장을 통해 2700만 달러를 조달하는 데는 성공했지만 단단하게 유지되던 버텍스의 팀워크는 심각하게 손상된 것이다.

HIV 치료제 개발과 버텍스의 두 번째 기사회생[6]

버텍스는 상장 이후 곧바로 HIV 치료제를 기반으로 일본 기세이^{Kissei}제약과 일본·중국의 판권에 대해 2000만 달러 공동연구계약을 체결하는 데 성공했다. 일본의 풍부한 자금원이 버텍스를 두 번째 살린 것이다. 하지만 첫 번째 파이프라인이었던 면역억제제(코드명 VX-367)는 슈라이버가 제안한 칼시뉴린^{Calcineurin}을 타깃하지 않고는 약효를 낼 수 없다는 점이 점점 분명해졌다. 결국 해당 약물은 다제내성$^{multidrug\ resistance}$ 치료제로 적응증이 변화됐고, 나비아가 개발하던 HIV 치료약물 역시 다른 회사의 특허를 침해할 가능성이 드러나면서 개발이 중단됐다.

특히 면역억제제의 경우 버텍스 내부적으로는 중단됐으나 공식적인 포기는 1995년에 이루어졌다. 1995년 FK506 소유권자인 후지사와가 시판허가를 받았지만 충분하지 않은 약효와 높은 부작용으로 시장진입에 실패했다. 버텍스는 이를 명분으로 개발 포기를 1995년에 공식 선언했는데, 이때까지 공식발표를 미룬 것은 추가 이와의 공동연구 계약파기 책임을 버텍스가 지지 않기 위해서였다. 이때 많은 연구원이 버텍스를 떠났고 주가는 2달러 수준으로 하락했다.

HIV 치료제 최초 개발물질을 포기하고 새롭게 개발된 물질 VX-328은 MSD, 로슈, 애보트 등이 개발하고 있던 프로테아제 저해제 가운데 하나였다. 버텍스 물질의 경우 생산이 쉽고, 생물학적 가용성bioavailability이 높다는 장점을 가지고 있었다[7]. 게다가 HIV가 잠복해 있는 뇌 투과율 역시 경쟁물질에 비해 훨씬 높다는 장점을 가지고 있었다. 이를 기반으로 버텍스는 1993년 12월 영국의 빅파마인 웰컴Welcome(이후 GSK로 변화)과 함께 4200만 달러 규모의 공동연구 계약을 체결하는 데 성공했다. 당시 웰컴은 HIV 치료제 AZT(효과는 낮고 부작용은 매우 높지만 다른 대안이 없어서 시장을 지배한 약물)를 판매하던 업계의 선두주자였다. 이 소식이 전해지면서 버텍스 주가는 17달러 수준까지 치솟았다.

게다가 1994년에는 MSD가 개발하던 프로테아제 기반 HIV 치료물질이 변이에 취약하다는 사실이 알려지면서 개발 중단을 선언했다. 보거는 기회를 놓치지 않고 6100만 달러 유상증자에 나섰다. MSD의 실패는 버텍스의 기회였기 때문이다. 보거는 유상증자로 조달한 자금을 조합화학 및 기능유전체학 플랫폼 도입에 사용했다. 이 당시는 합리적 약물설계 패러다임이 거의 대부분의 제약사에 확산됐고 빅파마들은 인수합병 등을 통해 해당 플랫폼을 보유하고 있었다. 버텍스만의 차별화된 차세대 플랫폼이 필요해진 것이다(이때를 전후해서 AI를 활용한 합리적 약물설계 플랫폼 기반의 바이오텍들이 창업하기 시작했음). 버텍스는 새로운 플랫폼을 기반으로 1996년 일라이릴리와 HCV 치료제 VX-950 공동개발에 착수했다. 4000만 달러 선급금에 개발비용 전액을 일라이릴리가 부담하고 버텍스 주식의 10%를 지분투자하는 조건이었으며, 로열티는

2000년 기준 HIV 치료제 개발 경쟁현황[8]

Product	HIV class	Status	Company
Coviracil (emtricitabine)	NRTI	Phase III	Triangle Pharmaceuticals/Abbott
Coactinon (emivirin)	NNRTI	Phase III	Mitsubishi Pharma/Triangle
Coactinon (emivirin)	NNRTI	Phase III	Shionogi/Pfizer
Coactinon (emivirin)	NNRTI	Phase II	Tibotec-Virco/Johnson and Johnson
Fosamprenavir	Protease inhibitor	Phase III	GlaxoSmithKline/Vertex
Tipranavir (PNU140690)	Protease inhibitor	Phase III	Boehringer Ingelheim
Atazanavir (BMS232632)	Protease inhibitor	Phase II	Bristol-Myers Squibb
Mozenavir (DMP450)	Protease inhibitor	Phase II	Bristol-Myers Squibb/Triangle Pharmaceuticals
PRO542	Receptor blocker	Phase II	Progenics Pharmaceuticals
SCH-C	Receptor blocker	Phase I	Schering-Plough
T20 (pentafuside)	Fusion inhibitor	Phase III	Trimeris/Roche
T1249	Fusion inhibitor	Phase II	Trimeris/Roche
S1360	Integrase inhibitor	Phase II	Shionogi-GlaxoSmithKline Pharma

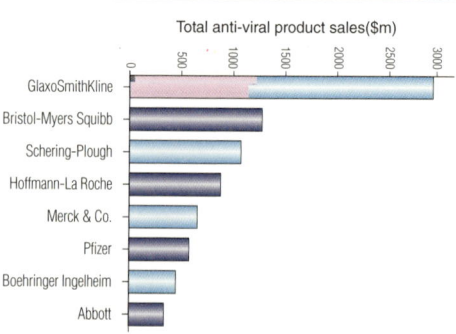

자료 Nature Review of Drug Discovery, 2002

10% 이상, 제품이 출시될 경우 버텍스 영업비용 역시 일라이릴리가 부담하고 순이익의 30% 이상을 버텍스가 가지는 파격적인 조건이었다.

1998년에는 셰링^{Schering}과 함께 뉴로필린 리간드$^{neurophilin\ ligand}$를 타깃하는 신경계 질환 치료제 개발 공동연구로 2800만 달러 선급금, 6000만 달러 마일스톤으로 구성된 계약을 체결하는 데 성공했고, 주가는 78.48달러까지 치솟았다. 곧이어 1999년에는 GSK와 공동개발한 HIV 치료제 아게네라아제^{Agenerase} 출시에 성공했다. 하지만 아게네라아제는 출시 순서 16번째로 경쟁약물 대비 복용이 편리하다는 장점에도 불구하고 경쟁약물 대비 치료효과는 좋지 않았다. 결국 2000년 아게네라아제 연 매출액은 2800만 달러를 넘지 못했다.

파이프라인의 실패를 딛고
성장하는 플랫폼

저조한 아게네라아제 매출실적을 메운 것은 2000년에 진행된 노바티스와의 대규모 공동연구 계약이었다. 키나아제 기반 8개의 자가면역질환 치료제 개발을 목표로 하는 8억 달러 규모의 공동연구 계약이었다. 버텍스 주가는 92달러까지 치솟았다. 보거는 이 기회를 이용해 또다시 유상증자에 나서 5억 달러를 추가 조달했다. 당시 유전체 연구에 대한 투자자들의 열풍이 정점을 찍고 있었고, 보거의 평소 지론은 자금이 필요할 때가 아니라 투자환경이 좋을 때 자금조달을 해야 한다는 것이었다.

보거의 자금조달 원칙이 맞다는 것은 곧바로 드러났다. 2000

년 하반기부터 게놈 거품genomic bubble이 꺼지면서 4년 이상 바이오텍 자본시장이 얼어붙은 것이다. 게다가 노바티스와 공동개발하던 관절염 치료제가 임상에서 실패하면서 버텍스 주가는 2003년 7달러까지 떨어졌다[9]. 게다가 일라이릴리와 공동개발하던 HCV 치료제 VX-950도 계약이 파기됐다. VX-950이 HCV 변이에 대한 저항성이 높고 부작용 측면에서도 경쟁약물 대비 우월했지만 약물의 크기가 커서 경구형으로 개발하기가 어려웠기 때문이다.

일라이릴리와의 계약파기에 식년한 보거는 투자자들의 높은 불신에도 불구하고 과감한 결정을 내렸다. VX-950 독자개발을 선택한 것이다. HCV 치료제 개발은 화이자, 셰링, 로슈, 길리어드, 파마셋, 버텍스 등이 경쟁하던 구도로 바이오텍으로는 길리어드와 버텍스가 유력한 플레이어였다. 최소 20개 이상의 임상 파이프라인이 존재하던 당시 상황에서 VX-950이 시판허가를 받는 데 성공해도 또다시 아게네라아제의 전철을 밟을 위험이 높았다. 하지만 임상개발 속도는 버텍스가 가장 빨랐다. 보거가 독자개발을 결정한 배경이었다.

2007년 미국간학회AASLD에서 파마셋과 로슈는 HCV 임상반응률 99%를 보고했고, 셰링은 79%를, 버텍스는 61%를 보고했다. 게다가 독성발생 가능성 역시 버텍스 약물이 조금 더 높았다[10]. 버텍스는 상대적으로 효능이 낮은 문제를 극복하고자 임상개발 속도를 더욱 앞당겼다. 그 결과 2011년 인시벡Incivek이 개발에 착수한 지 15년 만에 승인됐다. 인시벡은 시판 첫해에 10억 달러 매출을 달성했다. 하지만 기쁨은 오래가지 않았다. 곧이어 승인된 길리어드의 소발디가 출시되자 인시벡 매출이 급격하게 하락한 것이다. 창업

4장. 제2의 MSD를 꿈꾼 버텍스 파마슈티컬

누구도 관심을 가지지 않았던 희귀질환인 낭포성섬유증을 대상으로 연속 네 개의 제품을 출시하면서 창업 후 23년 만에 극적인 반전을 이루는 데 성공했다.

후 22년 동안 총 40억 달러를 연구개발에 투자했으나 첫 번째 블록버스터는 시장에 나오자마자 경쟁에서 밀려났다.

극적인 반전, 빅파마로 진입하는 버텍스

HIV 치료제 시장실패에 이어 HCV도 시장에서 실패하자 월스트리트의 투자자들은 버텍스를 비관적으로 평가하기 시작했다. 월스트리트 바이오 애널리스트들은 버텍스에게 행운의 번개가 세 번 올 가능성은 없다고 단언했다. 하지만 2012년 보거가 버텍스 대표이사직을 사임하고 제프리 라이든 Jeffry Leiden이 새로운 대표로 취임하면서 세 번째 행운의 번개가 버텍스에 찾아왔다. 2001년 버텍스가 5900만 달러를 지불하고 인수한 오로라바이오사이언스 Aurora Biosciences에서 개발하던 낭포성섬유증cystic fibrosis 치료제가 그것이다.[11]

2001년 당시 보거는 세포 기반 약물 스크리닝 시스템을 버텍스의 약물개발 플랫폼으로 통합하기 위해 오로라를 인수했다. 보거는 오로라 인수 이후 낭포성섬유증 치료제 개발은 중단하고 싶어 했다. 낭포성섬유증 환자 규모가 3만 명 수준에 불과했고 첫 번째

개발 중인 파이프라인으로는 그중에서도 약 4% 내외의 환자에게만 치료효과를 기대할 수 있었다. 개발비용 대비 기대할 수 있는 매출액이 지나치게 작다고 판단한 것이다. 하지만 CF재단Cystic Fibrosis Foundation이 오로라에 투자한 개발비 4700만 달러도 포기할 수 없었다. 결국 당시 샌디에이고 버텍스 지사로 편입된 오로라의 연구진은 CF재단에서 제공한 연구개발비로 버텍스 본사의 관심을 끌지 않는 수준에서 조용하게 낭포성섬유증 치료제(코드명 VX-770) 개발을 진행했다. 다행히 당시 개발하던 물질이 오로라가 자체 개발한 기도관 세포를 이용한 약효검증 모델에서 탁월한 효과를 입증했고, 이를 기반으로 CF재단으로부터 추가로 3000만 달러 지원을 받는 데도 성공했다. 버텍스 본사의 별도 재정지원 없이 임상개발 단계까지 성공적으로 진행한 것이다.[12]

2006년 임상에 진입한 VX-770은 2012년 칼리데코Kalydeco라는 이름으로 승인됐다. 출시 첫해 매출액은 3억7000만 달러였고, 곧이어 두 번째로 개발된 오캄비Orkambi가 2015년에 승인되면서 치료가능 환자의 범위는 35%까지 확대됐다. 총 매출액은 17억 달러로 치솟았다. 세 번째 복합제인 심데코Symdeko는 2018년에, 곧이어 4종 복합제 트리카프타Trikafta까지 출시되면서 전체 낭포성섬유증 환자의 90%까지 치료가 가능해졌고 2018년 매출액은 30억 달러를 돌파했다.

버텍스는 창업 후 10년 만에 처음으로 HIV 치료제 출시에 성공했으나 시장경쟁력이 약했고, HCV 치료제는 개발에 착수한 지 15년, 창업 후 22년 만에 출시했지만 역시 소발디 대비 낮은 효능으로 유의미한 매출달성에 실패했다. 하지만 누구도 관심을 가지지 않았던 희귀질환인 낭포성섬유증을 대상으로 연속 네 개의 제품을 출시하면서 창업 후 23년 만에 극적인 반전을 이루는 데 성공한 것이다. 그 결과 2018년 버텍스 주가는 149달러까지 치솟았고 시가총액 역시 2019년 490억 달러를 돌파했다. 두 번의 실패를 넘어 세 번째 기사회생을 이루어 냈고, 결국 블록버스터 약물을 보유한 글로벌 바이오파마로 안착하는 데 성공한 것이다[13].

버텍스는 2012년 칼리데코 출시에 성공한 이후 NAV 1.8 타깃 비마약성 통증 치료제, 겸상적혈구 sickle cell 질환 치료제, 베타 지중

버텍스의 파트너십 추진현황

추진연도	대상기업	협력내용
2015	CRISPR Therapeutics	유전자편집 신약
2016	Moderna Inc	CF mRNA 치료제 개발
2018	Arbor Bio	차세대 유전자편집 기술
	Genomic Plc	유전체 기반 신약개발
2019	Kymera Therapeutics	경구형 TPD 개발
	Ribometrix	경구형 RNA 약물개발
2020	Affinia Therapeutics	AAV 기반 유전자 치료제
	Moderna Inc	CF mRNA 치료제 개발
	Skyhawk Therapeutics	경구형 RNA 약물개발
2021	Arbor Bio	in vivo 유전자편집 치료제
	Mammoth Bio	in vivo 유전자편집 치료제
	Obsidian Therapeutics	in vivo 유전자편집 치료제

주 2021년 기준 자료 Vertex 2021 Annual Report

해빈혈$^{\text{beta thalassemia}}$ 치료제 개발 등에 집중하는 한편 다양한 차세대 모달리티 영역으로 과감한 확장전략을 추진하고 있다. 특히 비마약성 통증 치료제 VX-548의 경우 버텍스가 4번째 임상에 도전한 약물로 2024년 3월 중증도에서 심각$^{\text{moderate to severe}}$ 급성통증 환자 대상 임상 3상에서 좋은 효과를 입증, 2025년 1월 시판허가를 받았다. 2029년 예상매출액은 11억 달러로 기대되고 있다. 비마약성 통증 치료제가 버텍스의 차기 블록버스터를 예고하고 있으며, 2015년 이후 공격적인 투자를 진행하고 있는 유전자편집 신약, 메신저리보핵산^{mRNA} 치료제, 경구형 RNA 치료제 개발 등의 분야는 버텍스가 빅파마로 진입하기 위한 든든한 기반이 돼 줄 것이다.

주석

(1) Billion Dollar Molecule, Barry Werth, Simon & Schuster Paperbacks, 1994
(2) A very firm handshake: biotech's growing negotiating power, Nature Biotechnology, 2005, Oct
(3) Agouron은 1987년 나스닥에 상장된 이후 1997년 HIV 치료제 Viracept 출시에 성공하고, 곧이어 1999년 20억 달러에 화이자로 인수됐다.
(4) 버텍스라는 회사명은 원래 하버드대학교의 모토였던 Veritas였다. 하지만 하버드대학이 그 명칭을 사용하는 것에 강하게 반대해서 Vertex로 변경했다.
(5) Stock Offerings Raise a Staggering $1.7 Billion, nature Biotechnology, 1991, Sept
(6) The Antidote: Inside the World of New Pharma, Barry Werth, 2014
(7) HIV protease inhibitors head to market, Nature Biotechnology, 1995, Sept
(8) Antiviral market overview, Nature Review of Drug Discovery, 2002, Jan
(9) 이때 임상실패 소식을 먼저 알고 있던 버텍스 지재권 부서장 Andrew Marker가 18만 달러 규모의 주식을 매각, 내부자 거래로 10년 감옥형에 100만 달러 벌금을 선고받았고, 버텍스에 대한 투자자들의 불신이 높아졌다.
(10) Antivirals—an increasingly healthy investment, Nature Biotechnology, 2007, Dec
(11) 버텍스가 낭포성섬유증 치료제를 개발하게 된 일화는 https://www.statnews.com/2019/10/23/we-conquered-a-disease-how-vertex-delivered-a-transformative-medicine-for-cystic-fibrosis/을 참조
(12) First cystic fibrosis drug advances towards approval, Nature Biotechnology, 2011, June
(13) Vertex CF data wow Wall Street, Nature Biotechnology, 2017, Sept

05

인수합병으로 성장한 길리어드 사이언스

Gilead Sciences

길리어드Gilead Sciences는 2024년 매출액 270억 달러, 시가총액 845억 달러로 시가총액과 매출액 기준 세계 13위권의 빅파마이다. 길리어드는 창업 후 10년 만에 1000만 달러 매출을 달성했고, 17년 만에 1조 원 매출을 달성했다. 2024년 현재 임상 파이프라인은 54개이며, 장기지속형 항바이러스 치료제 선렌카Sunlenca와 항체약물접합체Antibody Drug Conjugation, ADC 항암제 트로델비Trodelvy, 그리고 다수의 자가면역질환이 주력 파이프라인을 구성하고 있다.

2023년 기준 가장 많은 매출을 기록한 제품은 HIV 치료제인 빅타비Biktarvy로 전체 매출의 40%를 차지하고 있으며, HIV 치료제 매출총액이 전체 매출액의 73%를 차지하고 있다. 특히 HIV 치료제의 경우 생산비용이 매우 낮아서 전체 영업이익률은 76.6%에 달한다. 한마디로 표현한다면 HIV 치료제가 길리어드를 먹여 살리고 성장시킨 원동력인 셈인데, 그 핵심자산은 길리어드가 자체 개발한 것이 아니라 인수합병을 통해 확보했다. 길리어드를 인수합병의 명가라고 불러도 좋은 이유이다.

재미있는 사실은 길리어드라는 현재의 사명 역시 인수합병을 통해서 확보했다는 점이다. 창업 당시 길리어드의 원래 회사명은 올리고겐Oligogen이었다. 길리어드 창업자 마이클 라이어든Michael Riordan은 처음부터 회사의 이름을 성서에 나오는 영약인 길리어드 발삼나무Balsam of Gilead에서 유래한 길리어드Gilead로 정하고 싶었지만, 해당 이름은 비영리재단이 사용하고 있었다. 창업이 급한 상태였기에 임시로 올리고겐이라는 이름을 사용했지만, 창업 후 해당 비영리재단에 1만2000달러의 기부금을 내고, 현재의 길리어드라는 이름으로 개명했다.

핵산치료제
개발 전문기업으로 창업

길리어드는 1987년 존스홉킨스 의대, 하버드 경영대를 졸업하고 지금도 유명한 벤처캐피털인 멘로벤처Menlo Venture에서 바이오텍을 경험한 29세의 라이어든이 창업한 회사이다. 라이어든은 캘리포니아공과대학교(칼텍Caltech)의 피터 더반Peter Dervan, 하버드대의 더글러스 멜턴Douglas Melton, 프레드 허친슨의 해럴드 와인트라우브Harold Weintraub 등과 함께 핵산치료제 개발 선문 바이오텍으로 창입했다. 라이어든은 창업 후 곧바로 일면식도 없던 워런 버핏에게 투자 유치 및 이사회 의장으로 역할해 줄 것을 요청했다. 하지만 워런 버핏은 길리어드를 위해 기여할 수 있는 것은 오직 자신의 이름뿐이라면서 라이어든의 요청을 거절했다[1].

워런 버핏으로부터 투자유치에 실패한 라이어든은 자신의 친정이라고 할 수 있는 멘로벤처에 투자를 요청, 200만 달러를 창업 투자금으로 받아서 회사설립에 나섰다. 곧이어 위트니J.H. Whitney, 벤트록Ventrock, 비스타애빙워스벤처Vista Abingworth Venture 등 대형 벤처투자사로부터 추가 1000만 달러를 유치하는 데 성공했다. 당시 바이오 연구계와 산업계에서는 안티센스antisense를 비롯해 다양한 종류의 핵산치료제 개발 붐이 막 태동하고 있었으며, 길리어드의 라이어든은 핵산치료제야말로 신약개발 역사상 경구형 화합물, 재조합 단백질에 이어 세 번째 혁명을 가져올 것이라고 장담했다. 또한 암젠과 제넨텍의 성공을 경험한 벤처투자자들은 한쪽에서는 항체신약으로 대박을 기대했고, 또 다른 한편에서는 핵산치료제에서 더 큰 대박의 가능성을 보았다.

핵산치료제에 대한 열풍은 길리어드 이후에 핵산치료제의 명가 아이시스^{ISIS}(아이오니스 IONIS의 전신), 젠타^{Genta}, 하이브리든^{Hybridon}, 리보자임^{Ribozyme}이 1989년 이후 연속 창업한 것을 통해서도 확인된다. 최초의 핵산치료제 개발기업은 1980년에 창업한 안티바이럴^{AntiViral Inc}인데, 이 회사는 AVI바이오파마로 나스닥에 상장한 이후 2012년 사렙타^{Sarepta}로 개명한다. 이 시기 핵산치료제 개발기업의 고난을 반영한 개명의 역사라고 할 수 있다[2].

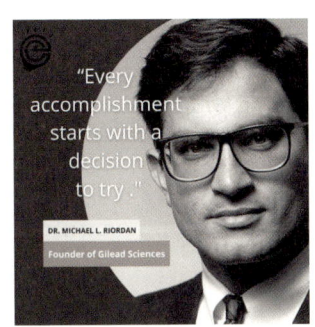

길리어드 창업자 마이클 라이어든.

기대와 열광은 지나고 고난이 시작되다

1989년에 창업한 아이시스^{ISIS}는 베세머벤처^{Bessemer Venture}와 로스차일드벤처^{Rothchild Venture}로부터 620만 달러를 투자받았고, 젠타^{Genta}는 도메인어소시에이트^{Domain Associates}로부터 900만 달러를 투자받았다. 두 개의 바이오벤처 모두 당시 가장 크고 유명한 벤처투자사로부터 투자유치에 성공한 것이다.

핵산치료제가 가지는 장점은 명확했다. 핵산치료제는 질환의 근본원인인 데옥시리보핵산^{DNA} 혹은 리보핵산^{RNA}에 대해 시퀀스 특이적으로 결합해서 현존하는 신약 모달리티 중 가장 선택성이 높다는 장점, 단백질을 타깃할 때에 비해 RNA나 DNA를 타깃할 경우 복제수^{copy number}가 적기 때문에 극히 적은 용량으로도 약효를 기대할 수 있다는 장점, 안티센스 등 핵산치료제의 경우 생산단가가 화합물만큼 줄어들 수 있다는 점에서 충분히 매력적이었다. 특히 핵산치료제가 해결해야 할 문제점들 중 길리어드는 핵산의 혈액 내 안정성을 개선하는 기술을 보유했으며, 아이시스는 세포침투력이 개선된 핵산기술을, 하이브리든Hybridon과 어플라이드 바이오시스템스Applied Biosystems는 핵산 생산성 개선 기술을 보유하고 있었다. 게다가 핵산을 사용한 항암 및 바이러스성 질환 대상 비임상 연구결과 치료효과 역시 분명해 보였다. 길리어드의 리이어든이 주장했던

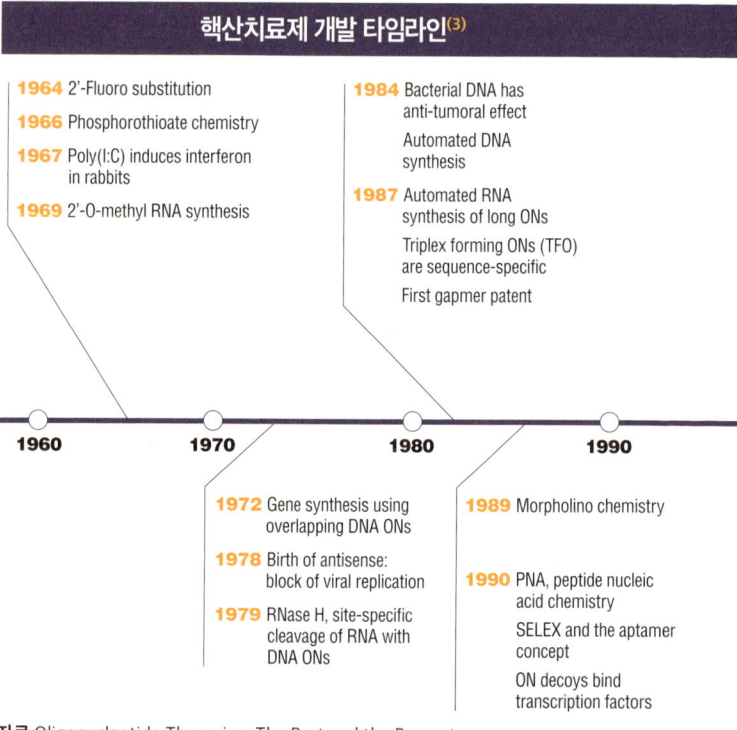

자료 Oligonucleotide Therapies: The Past and the Present

제3차 신약개발 혁명이 실현될 수 있다는 기대가 높아져 갔다. 그 결과 아이시스는 1990년 시바가이기^{Ciba Geigy}와 3000만 달러 공동연구에 돌입했고, 길리어드 역시 영국 GSK와 800만 달러 규모의 공동연구 계약을 맺는 데 성공했다. 이들 빅파마 외에도 BMS, 노바티스, 로슈 모두 핵산치료제 영역에 전략적 투자를 진행하거나 공동연구 프로그램을 운영했다.

길리어드는 GSK와의 공동연구를 기반으로 1992년 나스닥 상장을 추진했다. 라이어든은 길리어드의 나스닥 상장을 통해 4200

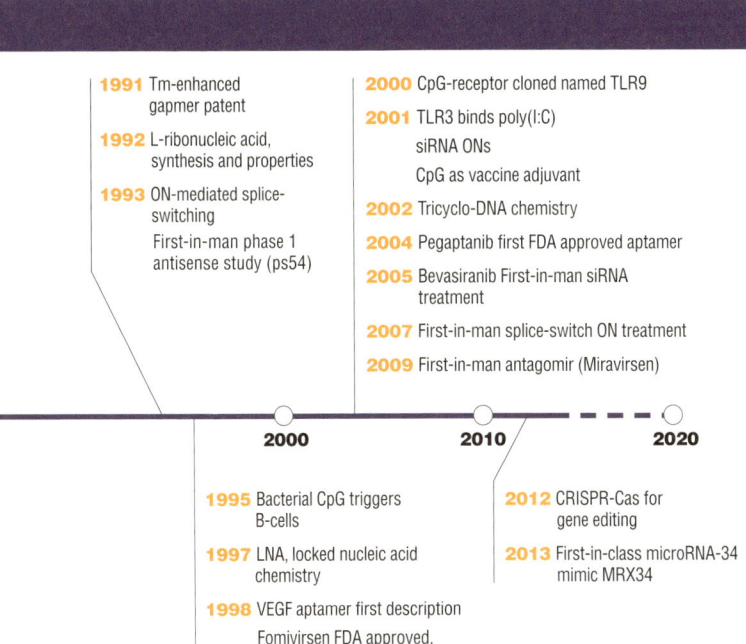

만 달러 자금조달을 목표로 했지만 핵산치료제에 대한 투자자들의 열광으로 목표치의 두 배인 8600만 달러 조달에 성공했다. 곧이어 미 국방고등연구계획국DARPA으로부터 대규모 연구비 수주에도 성

안티센스 주요 임상[4]

Product	Disease indication	Clinical status	Sponsor
Fomivirsen/ ISIS 2922	CMV retinitis	Phase III	Isis
ISIS 2302	Crohn's disease, ulcerative colitis, renal transplant rejection, rheumatoid arthritis, psoriasis	Phase II	Isis/Boehringer Ingelheim
GEM 132	Systemic CMV infection	Phase II	Hybridon
GEM 91	HIV-1 infection and AIDS	Phase II	Hybridon
LR-3280	Prevention of restenosis following balloon angioplasty	Phase II	Lynx/Schwarz/ Tanabe Seiyaku
G3139	Non-Hodgkin's lymphoma	Phase I/II	Genta
-	AML	Phase I/II	Lynx
-	CML	Phase I/II	Lynx
-	AML/CML bone marrow purging	Phase I/II	Lynx
GEM 132	CMV retinitis	Phase I/II	Hybridon
ISIS 3521/ CGP 64128A	Cancer	Phase I	Isis/Novartis
ISIS 5132/ CGP 69846A	Cancer	Phase I	Isis/Novartis
AR177	HIV	Phase I	Aronex
Gps0139	HIV	Phase I	Chugai

자료 Nature Biotechnology, 1997, June

공했다. 길리어드 초기 파이프라인은 뎅기열병, 말라리아 백신 개발과 에이즈로 인해 유발된 안구질환인 거대세포바이러스 cytomegalovirus, CMV 치료제 개발 파이프라인에 집중됐다.

하지만 핵산치료제가 성공하기 위해서는 넘어야 할 장애물이 많았다. 1991년 <네이처 바이오테크놀로지>[5]에서는 핵산치료제 개발과 관련된 주요 장애물을 ① 핵산의 체내 반감기 개선 ② 생산 비용 절감 ③ 타깃 바인딩 어피니티 개선 ④ 타깃까지 핵산전달기술 개발 ⑤ 세포투과율 개선 ⑥ 독성문제에 대한 해결책 등 6가지를 제기했다. 2번 문제는 단기간에 해결 가능했지만 1번을 해결하면 6번이 문제가 됐고 4번과 5번은 당시로부터 20년이 지나서야 해결될 수 있었다. 게다가 1990년 이후 핵산치료제 동물임상에서 나타난 효력이 핵산과 타깃 RNA의 결합에 의해 생겨난 것이 아니라 핵산에 대한 면역반응의 결과였다는 점이 점점 더 분명해졌고, 동물실험에서 나타난 결과의 재현성이 심각한 이슈가 됐다. 그 결과 다른 분야의 연구자들은 "안티센스라는 게 말이 되는가(Does antisense make sense)[6]?" 혹은 "안티센스가 존재는 하는가(Does antisense even exist)[7]?"라는 제목의 논문으로 핵산치료제의 개발가능성에 의문을 제기하기도 했다.

길리어드의 전략적 전환

하지만 이 시점에서 길리어드는 다른 선택을 했다. 핵산치료제 개발을 포기하고 화합물 기반의 항바이러스 제제 개발로 전략적 방향전환을 시도한 것이다. 1990년에 시작했던 GSK와의 공동연구는 7년째 별다른 성과가 나타나지 않았고, 1년이 지나면 계약이 종결되고 추가 공동연구 연장에 대한 희망도 없었다. 게다가 당시 길리어드는 화합물 기반 항바이러스 신약개발에서 성공가능성을 확인했다.

당시 핵산치료제 개발을 위해 넘어야 할 난관은 많았지만 좀처럼 돌파구가 보이지 않았다. <네이처 바이오테크놀로지> 역시 1987년 12월 호에서 이러한 문제를 다룬 콘퍼런스 미팅을 특집으로 다루기도 했다[8]. 당시 핵산치료제 파이프라인은 모두 11개로 가장 앞서 있던 파이프라인은 아이시스가 개발했던 CMV 치료제 ISIS2922였다. 하지만 다수의 연구자는 임상을 진행할 만큼 우리가 핵산치료제의 작용원리나 과정을 충분히 이해하지 못하고 있으며, 데이터의 재현성 문제 역시 해결되지 않았다는 점, 1990년도에 제기됐던 핵산치료제 개발의 핵심 난제들 역시 해결되지 않고 있음을 지적했다. 당시 해당 콘퍼런스의 마무리 발언을 한 아이시스 창업자인 스탠리 크룩$^{Stanely\ Crooke}$은 핵산치료제의 기본원리에 대해 충분히 이해하지 못하고 있다는 점을 인정하면서, 지금이야말로 핵산치료제 개발이 본격화되기 시작했을 뿐이라고 말했다. 스탠리 크룩은 핵산치료제 개발이 성공할 것인지 여부를 답하기 위해서라도 더 많은 연구와 투자가 필요하다고 역설한 것이다.

하지만 길리어드는 핵산치료제 개발이 성공하기 위해서는 앞으로도 더 많은 투자와 시간이 필요하며, 단기간에 성공할 가능성은 더욱 낮을 것이라고 판단했다. 게다가 굳이 핵산치료제 개발을 시도하지 않아도 될 대안이 만들어져 있었다. 이런 이유로 1998년 길리어드는 GSK와 공동연구 계약 만료와 함께 해당 공동연구를

길리어드는 넥스타 인수로 연 매출 500% 성장이라는 놀라운 성과를 거둔 이후 2년마다 한두 개씩 성공적으로 인수합병하며 성장을 이어갔다.

갱신 혹은 연장할 수 없다는 점이 명확해지면서 모든 안티센스 자산을 600만 달러에 아이시스에 매각했다.

핵산치료제 개발의 선두주자였던 길리어드가 방향전환을 선언한 그다음 해인 1999년 아이시스가 진행하던 3건의 임상 3상 파이프라인 실패 소식이 전해졌다. 이를 계기로 핵산치료제 개발진영은 스핀라자 Spinraza가 승인되는 2016년까지 기나긴 혹한기에 돌입했다. 이에 반해 일찍 방향전환을 시도한 길리어드는 항바이러스 제제 시장의 폭발적 성장을 기반으로 빅파마 대열에 빠르게 합류할 수 있었다.

항바이러스 치료제로
폭풍 성장한 길리어드

길리어드는 1991년부터 핵산치료제 개발과 동시에 화합물 기반의 바이러스 치료제도 개발하고 있었다. 길리어드는 체코 신약개발 공공 연구기관 'IOCB Institute of Organic Chemistry and Biochemistry 프라하 Prague'로부터 도입한 비스타이드 Vistide는 헤르페스 바이러스 감염환자의 안구질환인 거대세포 바이러스 망막염 CMV retinitis 치료제로 1996년에 미국 식품의약국 FDA 승인을 받았다. 1996년 비스타이드 매출액은 840만 달러, 1997년에는 1100만 달러 매출을 달성했다(이때 창업자 라이어든은 퇴임하고 존 마틴 John Martin이 대표로 취임).

길리어드의 두 번째 승인신약은 HIV와 헤르페스 바이러스 감염 치료제인 비리어드 Viread로 체코슬로바키아 과학아카데미 Czechoslovak Academy of Sciences로부터 라이선싱한 물질이다. 비리어드는 뉴클레오티드 역전사 효소 저해제로 바이러스 복제능력을 억제함으로써 작동한다. 처음 라이선싱된 물질은 세포투과력이 낮고 경구형으로 투여 시 흡수율이 낮았지만 길리어드가 전구체 약물 prodrug 형태로 개선해서 2001년 미국 FDA 허가를 받는 데 성공했다. 비리어드는 2005년 기준 매출액 7억7000만 달러를 기록했고, 길리어

길리어드 2003~2005년 매출액

약물명	2003	2004	2005
Viread	566,478	782,915	778,783
Truvada	-	67,865	567,829
Emtriva	10,021	57,600	47,486
Total HIV	576,499	908,380	1,394,098
Ambisome	198,350	211,688	220,753
Hepsera	50,506	112,525	186,532
Vistide	7,576	7,904	6,629
DaunoXome	3,410	1,727	1,287
Total	836,341	1,242,224	1,809,299

자료 길리어드, 2005년 10K **단위** 천 달러

드의 매출총액은 18억 달러였다.

인플루엔자 바이러스 감염에 의한 계절성 감기 치료제 타미플루는 중국 팔각향 나무chinese star anise에서 추출한 시키믹 애시드shikimic acid 화합물로, 길리어드가 1996년부터 이콜라이E. coli에서 생산할 수 있는 기술을 개발해서 1996년 관련된 특허를 로슈에 매각했다. 타미플루는 로슈가 1999년에 FDA로부터 승인을 획득했고, 2000년 예상매출액은 1억 달러였다. 길리어드가 로슈와 체결한 계약에 따르면 타미플루 로열티는 매출액의 14~22%로, 2001년 길리어드가 로슈로부터 수취한 로열티 수익은 1400만 달러였다. 타미플루는 1999년 시장에 진입한 이후 2015년까지 총 180억 달러 매출을 달성했고, 길리어드의 로열티 수익만 36억 달러에 달한다.

1997년 1100만 달러 매출을 기록한 길리어드는 연매출 1억 3000만 달러를 기록한 넥스타NeXstar를 5억5000만 달러에 인수합병했다. 길리어드는 넥스타가 보유하고 있던 곰팡이균 치료제 암비솜AmBisome, 항암제 다우노솜DaunoXome을 확보했을 뿐만 아니라 유럽 지역의 마케팅 기반을 확보할 수 있었고, 이를 통해 독자성장을 위한 토대를 마련했다.

길리어드의 매출은 넥스타 인수를 계기로 1998~2001년에 연매출 500% 이상 성장했다. 여세를 몰아 2002년에는 C형 간염바이러스HCV와 HIV 치료제를 개발하던 트라이앵글 파마Triangle Pharma를 4억6000만 달러에 인수했다. 특히 2004년에는 트라이앵글로부터 인수한 엠트리바Emtriva를 비리어드와 합제한 트루바다Truvada로 하루 한 알 제형을 만들어서 2008년 15억 달러 매출 달성에 성공했다[9]. 길리어드의 인수합병은 2년마다 한두 개씩의 연속적인 인수합병 흐름으로 이어졌다. 2006년에는 미오젠^{Myogen}을 25억 달러에, 2009년에는 CV테라퓨틱스를 14억 달러에 인수해서 심장질환 치료제와 호흡기 질환 치료제 영역으로 진입했다. 곧이어 2010년에는 CGI테라퓨틱스, 섬유증 치료제 개발기업 아레스토 바이오사이언스$^{Arresto\ Bioscience}$를 인수한 뒤에 곧바로 칼리스토가 파마$^{Calistoga\ Pharma}$를 3억7000만 달러에 인수했다.

파마셋 인수를 통해
빅파마로 진입

인수합병을 통한 길리어드 성장전략의 정점은 파마셋^{Pharmasset} 인수에서 절정에 달했다. HCV 치료제 임상에 진입한 파마셋은 2010년 말 50억 달러 시가총액을 기록하고 있었으며 월스트리트에서 가장 투자가치가 높은 회사 중 하나로 평가되고 있었다. 당시 길리어드는 2011년 기준 HIV 치료제를 주력으로 연간 80억 달러 매출을 기록하고 있었고, 길리어드가 보유한 가용성 자산총액은 40억 달러였다. 당시 HIV 치료제 시장은 포화상태로 진입하고 있었고, 이에 따라 길리어드의 주가 역시 2006년 수준으로 후퇴해 있었다. 반면에 시장에서는 HCV가 차세대 주력 항바이러스제로 떠오르고 있었다. 게다가 길리어드가 당시 HCV 치료제로 개발하고 있던 GS 9190과 GS 9256은 상대적으로 낮은 역가^{potency}와 바이러스 변이에 대한 저항성이 낮은 문제를 안고 있었다. 자체 개발 파이프라인의 성공가능성을 낮게 평가한 길리어드는 외부물질 도입을 통해 대안을 마련하고자 했고, 이러한 길리어드의 내부 이슈를 이미 파악하고 있던 파마셋이 만나게 되면서 인수합병 협상은 빠르게 진행됐다.

문제는 인수합병의 적정가였다. 처음 길리어드가 제안한 인수가는 80억 달러였다. 하지만 당시 파마셋의 PSI-7977(소발디)이 임상에 진입해 있었으며, 길리어드 자체 개발 물질에 비해 우월한 약물특성을 가졌다는 점을 고려하면 파마셋이 길리어드의 제안가를 받아들이기는 쉽지 않았다. 2011년 11월까지 세 번의 가격제안이 있은 후, 최종협상을 통해 추가 30억 달러를 올려서 110억 달러에 합의했다.

파마셋 인수는 대성공이었다. 소발디^{Sovaldi}는 2013년 승인된 이후 2016년까지 4년간 총 464억 달러 매출을 달성했다. 길리어드의 영업이익은 2015년 기준 326억 달러, 2017년에는 759억 달러로

파마셋 인수를 위한 협상가 산정모델[10]

	길리어드 추정	파마셋 추정
Sovaldi 예상 판매가	80000	36000
자본비용	10%	8%
연매출액(특허만료)	2012~2030	2014~2030
NPV	255억 달러	110억 달러
파마셋 주가환산 NPV	주당 250달러	주당 136달러
2011년 파마셋 주가	70달러, 시가총액 48억 달러	
월스트리트의 파마셋 목표가	100달러, 시가총액 80억 달러	
최종 인수가	주당 137달러, 시가총액 112억 달러	

자료 US Senate Committe on Finance에 제출된 협상가 산정모델, Capitalizing a Cure, 2023, University of California Press에서 재인용

성장했고 영업이익률은 87%에 달했다. 소발디가 유례없이 높은 매출액과 영업이익률을 가져다준 것이다.

    길리어드가 파마셋을 인수하면서 생긴 한 가지 흥미로운 에피소드 역시 기억할 만하다. 2024년 기준 시가총액 90억 달러를 기록하고 있는 로이반트 사이언스Roivant Science의 은퇴한 CEO인 비벡 라마스와미Vivek Ramaswamy가 대규모 종잣돈을 마련한 계기가 길리어드의 파마셋 인수였다는 점이다. 비벡 라마스와미는 2008년 큐비티 파이낸셜QVT Financial에서 근무하면서 파마셋의 주식을 주당 5달러에 매입해서 2011년 137달러에 매각했다. 2008년에 HCV 시장의 폭발적 잠재력과 파마셋이 개발하고 있던 PSI-7977의 경쟁력을 미리 알아본 것이다. 비벡 라마스와미는 곧이어 2012년에 BMS가 인수한 인히비텍스Inhibitex를 통해 또 한 번 25배에 달하는 시세차익을 거두었다. 이때 벌어들인 수익과 명성이 대규모 자본동원력을 기반으로 만들어진 로이반트 사이언스의 출발점이 된 것이다.

항암제 분야로 진입하는 길리어드, 그리고 남겨진 상처들

    길리어드는 파마셋 인수 이후에도 인수합병을 통한 성장전략을 지속했다. 2011년 JAK1/2 저해제로 면역질환과 항암 파이프라인을 개발하고 있던 YM바이오사이언스를 5억1000만 달러에 인수했고, 2015년에는 연속적으로 FXR 아고니스트로 대사 이상 관련 지방간염MASH 치료제를 개발하던 페넥스 파마슈티컬Phenex Pharmaceuticals AG을 4억7000만 달러에, 화합물 기반 에피제네틱Epigenetic 타깃 치료제를 개발하던 Epi테라퓨틱스는 6000만 달러에

5장. 인수합병으로 성장한 길리어드 사이언스

빅파마로 성장한 모든 바이오텍의 성장사에서 살펴본 것처럼 길리어드의 성장은 넥스타와 파마셋 인수를 통해 대규모 시장창출이 가능한 파이프라인을 확보, 자체 매출을 창출한 것으로부터 시작됐다.

인수합병을 하고, JAK1을 타깃으로 관절염 치료제를 개발하던 갈라파고스Galapagos는 총 13억 달러 규모에 지분 15%를 보유하는 계약을 체결했다. 당시 길리어드가 인수했던 대부분의 회사는 계열 내 최초first in class에 해당하는 약물을 보유하고 있었으며, 당시 시장에서 가장 새로운 접근법으로 주목받았던 테마에 해당하는 기업들이었다. 하지만 길리어드의 인수합병 대상을 선별하는 기준이 얼마나 효과적이었는지, 길리어드의 선별역량이 얼마나 훌륭한 것이었는지는 판단을 유보할 수밖에 없다.

길리어드는 2016년 아세틸-CoA카르복실라아제ACC 저해제로 MASH 치료제를 개발하던 초기 기업 님버스Nimbus를 4억 달러에 인수했으며, 2017년에는 CAR-T치료제 선발주자인 카이트KITE를 119억 달러에 인수했고, 2020년에는 CD47 타깃 면역항암 항체를 개발하던 포티세븐Forty Seven을 49억 달러에 인수했다. 2024년 현재 MASH 치료제 개발 분야에서 길리어드가 인수한 회사들은 둘 다 성공하지 못했고, CAR-T는 인수합병 후 6년이 지난 2023년 기준 연매출 13억 달러에 불과하다. 49억 달러를 지불하고 인수한 포티세븐의 주력 파이프라인 CD47 타깃 마그롤리맙magrolimab은 임상 3상에서 사망자가 발생하면서 2024년 개발이 완전 중단됐다. 하지만 적어도 2020년 당시의 시점에서 길리어드의 공격적인 인수합병 전략은 많은 사람의 관심을 집중시켰고, 길리어드의 선구안을 높이 평가했다.

한 가지 사례로 2010년 6월 아스트라제네카는 길리어드에게 2400억 달러 규모의 인수합병을 제안했다. 길리어드가 인수합병을 통해 보유하고 있던 파이프라인의 가치를 높게 평가한 것이다. HCV 시장 이후 항암제 분야와 자가면역질환 파이프라인을 공격적으로 강화해 오던 길리어드는 아스트라제네카의 인수제안을 거절했다. 그리고 곧바로 2020년 10월 ADC 치료제 개발기업 이뮤노메딕스Immunomedics를 210억 달러에 인수했고, 2024년 3월에는 간질환 치료제 개발기업 사이마베이 테라퓨틱스CymaBay Therapeutics를 43억 달러에 인수했다. 이뮤노메딕스가 개발한 트로델비는 2023년 매출액이 11억 달러로, 특허만료가 예상되는 2028년까지 누적매출 100억 달러 내외가 예상된다. 트로델비 외에 ADC 임상 파이프라인이 2개 더 존재한다는 점을 감안한다 해도 이뮤노메딕스 역시 성공적인 인수합병이라고 평가하기에는 아직 이르다.

인수합병의 명가라는
타이틀이 유지될 수 있을까?

지금까지 빅파마로 성장한 모든 바이오텍의 성장사에서 살펴본 것처럼 길리어드의 성장은 넥스타와 파마셋 인수를 통해 대규모 시장창출이 가능한 파이프라인을 확보, 자체 매출을 창출한 것으로부터 시작됐다. CMV 망막염은 타깃 시장이 제한적이었지만 핵산신약 개발을 위해 구축해 놓은 기술을 화합물 기반 신약물질 효능평가 검증시스템으로 활용해서 개발한 비스타이드로 1000만 달러 매출을 달성하고, 이를 기반으로 마케팅 역량을 갖춘 넥스타를 인수할 수 있는 현금을 마련했다. 그리고 넥스타 인수를 통해 확보한 마케팅 능력을 기반으로 트라이앵글 파마슈티컬과 파마셋을 통해 확보한 파이프라인의 상업화를 진행했다. 특히 HCV, HIV와 같은 감염성 질환의 경우 이번 신종 코로나바이러스 감염증Covid-19, 코로나19 mRNA 백신과 마찬가지로 유행성 질환이라는 특징으로 인해 기존 빅파마 대비 후발주자에게도 충분히 기회로 작용할 수 있다. 출발 시점이 비슷해서 진입장벽이 상대적으로 낮기 때문이다. 길리어드는 이러한 장점을 공격적으로 활용했다.

두 번째 시사점은 핵산치료제에 대한 빠른 포기이다. 핵산치료제라는 모달리티가 매력적이긴 했지만 타깃 특이적 전달기술이 확보되지 않고는 광범위한 질환을 대상으로 한 신약개발이 어렵다. 게다가 핵산의 체내안정성과 면역반응 조절을 동시에 해결하는 것 역시 매우 어려웠다. 핵산치료제에 대한 열광은 사그라들었고, 20년이 지난 이후에야 투자자들의 관심이 되돌아왔다. 게다가 당시에 문제가 됐던 타깃 선택적 전달기술은 지금도 여전히 미해결 상태이기도 하다. 만약 길리어드가 1998년에 핵산치료제 플랫폼을 포기하고 화합물 기반 HCV, HIV 파이프라인을 확보하지 않았다면 길리어드의 생존 자체가 위험할 수도 있었다(참고로 당시 핵산치료제의 양대산맥이던 아이오니스IONIS는 길고 긴 혹한기를 버텨낸 뒤 지금까지 총 5개의 핵산치료제를 출시하는 데 성공했고, 2023년 매출총액 7억8000 달러, 2024년 5월 현재 시가총액 57억 달러를 기록하고 있다).

 신속한 전략전환의 또 다른 사례는 2001년 3개의 항암 파이프라인을 OSI파마슈티컬에 2억 달러 현금을 받고 매각한 것이다. 길리어드는 항암 파이프라인 매각을 통해 확보한 현금을 기반으로 B형 간염바이러스^{HBV}와 HIV 등 감염성 질환 파이프라인을 가졌던 트라이앵글 파마슈티컬을 인수했다. 길리어드가 다시 항암 파이프라인을 확보한 것은 18년 만인 2019년 카이트 인수, 2020년 포티세븐과 이뮤노메딕스 인수를 통해서였다.

 세 번째 시사점은 인수합병에서 중요한 것은 선구안이다. 당연한 이야기지만 빅파마가 인수하거나 라이선싱을 했다고 해서 해당 타깃이나 물질이 늘 성공하는 것은 아니다. 오히려 외부도입 물질의 개발성공률은 20%로 자체 개발 12%에 비해 높기는 하지만 80%는 실패의 위험에 노출돼 있다. 따라서 외부물질 도입을 통한 성장을 위해서는 자금력 외에도 선별능력을 확보하는 것이 매우 중요하다. 감염성 질환의 경우 길리어드의 핵산 관련 내부 연구역량이 충분히 구축돼 있기에 외부에서 우수한 파이프라인을 선별할 수 있었다. 이에 반해 항암제나 간경화 치료제의 경우 길리어드의 선별능력이 충분히 작동했는지에 대해서는 의문이 든다. 길리어드는 최근에도 TIGIT$^{\text{T-cell innunoreceptor with immunoglobulin and ITIM domain}}$ 타깃 면역항암제를 아커스 바이오사이언스$^{\text{Arcus Bioscience}}$로부터, 자일로 테라퓨틱스$^{\text{Xilio Therapeutics}}$로부터는 암 조직 특이적 IL-12 작용제를, 누릭스^{Nurix}로부터는 IRAK4 단백질 분해제 등을 도입했다. 하지만 포티세븐의 CD47도, 아커스의 TIGIT 타깃 항암제도 최종임상에서 실패했다. 감염성 질환 외 분야에서는 길리어드의 선구안이 탁월했음을 지금까지는 입증하지 못한 것이다. 길리어드는 빠른 전략적 의사결정, 인수합병을 통해 회사가 급성장해 왔다. 하지만 최근 행보를 보면 과거의 영광이 여전히 유지될 수 있을지는 다소 불안해 보인다.

 주석

(1) https://www.cascade.app/studies/gilead-strategy-study
(2) 관련된 보다 자세한 내용은 https://jamesjungkuelee.wordpress.com/tag/antisense/를 참고
(3) Oligonucleotide Therapies: The Past and the Present, Human Gene Therapy, 2015, Jul
(4) Antisense '97: A roundtable on the state of the industry, Nature Biotechnology, 1997, June
(5) Waiting For Antisense To Deliver, nature Biotechnology, 1991, May
(6) Antisense technology for cancer therapy: does it make sense, BJC, 1993, may
(7) Does antisense exist?, Nature Biotechnology, 1995, Nov
(8) Antisense 98: Work in progess, Nature Biotechnology, 1998, Dec
(9) Triangle 창업자 중 하나인 Raymon F. Schinazi는 이후 길리어드가 인수하게 될 Pharmasset 창업에도 참여하게 된다.
(10) Capitalizing a Cure, Victor Roy, California University Press, 2023

06

RNA 치료제의 시대를 연 개척자, 아이오니스

IONIS

현재 시가총액 57억 달러로 평가받는 아이오니스IONIS는 핵산치료제라는 새로운 신약개발 모달리티를 개척한 대표적인 기업이다. 아이오니스 성장사는 핵산치료제 개발의 역사 그 자체라고 해도 과언이 아니며, 과거 40년 이상 아이오니스를 이끈 대표이사 스탠리 크룩Stanley T. Crooke은 핵산치료제라는 모달리티가 작동할 수 있는 플랫폼의 기초를 세운 대표적 연구자 중 하나이다.

상업적 결과로만 본다면 아이오니스는 그동안 기울인 노력과 핵산신약 개발에 미친 엄청난 과학적 기여에도 불구하고 상대적으로 매우 낮게 평가받고 있다. 아이오니스의 연간 매출액은 2023년 기준 7억8000만 달러다. 핵산치료제 분야에 10년쯤 뒤늦게 진입한 앨나일람의 연간 매출액 18억 달러 대비 절반도 안 되고, 핵산치료제의 선두주자였으나 결국 1998년 핵산치료제 개발을 포기한 길리어드의 매출액 270억 달러에 비교한다면 30분의 1에 불과하다. 게다가 시가총액으로 비교하면 아이오니스 57억 달러, 앨나일람은 200억 달러, 길리어드는 845억 달러이다. 하지만 아이오니스는 핵산치료제라는 새로운 모달리티의 개척자이며, 오랜 어려움을 견디고 핵산치료제 개발 플랫폼을 완성한 회사이기도 하다. 이런 이유로 앨나일람보다는 아이오니스를 다루어 보고자 한다.

아이오니스의 성장사는 지금까지 살펴본 다른 빅파마 성장 사례와 비교해서 최초의 블록버스터급 신약창출에 소요된 기간이나 최초 매출액 1조 원 달성 시점 등을 기준으로 더 많은 시간을 소요했다. 창업 후 3년 만에 나스닥에 상장했으나 최초의 핵산치료제 승인은 10년 만에, 1조 원 규모 블록버스터 창출에는 26년이 걸렸고, 1조 원 영업이익 달성은 창업 후 35년 만에 달성했다.

아이오니스는 현재 모두 26개의 파이프라인과 4개의 출시 제품을 보유하고 있으며, 임상단계 파이프라인 중 총 13개는 바이오젠, 로슈, 아스트라제네카, GSK 등과 라이선싱을 통해 공동개발하고 있는 중이다. 특히 공동개발 중인 13개 파이프라인에 대한 마일스톤 계약금액만 230억 달러, 해당 파이프라인에 대한 로열티 비율이 평균 20% 내외이고 2026년까지 총 6개의 약물승인이 예상된다는 점을 고려하면 아이오니스 예상매출액은 조만간 앨나일람과 비슷해질 수 있다. 게다가 희귀 유전질환을 넘어 대사, 항암, 면역, 심

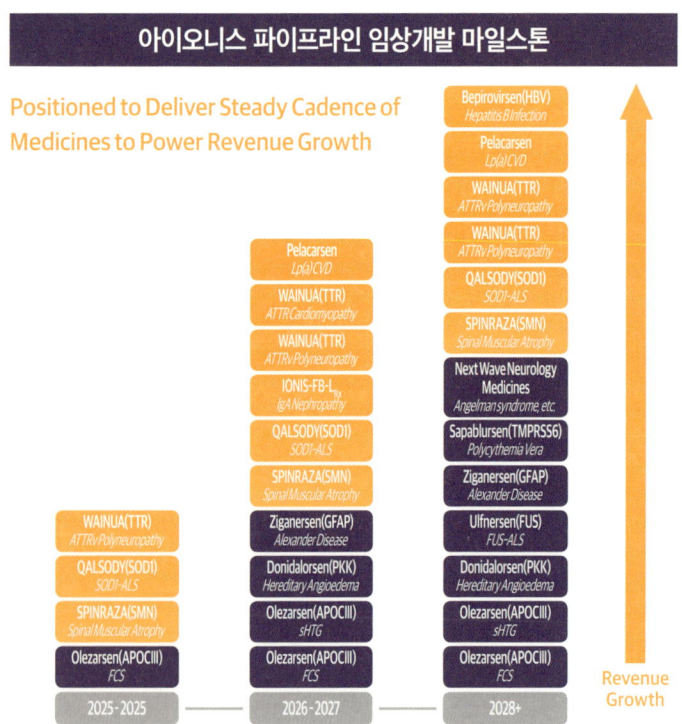

자료 아이오니스 홈페이지

혈관 분야 파이프라인도 꾸준히 확장되고 있기에 블록버스터급 핵산신약이 등장하는 것도 멀지 않았다. 이러한 점을 고려한다면 현재 아이오니스의 시가총액은 너무 낮은 수준이다.

핵산치료제의 가능성과 미래

아이오니스가 주도한 핵산치료제 개발 분야는 안티센스antisense, 짧은간섭리보핵산siRNA, 마이크로리보핵산miRNA, 리보핵산 압타머RNA Aptamer, 메신저리보핵산mRNA 등을 모두 포함한다. 핵산치료제는 2023년 현재 모두 163개가 임상에 진입해 있고 16개의 핵산치료제가 승인을 받았다. 이를 종류별로 구분하면 안티센스가 10개, siRNA가 4개, mRNA가 2개이다[1]. mRNA 코로나 백신의 경우 팬데믹으로 인해 엄청난 매출액을 달성, 모더나와 바이오엔텍BioNTech이 10년 만에 글로벌 빅파마에 준하는 매출액과 시가총액을 기록했다. 하지만 팬데믹 이후 치료제 분야에서 mRNA의 가능성은 앞으로도 여전히 수많은 시험과 검증을 통해 입증돼야 한다.

이에 반해 대부분 희귀 유전질환을 타깃으로 개발된 핵산치료제는 시장성이 제약적이지만, 향후 타깃 특이적 전달이 가능해서 다양한 질환 영역에 적용된다면 앞으로의 성장성은 더욱 크고 넓다. 특히 아이오니스 출신 세라 보이스Sarah Boyce가 창업한 어비더티 바이오사이언스Avidity Bioscience와 다인 테라퓨틱스Dyne Therapeutics의 경우 아이오니스가 개발한 리간드 결합 안티센스 기술Ligand Conjugated Antisense, LICA 플랫폼을 기반으로 타깃 세포 선택성이 높은 항체와 핵산을 결합한 항체핵산결합체antibody oligonucleotide conjugation 기술로 희귀 유전질환을 넘어서 다양한 질환 타깃을 공략하고 있는 점 역시 주목할 만하다.

핵산치료제의 잠재력은 놀라울 만큼 크다. 현재까지 규명된 타깃 단백질 2만 개 중에서 화합물이나 항체 등 현재의 신약개발 모달리티로 공략 가능한 타깃은 3000개라고 알려져 있다. 이에 반해

2022년 기준 승인된 핵산치료제 현황[2]

Class	Generic name	Indication
ASO	Fomivirsen	Cytomegalovirus retinitis
	Mipomersen	HoFH
	Nusinersen	Spinal muscular atrophy
	Eteplirsen	Duchenne muscular dystrophy
	Inotersen	Familial amyloid polyneuropathy
	Volanesorsen	Familial chylomicronemia syndrome
	Golodirsen	Duchenne muscular dystrophy
	Viltolarsen	Duchenne muscular dystrophy
	Casimersen	Duchenne muscular dystrophy
siRNA	Patisiran	Familial amyloid polyneuropathy
	Givosiran	Acute Hepatic porphyria
	Lumasiran	Primary hyperoxaluria type 1
	Inclisiran	Hypercholesterolemia
Aptamer	Pegaptanib	nAMD
mRNA	Tozinameran	SARS-CoV-2
	Elasomeran	SARS-CoV-2

자료 Nano Research, 2023

지금까지 실제 출시된 신약은 3000개의 공략 가능한 타깃 중 10분의 1에 불과한 370개 단백질을 타깃으로 하고 있는데, 핵산을 사용할 경우 이론적 가능성이긴 하지만 2만 개 단백질 타깃을 모두 공략할 수 있다.

뿐만 아니라 핵산치료제는 타깃 RNA와 왓슨-크릭 결합 Watson-

Target	Modification/Delivery	Year of approval
CMV UL123	Thiophosphate oligo	1998(discontinued)
AP08	Thiophsphate/2'-MOE	2013(discontinued)
Exon 7 of SMN2	Thiophsphate /2'-MOE	2016
Exon 51 of DMD	PMO	2016
TTR	Thiophsphate /2'-MOE	2018
ApoC3	Thiophsphate /2'-MOE	2019
Exon 53 of DMD	PMO	2019
Exon 53 of DMD	PMO	2020
Exon 45 of DMD	PMO	2021
TTR	LNP	2018
ALAS1	GalNAc	2019
HAO 1	GalNAc	2020
PCSK9	GalNAc	2020
VEGF-165	PEG	2004(discontinued)
Spike protein	LNP	2020
Spike protein	LNP	2020

Crick Base Fairing을 하기 때문에 지금까지 개발된 모든 약물 모달리티 중 가장 정교한 디깃 선택성을 가진다. 또한 단백질 대비 타깃 mRNA는 복제수 copy number가 상대적으로 매우 적어서 적은 투여용량으로도 충분한 약리효과를 기대할 수 있으며, 타깃 RNA의 재생산 주기가 길기에 장기간 치료효과 유지가 가능하다. 여기에 핵산은 화학적 방식으로 만들 수 있기 때문에 생산비용 역시 화합물 수준으로 매우 저렴한 것도 특장점이다.

1980년대 핵산치료제 창업열풍, 투자자들의 높은 관심은 바로 이러한 가능성에 주목했기 때문이며, 핵산치료제가 임상에서 여러 번 큰 실패를 겪었음에도 빅파마들이 주기적으로 핵산치료제 개발기업과 공동연구 혹은 라이선싱을 시도했던 것 역시 이러한 가능성과 잠재력에 주목했기 때문이다.

핵산치료제 개발개념은 1978년부터 확립됐다. 특히 안티센스 치료제의 경우 이론은 간단하고 명료했다. mRNA를 생성하는 전사가닥 sense strand에 안티센스가 시퀀스 특이적으로 결합해서 질병의 원인이 되는 단백질이 생성되지 못하도록 타깃 mRNA를 분해하거나, 단백질 전사를 막거나, 타깃 단백질 생성을 촉진하는 방식으로 작용한다. 수많은 스크리닝을 필요로 하는 화합물이나 항체와는 달리 핵산은 대상 시퀀스만 알면 약물을 설계할 수 있기에 전통적인 약물개발 과정에서 필요한 초기 탐색과정이 획기적으로 단축될 수 있다.

하지만 개념과 이론은 단순했으나 실제 핵산을 약으로 만드는 일은 길고도 지난한 실패를 경험하면서 서서히 진화했다. 그리고 이 과정에서 아이오니스와 스탠리 크룩의 역할은 결정적인 것이었다.

크룩이 꿈꾼 신약개발 혁명

스탠리 크룩은 미국 인디애나폴리스의 가난한 집안에서 태어나 불행한 청소년기를 겪었다. 가족 중 고등학교를 졸업한 사람은 크룩이 유일했다. 크룩은 글자를 깨치기 위해 길거리에 나뒹구는 만화책을 주워서 공부했고, 가난한 시절에 형성된 생활태도 때문에 고등학교에서 퇴학당할 위기에도 직면했으나 워낙 뛰어난 두뇌 덕분에 무사히 대학입학에 성공했다. 크룩은 가난한 유년기를 회상하며 "가난이 문제인 것은 돈이 없는 것이 아니라 희망과 꿈이 없어진다는 것이다"라고 말했다. 크룩은 대학에서 약학과를 전공한 이후 처음에는 법학분야로 진학을 희망했다. 하지만 학교 측의 추천으로 베일러의과대학 Baylor College of Medicine에서 RNA를 주제로 석박사 학위를 받았다. 크룩은 박사를 마친 후 곧바로 BMS에서 항암연구소 설립에 참여했으며, 그 이후에는 GSK로 전환하게 될 스미스클라인 Smithkleine에서 연구소장을 역임했다[3].

젊은 나이에 빅파마 연구소장직을 수행할 만큼 크룩의 역량은 매우 뛰어났다. 하지만 스미스클라인에서 크룩이 경험한 바에 따르면 대부분의 빅파마 신약개발 시스템은 효율성이 매우 낮아서 더 이상 지속 가능하기 어려워 보였다. 크룩은 특히 빅파마 신약개발 생산성 약화의 원인은 중장기에 걸쳐 와해성 연구개발 투자를 지속하지 못하는 것이며, 이것이 가장 심각한 문제라고 진단했다. 매우 긴 개발기간, 높은 실패위험을 특징으로 하는 신약개발업의 특성상 수없이 많은 의사결정 과정, 주기적인 개발 우선순위 변동과정에서 혁신적 아이디어는 실패위험이 높다는 이유로 빈번하게 배제될 수밖에 없었다. 생산성 위기를 돌파하기 위해서는 퀀텀점프가 필요한데, 이러한 퀀텀점프는 빅파마 내부가 아니라 외부에서 찾을 수밖에 없게 된 것이다. 크룩은 특히 와해성 혁신을 추구하기 위해서는 마케팅 논리, 혹은 자본시장의 논리가 연구개발 과정을 압도하는 기업구조 역시 극복해야 할 문제라고 보았다. 이러한 문제의식이 1989년 스미스클라인 연구소장식을 포기하고 안티센스 기반의 핵산치료제 개발기업 아이시스ISIS를 창업하게 된 결정적 계기가 됐다.

    크룩이 퇴직한 1989년은 바이오텍 투자 붐이 불타오르던 시기였다. 크룩에게 신생 바이오텍의 대표 자리를 맡아달라는 요청이 쇄도했지만 그가 주목하던 분야는 핵산치료제 분야였다. 핵산치료제는 작용기전이 매우 직관적이고 타깃 특이적이며, 무엇보다 빅파마들이 직면하고 있는 신약개발 생산성의 위기를 극복할 수 있는 가장 대표적인 와해성 혁신의 전형이기 때문이다. 크룩은 베세머벤처, 로스차일드벤처 등으로부터 500만 달러의 투자금을 받아서 1989년 아이시스를 창업했다.

    당시는 핵산치료제에 대한 투자자들과 빅파마의 관심이 뜨거웠다. 이러한 흐름을 타고 1990년에는 시바가이기와 3000만 달러 공동연구 계약을 체결하는 데 성공했고, 곧이어 1991년 4월 나스닥 상장에 성공했다. 1991년 나스닥에 상장한 바이오텍은 46개, 총 조달금액은 17억 달러였다. 1989년부터 시작된 바이오텍 투자붐을 타고 아이시스가 조달한 총 금액은 2500만 달러였다. 하지만 핵산치

크룩은 빅파마 신약개발 생산성 약화의 원인은 중장기에 걸쳐 와해성 연구개발 투자를 지속하지 못하는 것이며, 이것이 가장 심각한 문제라고 진단했다.

료제에 대한 투자자들의 기대와 열광은 오래가지 않았다.

20년 이상 지속된 핵산치료제에 대한 불신과 무관심

당시 크룩은 핵산백본 nucleotide backbone에 대한 화학적 변형을 통해 핵산의 대사안정성 metabolic stability과 타깃 결합력 target binding affinity을 강화하는 연구에 집중했다. 핵산을 약으로 사용하기 위해서는 타깃까지 도달하는 도달효율과 타깃과의 결합력을 높여야 약리효과를 유도할 수 있기 때문이다. 물론 이러한 문제 외에도 핵산치료제 개발 초기에는 핵산 생산비용을 낮추는 것도 중요한 문제였다[4]. 생산효율성을 높이는 문제와 핵산의 백본을 개선하는 문제는 비교적 빨리 해결됐지만, 핵산치료제의 정확한 작용기전은 완전히 규명되지 않았다.

당시 핵산치료제의 가능성은 다수의 항암 및 항바이러스 관련 각종 타깃 생체 외 in vitro 연구를 통해 너무나 분명하게 입증됐다. 게다가 수많은 동물모델에서도 핵산치료제가 작용한다는 점은 분명해 보였다. 하지만 1998년 <네이처 바이오테크놀로지>에서 핵산치료제 개발현황을 점검한 특집기사에서는 핵산신약의 치료효과에 대한 동물모델 결과가 대부분 재현되지 않는다는 점이 주로 지석됐다[5]. 핵신의 치료효과라고 간주됐던 것들이 사실은 투약된 핵산에 대한 면역반응이거나 혹은 타깃에 도달하기 전에 오프타깃에 바인딩하면서 생긴 효과였다는 점이 속속 드러나기 시작했다. 그리고 또 다른 한편으로는 오프타깃 바인딩에 따른 핵산치료제의 부작용이 더 큰 이슈로 제기됐다.

핵산치료제에 대한 열광은 곧바로 사라지고 업계의 부정적 시각은 냉소와 외면으로 이어졌다. 이 시기 관련 저널에서는 '안티센스는 난센스Antisense is nonsense[6]'와 같은 제목의 논문과 기사가 빈번하게 등장했다. 아이시스와 크룩은 이러한 냉소와 비관에도 불구하고 핵산의 혈중 안정성과 세포투과성을 높이기 위한 다양한 시도를 계속했으며 핵산과 관련된 거의 모든 분야의 특허를 확보했다. 특히 크룩은 핵산치료제에 대한 불신을 잠재우려면 임상 결과가 중요하다고 판단, 개발속도를 높이기 위해 과감한 투자를 이어 나갔다. 하지만 길리어드가 1998년 핵산치료제 관련 모든 특허를 아이시스에 800만 달러에 매각하면서 방향을 전환하자 핵산치료제에 대한 투자자들의 부정적 시각은 정점을 찍었다. (아이시스는 이후에도 하이브리든, 앨나일람 등과의 특허공유 협약을 통해 특허 포트폴리오를 확장했는데, 2011년 기준 총 1500건의 특허를 보유하고 있어 J&J, 로슈 등을 이어서 가장 많은 특허를 보유한 5위 기업으로 랭크됐다.)

최초의 핵산치료제 승인, 투자자의 반응은 여전히 냉담

1998년 최초의 핵산치료제인 포미비르센^{Fomivirsen}이 승인됐지만 투자자들의 반응은 반전되지 않았다. 거대세포 바이러스 망막염^{CMV retinitis} 치료제로 개발된 포미비르센은 노바티스사가 판권을 인수했으나 안구 내 직접투여 방식이라는 점과 에이즈 치료제가 대중화되면서 타깃 환자 수가 급격하게 줄어들어서 2001년 매출총액은 15만 달러에 불과했다. 더구나 곧이어 화합물 기반 경쟁약물이 등장하면서 노바티스는 해당 제품에 대한 판매를 중단했다. 시련은 여기서 끝나지 않았다. 1999년에는 크론병 치료제로 개발하던 ISIS2302가 임상 3상에서 실패했고, 2002년에는 항암제로 개발하던 어피니택^{Affinitak}이 실패했다. 그 결과 이 당시를 전후해서 아이시스 연구진의 3분의 1이 정리해고를 당해야 했다.

핵산치료제의 미래에 대한 비관적 전망은 더욱 커져만 갔다. 이 당시 크룩은 핵산치료제의 성공가능성에 대한 믿음은 확고했으나 투자유치가 안 돼 회사가 망할 수 있다는 위기의식에 압도당했다. 그는 길리어드처럼 화합물 기반의 신약개발로 방향전환도 검토했고, 최근 아라키스, 고담 테라퓨틱스^{Gotham Therapeutics} 등이 주도하는 새로운 신약개발 모달리티인 화합물을 이용한 RNA 직접 타깃팅 약물개발 방식도 시도해 보았다. 하지만 이러한 시도를 위해서도 핵산 바이올로지에 대한 깊이 있는 이해가 선결조건이었고, 핵산으로 새로운 신약개발 패러다임을 열겠다는 크룩의 비전과 열망이 더욱 컸다.

크룩의 열망과는 무관하게 아이시스를 제외한 대부분의 외부

연구자들은 핵산의 가능성에 대해 부정적으로 변했고, 안티센스라는 딘이기 들어간 논문은 출판이 어려웠다. 이러한 외부환경에 맞서서 크룩은 아이시스 내부 연구진이 자신들의 연구목표와 방향에 대해 확신을 가지도록 만들기 위해 치열하게 노력했다. 크룩은 연구에 착수하기 전에 무엇이 문제인지를 정확히 정의하고, 해당 이슈에 대한 답을 내릴 수 있는 연구기획, 그리고 그 결과가 어떠한 것이든 투명하게 공유하는 시스템을 만들고자 노력했다.

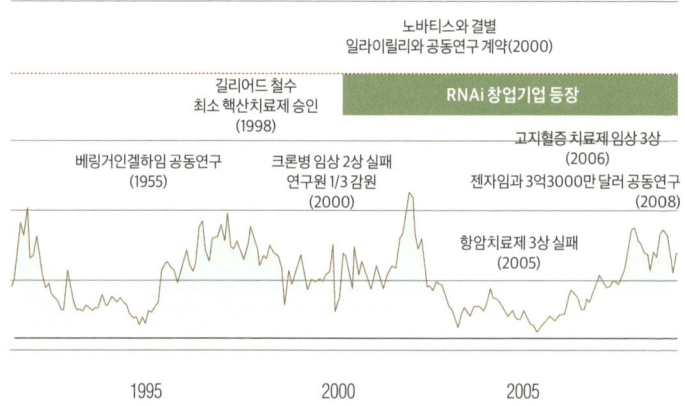

아이오니스 주가 추이와 주요 이벤트

창업 3년 후 나스닥 상장
창업 10년 후 최초의 핵산치료제 출시
창업 26년 후 17억 달러 매출 제품 출시
창업 35년 후 1조 영업익 달성

1차 RNA 투자 열풍

Genomic Bubble

노바티스와 결별
일라이릴리와 공동연구 계약(2000)

길리어드 철수
최소 핵산치료제 승인
(1998)

RNAi 창업기업 등장

고지혈증 치료제 임상 3상
(2006)

베링거인겔하임 공동연구
(1955)

크론병 임상 2상 실패
연구원 1/3 감원
(2000)

젠자임과 3억3000만 달러 공동연구
(2008)

항암치료제 3상 실패
(2005)

1995   2000   2005

자료 저자 작성

연구결과를 놓고 치열한 내부논쟁이 일상화됐으며, 크룩은 누구보다 논쟁에 치열했다. 당시의 크룩을 회상하는 대부분의 아이시스 연구진은 '치열'이라는 단어로 크룩을 기억했다. 특히 크룩이 보여준 만큼의 치열함이 없는 연구자는 아이시스에 연구진으로 남아 있는게 불가능할 정도였다. 하지만 크룩이 요구했던 치열한 연구자세에도 불구하고 자발적 퇴사율은 5% 이내로 매우 소수였다.

외부의 냉소적인 시선과 아이시스 내부의 치열한 연구문화가

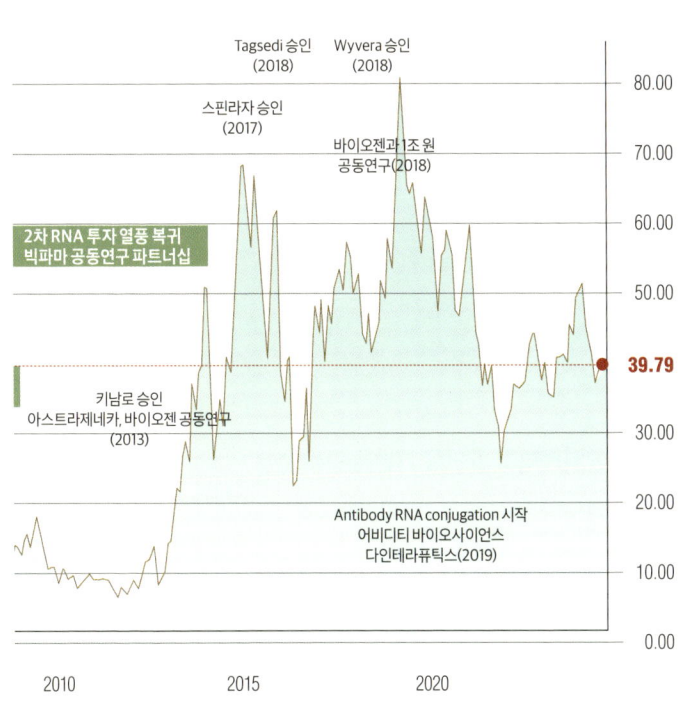

합쳐져서 당시 아이시스의 내부 정서는 사태가 진정될 때까지 기다리는 벙커 심리 bunker mentality가 지배했다. 크룩은 벙커 심리가 형성될 수밖에 없는 현실을 인정하면서도 새로운 아이디어를 얻기 위해 박사후과정 시스템을 적극적으로 운영하는 한편, 회사의 약물개발 가설과 반대되는 연구결과를 얻어낸 연구자들에게 포상하는 시스템 운영을 통해 새로운 시도가 끊이지 않도록 만들었다.

2000년 이후 아이시스사의 연구는 핵산치료제가 타깃과 바인딩하기까지의 모든 과정을 세분해서 어떤 메커니즘에 의해 핵산의 약동학이 제어되는지를 규명하는 것에 초점을 맞추었다. 연구결과 1세대 핵산치료제가 실패한 이유는 혈중 내 짧은 반감기, 타깃까지 도달한 핵산의 개수가 너무 적고 타깃 결합력이 낮은 것이 원인으로 밝혀졌다. 이를 개선하기 위해서는 핵산 백본에 대한 화학적 변형 최적화가 필요했고, 다양한 시도의 결과가 논문을 통해 모두 공개됐다. 관련해서 많은 사람이 아이시스사의 크룩이 핵산의 가능성에 대해서는 과장을 했고, 현재 기술의 한계에 대해서는 축소했다고 비판을 하지만, 이와는 반대로 아이시스는 자신들의 선행 연구결과를 스스로 부정하는 논문을 내는 것을 두려워하지 않았다.

핵산치료제의 플랫폼 기반을 구축한 아이오니스

2000년 이전까지 아이시스가 집중한 개발분야는 핵산의 백본 개선을 통해 타깃 시퀀스에 대한 결합력 강화, 다양한 뉴클레아제에 대한 분해 저항성 강화, 약동학 PharmacoKinetics, PK 기능 개선, 개선, 혈중 전달 시 염증반응 발생가능성 저감 등에 초점이 맞추어져 있었다. 반면 2000년 이후에는 타깃 세포까지 도달한 이후 리셉터 매개 세포막 투과능 개선, 엔도솜 탈출endosome escape 효율 개선, 사이토졸 내에서의 내재면역반응 회피, 타깃 mRNA를 조절하는 방식 등을 중심으로 연구를 진행했다. 특히 아이시스는 각각의 단계를 세부적으로 분할, 핵산의 백본을 변경할 때마다 각각의 단계에서 어떻게 변화하고 반응하는지를 데이터베이스DB 형식으로 구축했다.

2세대 핵산치료제 개발은 이러한 약동학PK, 약역학PharmacoDynamics, PD 데이터를 토대로 개발됐고, 그 성과가 2013년 미포메르센Mipomersen, 2016년 뉴시네르센Nusinersen, 에테플리레센Etepliresen, 2018년 이노테르센Inotersen 등 잇단 임상성공으로 이어졌다. 특히 2016년 척수근육위축병Spinal Muscular Atrophy 치료제로 개발된 뉴시너센(제품명 스피란자Spiranza)은 대규모 매출발생이 가능한 최초의 핵산치료제로 연매출 12억 달러를 기록했다. 게다가 소아 대상 희귀질환 임상은 아이시스가 최초로 시도해서 얻은 성과이기도 했다. 뿐만 아니라 2014년에는 기존까지 타기팅이 불가능했던 난제를 해결하기 위해 특정 티슈로 타기팅을 할 수 있는 LICA 플랫폼 기술이 개발됐으며, 현재 임상 3상을 진행하는 고지혈증 치료제 펠라카센Pelacarsen 개발에 적용됐다[7].

서막 끝,
시작되는 핵산치료제의 본격 무대

하지만 이러한 성공에도 불구하고 크룩이 말했듯이 핵산치료제는 이제야 서막이 끝나고 본막이 오르는 첫 시작점에 서 있을 뿐이다. 간이나 신장 등 특정 장기로 집적되는 핵산의 특징을 활용해서 해당 장기와 관련된 질환을 공략하는 것은 가능하지만 특정 장기의 특정 세포를 타깃하는 것은 여전히 해결이 어렵다. 또한 모든 약물이 그러하지만 핵산 역시 투여한 총 용량의 10% 이내만이 타깃 세포까지 도달하는 문제 역시 여전히 미해결 상태이다. 하지만 핵산치료제의 본격적 개화를 위해서 해결해야 할 더 큰 어려움은 엔도솜 탈출 효율을 높이는 것이다[8].

세포주 대상의 인 비트로 실험에서도 투약된 핵산의 10%만이 세포막을 투과할 수 있으며, 세포막을 투과한 핵산의 1~3%(siRNA는 0.3%, 지질나노입자 mRNA$^{LNP-mRNA}$는 2% 이하)만이 엔도솜을 벗어나 사이토졸로 이동할 수 있다. 하지만 엔도솜 탈출을 조절하는 생물학적 메커니즘은 너무나도 복잡하기에 2024년 현재까지도 엔도솜 탈출 효율을 높이기 위한 솔루션은 개발되지 않았다. 세포 특이적 전달기술과 엔도솜 탈출 효율개선이 이루어질 수 있다면 처

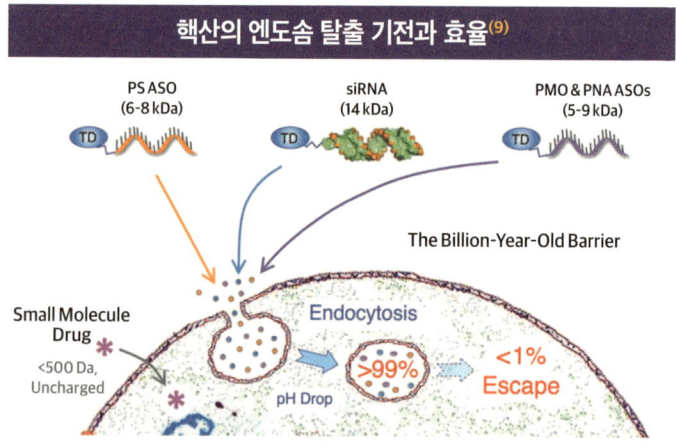

핵산의 엔도솜 탈출 기전과 효율[9]

자료 Nucleic Acid Therapeutics, 2022

6장. RNA 치료제의 시대를 연 개척자, 아이오니스

안티센스 치료제 개발을 위한 주요 마일스톤[10]

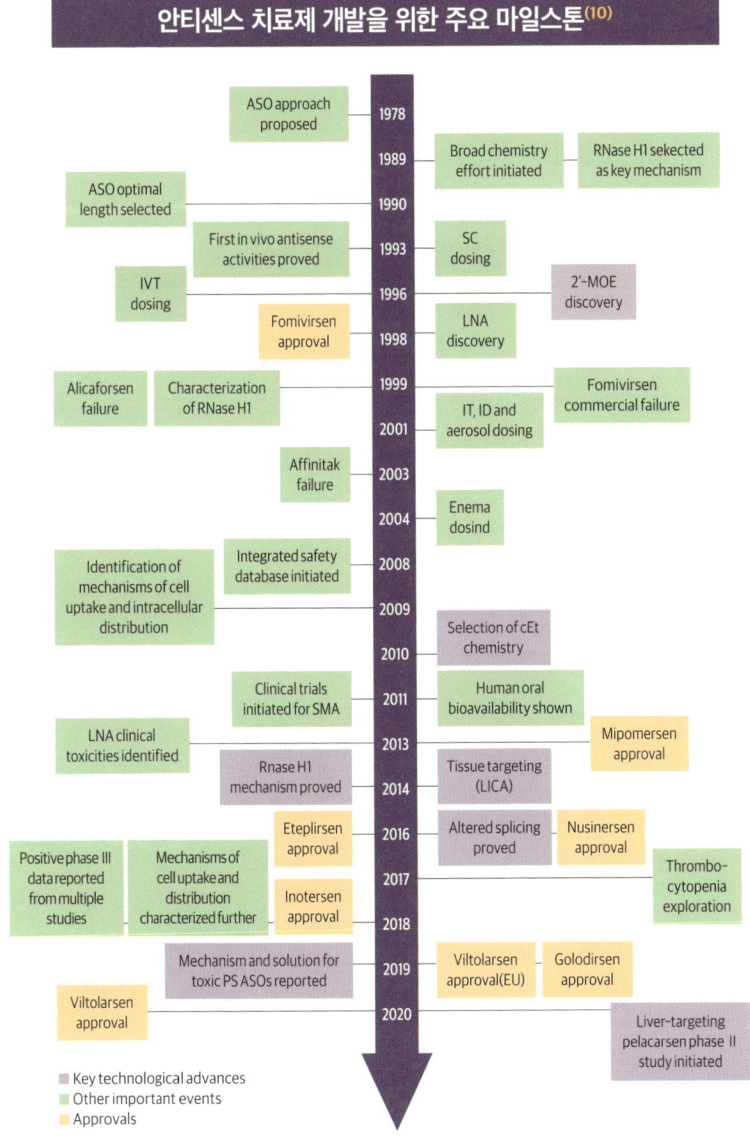

■ Key technological advances
■ Other important events
■ Approvals

자료 Nature Review of Drug Discovery, 2021, June

음 꿈꾸었던 신약개발의 세 번째 혁명을 가져올 것이라던 핵산치료제의 무궁무진한 가능성이 실제로 구현될 수 있을 것이다.

혁신 모달리티 개척과
자본시장의 불화

지금까지 간단히 살펴본 것처럼 아이오니스의 성장사는 끝없는 도전과 실패의 역사라고 해도 과언이 아니다. 특히 2000년 이후 신약개발의 중심 트렌드가 항체 중심으로 발전했고, 이에 반해 핵산치료제 분야에서는 몇 번의 중요한 임상연구에서 실패를 경험했다. 당연히 투자자들의 관심은 항체분야로 집중되면서 선순환 구조가 만들어졌고, 항체를 기반으로 한 전후방 생태계가 점차 확고하게 자리 잡게 됐다.

투자자들로부터 소외된 아이오니스는 핵산치료제 영역을 붙들고 2000년 이후 약 15년 이상 핵산치료제의 작용기전을 모든 단계에 걸쳐서 분석하고, 그 데이터를 축적하는 데 집중했다. 그 결과 투자자들의 관심으로부터 멀어진 아이오니스의 주가는 상장 시점과 비교해서 더 낮거나 비슷한 수준으로 20년 이상 머물러 있었다. 낮은 주가에도 불구하고 연구개발을 지속하고 주요 파이프라인을 임상에 올리기 위해 아이오니스는 거의 2년마다 유상증자를 시도해야 했다. 그 결과 아이오니스의 총 주식 중 내부자가 보유한 비중은 0.8%로 줄어들었다. 기관투자자들이 나스닥 상장 바이오텍 지분의 70~80% 이상 보유하고 있다 해도 주식시장으로부터 오랜 기간이 소요되는 새로운 모달리티를 개척할 수 있는 수준의 자본조달은 거의 불가능했다.

크룩은 높은 불확실성을 플랫폼 개발을 장기간 이어가려면 투명성을 기반으로 한 장기적인 신뢰 확보가 필수라고 강조했다.

이 당시를 회고하면서 크룩은 2011년 <네이처>를 통해 신약개발에서 빅 아이디어의 필요성과 자본시장의 논리가 부딪칠 수 있다는 점을 인정했다[11]. 새로운 모달리티 플랫폼 구축을 위해서는 더 높은 실패를 인내하고, 더 긴 투자기간이 필요하다. 하지만 높은 예측가능성을 요구하며 단기수익 실현에 지배되는 자본시장 사이의 간극은 쉽게 메워질 수 있는 게 아니다. 하지만 투자시장의 압력 아래서 모든 기업가들이 저위험 중수익을 추구한다면 빅 아이디어에 기회가 주어질 수 없으며, 혁신적인 퀀텀점프도 불가능해진다.

크룩은 이러한 문제를 해결하기 위해 두 가지를 제안했다. 첫째, 신약개발 벤처가 이야기해야 할 것은 리스크와 이슈를 정의하고 해당 문제를 해결하기 위한 연구계획을 명확히 제시하는 것이라고 정의했다. 둘째, 투자자들은 불확실한 개발 결과에 대한 믿을 만한 데이터를 요구할 것이 아니라 해당 리스크가 얼마나 잘 정의돼 있는지를 판단해야 하며, 해당 리스크를 해결하기 위한 연구개발 계획이 얼마나 명확한지를 기준으로 리스크를 떠안는 것이 진정한 투자자의 역할이라는 점을 강조했다. 하지만 주식시장은 크룩의 호소에 귀를 기울이지 않았다. 크룩이 찾은 해법은 빅파마와의 공동연구였다.

고위험 자본조달 창구,
빅파마와의 전략적 파트너십

노바티스, 일라이릴리, 바이오젠, 젠자임 등 많은 빅파마들은 핵산치료제 기술이 가져올 수 있는 잠재력을 잘 이해하고 있었다. 게다가 핵산치료제라는 새로운 모달리티를 개척할 때의 어려움과 그 리스크가 얼마인지도 자본시장의 투자자들에 비해 훨씬 잘 이해하고 있었다. 베링거인겔하임은 1995년에 아이오니스에 2500만 달러를 투자해서 공동연구를 진행했고, 일라이릴리는 2001년 2억 달러, 젠자임은 2008년 3억5000만 달러, 바이오젠과는 2013년 3억2000만 달러의 공동연구를 통해 자본을 조달했다. 그 결과 2015년까지 아이오니스는 빅파마와의 공동연구를 통해 총 10억 달러 규모의 자본을 조달할 수 있었다.

또한 아이오니스가 주식시장에서 유상증자를 진행할 수 있었던 것 역시 빅파마와 공동연구 계약을 지렛대로 삼아서 가능했었다. 빅파마들은 아이오니스가 개발하는 핵산치료제의 개발위험을 일반 자본시장의 재무적 투자자들에 비해 훨씬 예측가능한 수준에서 이해할 수 있었으며, 공동의 데이터와 토론을 통해 이슈를 진단하고 문제해결 가능성을 판단할 수 있다는 특장점이 있기에 훨씬 더 큰 수준의 위험도 감당할 수 있었던 것이다.

하지만 아이오니스가 몇 번의 실패를 거듭하면서도 빅파마와의 공동연구 파트너십을 지속적으로 확보할 수 있었던 데에는 이러한 이유 말고도 특별한 한 가지 조건이 더 필요했다. 높은 투명성에 기반한 과학적 신뢰이다. 이러한 점은 크룩이 2022년 <Nucleic Acids Research>[12]라는 저널을 통해 아이오니스의 연구문화를 소개한 논문에서 확인할 수 있다. 크룩은 높은 불확실성을 가진 장기간의 플랫폼을 개발하기 위해서는 투명성을 기반으로 한 장기적인 신뢰를 확보하는 것이 필수적이라고 강조하면서 아이오니스의 연구문화와 윤리를 다음과 같이 소개했다.

> **첫째,** 새로운 모달리티 기반의 신약개발 플랫폼 형성을 위해서는 30년 이상 일관되고 지속적인 다학제적 연구가 필요하다.
>
> **둘째,** 이렇게 오랫동안 통합적 연구개발을 진행하기 위해서는 명확한 목표와 비전을 모든 구성원이 공유하는 게 중요하다.
>
> **셋째,** 실패를 두려워하지 않고 오히려 실패한 실험으로 새로운 가설을 제시할 수 있는 연구원에게 확실한 보상시스템을 적용해야 한다.
>
> **넷째,** 회사는 기다리던 결과가 아니라 진실한 연구결과에 대해 보상해야 한다.
>
> **다섯째,** 회사가 진행한 모든 임상시험은 그 결과가 부정적이고, 그 이전에 주장한 가설과 반대된다 해도 모든 세부사항 전부를 공개적으로 논문을 통해 드러내야 한다.

신약개발 신규 모달리티는 신약 연구개발 생산성의 위기를 돌파할 수 있는 가장 효과적인 방법 중 하나이며, 어떤 바이오텍이 빅파마로 성장할 수 있는 유력한 기반이다. 하지만 모든 신규 모달리티가 신약개발 생산성을 극복할 수 있는 것은 아니다. 해당 모달리티가 해결할 수 있는 질환의 범위와 확장성이 높아야 한다.

또한 새로운 모달리티는 어느 한순간 하나의 특별한 연구결과에 의해 만들어지지 않는다. 모든 모달리티 등장의 역사를 살펴보면 하나의 가설로부터 특정 모달리티가 완성될 때까지 30년 내외의 연속적인 연구결과 누적이 필요하다. 핵산이 약물이 되기 위해서는 핵산의 안정성, 타깃 핵산 시퀀스에 대한 이해, 최적 결합 시퀀스 디자인, 면역반응을 감소시킬 수 있는 핵산 백본 개조, 타깃 세포로의 전달능, 엔도솜 탈출능, 핵산 생산기술 등 최소 7가지 조건을 만족시켜야 한다. 또한 핵산신약을 개발하고자 하는 회사는 7가지 구성요소를 통합한 플랫폼 기술을 확보하는 게 중요하고, 해당 플랫폼을 보유한 기업만이 빅파마로 가는 기나긴 여정에서 살아남을 수 있다.

스탠리 크룩이 강조했던 것처럼 통합 플랫폼을 확보하기 위해서는 다학제적 연구가 필수적이고, 모든 팀이 하나의 통합적 프레임워크 아래에서 외부협력 연구 등을 적극적으로 진행하는 게 중요하다. 비전과 전략의 공유가 중요한 이유이다. 통합된 비전과 전략으로도 개발실패 위험이 높은 것이 신규 모달리티 기반의 신약개발이다. 그래서 새로운 모달리티의 등장은 누적적인 실패의 역사라고 해도 과언이 아니다.

문제는 누적적인 실패에도 불구하고 투자를 지속해야 한다는 점이다. 투자가 지속되지 못하면 길리어드와 마찬가지로 새로운 모달리티의 잠재력에도 불구하고 포기하는 사례가 많아지면 해당 모달리티의 등장은 언젠가는 재등장하겠지만, 오랫동안 지연될 수밖에 없다. 신규 모달리티에 주목한 투자자들에게는 보통의 투자유형과는 다른 긴 인내심, 새로운 투자전략과 포트폴리오 운영모델이 필요하다. 2015년 전후 신규 모달리티 개발을 주도한 기획창업 중심의 벤처투자자 모델이 대표적이다.

개척자였던 아이오니스, 끊임없이 새로운 기술에 대한 장인정신으로 시장에서는 잠깐 소외된 것 같지만 빅파마의 관심은 지속되고 있다. 영업이익 1조 달러 이상을 달성한 것과 같이 언젠가는 새로운 모달리티의 선구자로, 아이오니스는 새로운 빅파마의 자리에서 유전자치료제의 강자로 기억될 날이 머지않을 것 같다.

주석

(1) RNA-based therapeutics: an overview and prospectus, Cell Death & Disease, 2022, July
(2) RNA-based nanomedicines and their clinical applications, Nano Research, 2023, Dec
(3) https://cen.acs.org/pharmaceuticals/Stanley-Crooke-finally-making-sense/97/i18
(4) RNA-based therapeutics: current progress and future prospects, Chemistry & Biology, 2012, Jan
(5) Antisense 98: Work in progess, Nature Biotechnology, 1998, Dec
(6) Evolution of the genetic code: the nonsense, antisense, and antinonsense codes make no sense, Biosystems, 1999, Dec
(7) ISIS는 이슬람극단주의자와 구별하기 위해 2015년 IONIS로 회사명을 변경했다. 이하 IONIS로 지칭
(8) Overcoming cellular barriers for RNA therapeutics, Nature Biotechnology, 2017, Feb
(9) Delivery of RNA Therapeutics: The Great Endosomal Escape, Nucleic Acid Therapeutics, 2022, Oct
(10) Antisense technology: an overview and prospectus, Nature Review of Drug Discovery, 2021, Jun
(11) The Isis manifesto, Bioentrepreneur, 2011, July
(12) Establishing an environment in which rigorous scientific inquiry is practiced: a personal journey, Nucleic Acid Research, 2022, July

07

다이이찌산쿄는
어떻게 ADC 신약의 왕좌를
차지했나?

**Daiichi
Sankyo**

1980년대 마법의 탄환 magic bullet, 혹은 지향성 미사일 guided missile 이라는 개념을 유행시킨 항체약물접합체 Antibody-Drug Conjugation, ADC가 화려하게 꽃을 피운 건 그로부터 40년이 지난 2019년에 승인된 엔허투 Enhertu의 등장이다. 엔허투 승인 이전에도 7건의 ADC 약물이 승인됐지만 유방암과 폐암 등 다양한 적응증에서 60% 내외의 높은 반응률, 22개월 전후의 긴 치료반응 지속기간 median duration of response을 발휘한 것은 엔허투가 최초였다. 물론 3등급 이상 부작용 발생비율이 60% 이상으로 매우 높았지만 오랫동안 꿈꿔 온 'magic bullet'의 높은 치료효과가 임상으로 검증된 것이다.

엔허투의 등장을 전후해서 ADC 관련 플랫폼 기술과 파이프라인 대상 라이선싱 및 공동연구 등이 연간 35건 내외로 체결되는 등 ADC 열풍이 뜨겁다. 그리고 이러한 흐름은 앞으로도 오랫동안 유지될 것이다. 2015년 전후 면역항암제 열풍이 2020년까지 약 5년간 휩쓸었을 때 딜 deal 체결 건수는 400여 건 내외였다. 하지만 면역항암제의 경우 PD-1/L1, CTLA 등 4개의 타깃에 대해서만 제품이 승인됐고, 특히 전체 암환자의 20% 내외인 핫튜머 hot tumor에 대해서만 치료효과가 입증됐다. 타깃이나 적응증 확장성은 좁은 것이다. 이에 반해 ADC는 다양한 타깃, 다양한 암종에 대해 치료효과를 보여준 승인약물이 이미 15개 내외라는 점에서 면역항암제 열풍에 비해 더 오래, 더 강력한 트렌드로 자리 잡을 것이다.

엔허투, 다이이찌산쿄의 운명이 되다

엔허투는 ADC 약물의 전성기를 여는 확고한 증거이자, 개발사인 다이이찌산쿄^{Daiichi Sankyo}의 운명을 뒤바꾼 결정적 약물이기도 했다. 엔허투는 2007년 대규모 인수합병을 통해 등장한 다이이찌산쿄가 곧바로 치명적 위기에 직면한 시점에 결정적 전환점을 제공해 준 대표적인 프로젝트였기 때문이다. 엔허투 임상 명칭이 '운명^{Destiny}'이었던 것도 우연은 아닌 셈이다.

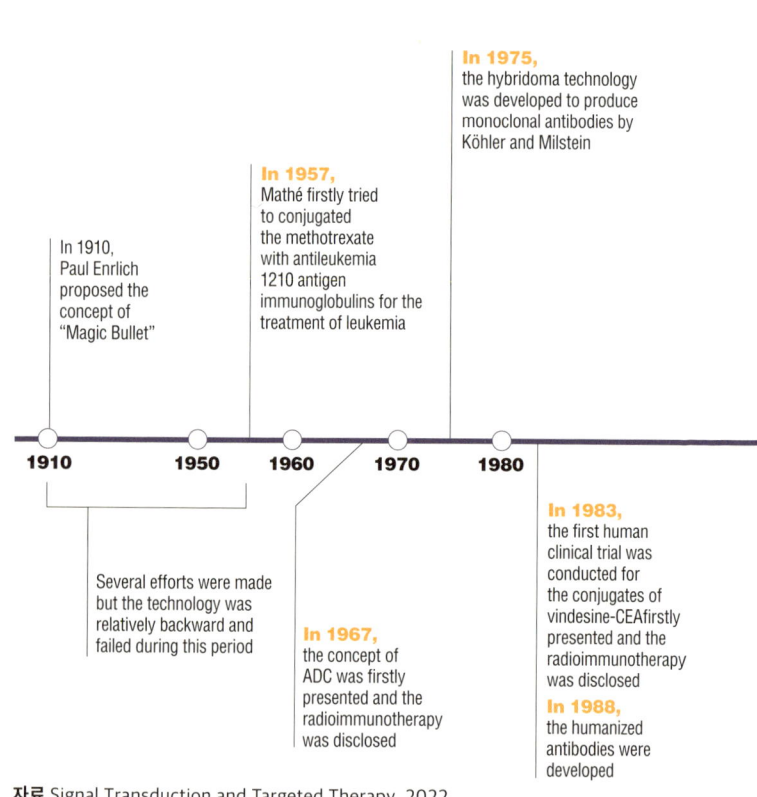

자료 Signal Transduction and Targeted Therapy, 2022

엔허투는, 다이이찌산쿄의 공식 기업설명회^{IR} 자료에 따르면, 2010년에 착수해서 9년 만인 2019년에 승인됐다. 가장 단기간 내에 개발에 성공한 ADC 약물이다. 이뮤노젠^{Immunogen}이 1982년부터 개발을 시작한 ADC가 2013년 제넨텍에 의해 캐싸일라^{Kadcyla}라는 제품명으로 승인된 것을 기준으로 하면 30년, 2024년 독자적으로

In 1991,
serious immunogenicity of murine monoclonal antibody limited the further development of ADC

In 1993,
- the BR96-DOX was investigated on xenograft model
- calicheamicin family was used as the potent payload for preparation of ADC

In 2000,
- the first ADC drug, gemtuzumab ozogamicin, was approved by FDA for ALL
- sacituzumab govitecan was approved
- belantamab mafodotin was approved
- cetuximab sarotalocan was approved

In 2010,
gemtuzumab ozogamicin was voluntarily withdrawn as the fatal side effects

In 2011,
brentuximab vedotin was approved

In 2013,
ado-trastuzumab emtansine was approved

In 2017,
- inotuzuman ozogamicin was approved
- gemtuzumab ozogamicin was re-approved

In 2018,
moxetumomab pasudotox was approved

In 2019,
- polatuzumab vedotin was approved
- enfortumab vedotin was approved
- fam-trastuzumab deruxtecan was approved

In 2020,
- sacituzumab govitecan was approved
- belantamab mafodotin was approved
- cetuximab sarotalocan was approved

In 2021,
- loncastuximab tesirine was approved
- disitamab vedotin was approved
- tisotumab vedotin was approved

Over 100 ADC candidates were in different stage of clinical research

1990　2000　2010　2020

엘라히어Elahere라는 제품명으로 승인받은 미르베툭시맙 소라브탄신mirvetuximab soravtansine을 기준으로 하면 42년이 걸렸다. 이런 점을 고려한다면 매우 늦은 시점에 ADC 개발에 뛰어들었으나 가장 우수한 약물개발에 성공한 것이다. 후발주자의 장점이 가장 대표적으로 입증된 사례이다.

엔허투는 출시 후 2년 만인 2022년 매출액 1810억 엔에서 2023년 3270억 엔, 2024년에는 5000억 엔으로 연평균 상승률 120%를 기록하고 있다. 이에 따라 다이이찌신교의 2024년 주가 총액 역시 ADC 개발에 착수했던 2010년 기준 1조 엔의 11배인 11조 4100억 엔을 기록하고 있다. 엔허투 성공을 통해 다이이찌산쿄의 ADC 포트폴리오에 대한 기대가치가 급증했기 때문이다.

다이이찌산쿄는 2024년 현재 엔허투를 이어서 아스트라제네

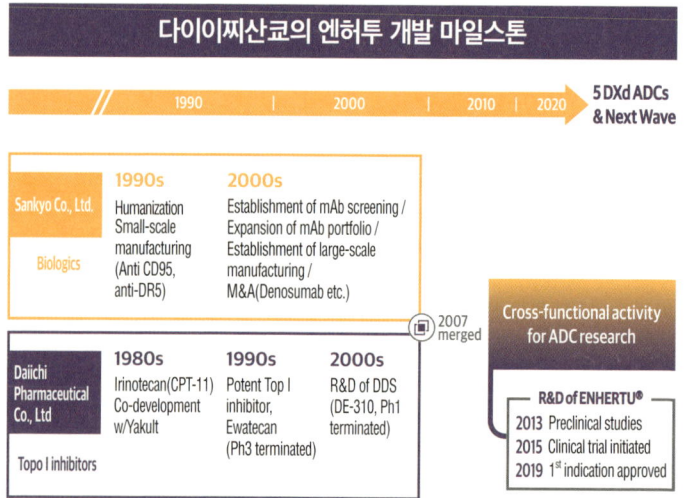

자료 Daiichi Sankyo R&D Day, 2023

다이이찌산쿄는 매우 늦은 시점에 ADC 개발에 뛰어들었으나 가장 우수한 약물개발에 성공했다. 후발주자의 장점이 대표적으로 입증된 사례이다.

카와 Trop2 타깃 Dato-DXd 허가절차를 진행하고 있으며, MSD와는 HER3-DXd, I-DXd(B7H3), R-DXd(CDH6) 등 3개의 ADC 파이프라인에 대한 임상연구를 진행 중이다. 또한 이들 ADC 파이프라인 외에도 EZH2 타깃 화합물 기반 항암제 등 19개의 파이프라인을 보유, 총 70여 개 임상을 진행하고 있다.

특히 Trop2를 타깃한 Dato-DXd의 경우 비소세포폐암 3상에서 객관적 반응률 31.2%, 치료효과 유지기간 7.7개월을 기록했으며, CDH6을 타깃한 R-DXd의 경우는 난소암 2/3상에서 객관적 반응률 48.6%에 치료효과 유지기간 11.2개월을 기록했다. 경쟁약물 대비 동등, 혹은 우월한 치료효과를 기대할 수 있는 결과이다.

이들 약물과 관련, 향후 주목해야 할 이슈는 간질성폐질환[ILD] 등을 포함한 3등급 이상 부작용 발생비율이다. 이들 파이프라인 모두 동일한 페이로드를 사용하기에 발생하는 부작용의 양상은 대체적으로 유사하다. 하지만 약물별 투약용량이 다르기 때문에 발생비율은 상당히 달라질 수도 있다(거의 대부분의 ADC 부작용은 페이로드 의존적, 타깃 비의존적으로 발생하는 특징이 있다). 특히 후속 파이프라인의 경우 엔허투 대비 상대적으로 낮은 객관적 반응률을 보여주기 때문에 3등급 부작용 발생비율이 얼마나 나타나는지에 따라 시장경쟁력이 전혀 달라질 수 있다.

하지만 이런 단서에도 불구하고 MSD와 공동개발하는 3종의 후속 ADC에서도 엔허투와 유사한 수준의 성공을 거둘 수 있다면, 다이이찌산쿄가 2030년의 전략적 목표로 설정하고 있는 항암분야 글로벌 톱10이라는 꿈 역시 충분히 달성할 수 있을 것이다.

일본 제약산업과 다이이찌산쿄의 등장

일본 제약산업은 1960~1970년대 일본 화학회사들이 정밀화학 및 의약 분야로 진출하던 흐름과 일본 정부의 강력한 제네릭의약품 가격인하 정책이 맞물리면서 진화했다. 특히 일본 경제가 빠르게 성장하면서 소득수준이 높아지자 혁신신약에 대한 일본인들의 수요도 급격하게 증가했으며, 미국이나 유럽의 빅파마들이 일본 혁신신약 시장을 공략하기 위해 일본에 연구시설이나 기관을 설립하기 시작했다. 이러한 흐름에 따라 일본 증시에서도 바이오 제약기업에 대한 투자열풍이 강하게 일어났고, 일본 기업들은 혁신신약 경쟁력 확보를 위해 풍부한 현금을 기반으로 미국 바이오텍들에 대한 전략적 투자, 혹은 인수합병에 발 벗고 나섰다[2].

특히 추가이, 도레이Toray, 기린Kirin 등이 미국 내 완전 자회사 설립에 적극적으로 나섰으며, 안티센스, 항체, 펩타이드 등 신기술 분야 투자에 집중했고, 에자이Esai의 경우는 영국 런던대, 미국 대학의 특허 라이선싱을 전문으로 하는 유젠UGENN 등과도 적극적으로 협력하는 등 기초연구 분야에 대한 투자 역시 아끼지 않았다. 그 결과 1980년대 전반에 걸쳐 조인트벤처 설립은 연평균 10건 내외, 마케팅 및 제품 라이선싱은 평균 15건 정도가 체결됐다[3]. 제넨텍, 암젠, 바이오젠 등 1980년대 미국 바이오텍 성장사에서 전략적 투자자로 빈번하게 일본의 기업들이 등장했던 것 역시 이러한 흐름을 반영하

일본 기업과 미국 바이오텍의 협력 동향[4]

Year	Japanese partner	Western partner	Deal value	Details
1999	Fujisawa, Osaka	Quark Biotech, Fremont, California	19	Stroke drug discovery
2000	Kirin, Tokyo	Medarex, Princeton, New Jersey	12	Antibodies
2001	Kirin	Cerus Corporation, Concord, California	12	Stem cell transplant
2002	Sosei, Tokyo	KS Biomedix, London	25	Brain cancer
2002	Fujisawa	Micrologix Biotech, Vancouver, Canada	22	Anti-infective for blood stream infection
2002	Sankyo, Tokyo	Tularik Pharmaceutical	14.5	G-protein coupled recepto
2003	Yamanouchi, Tokyo	Phytopharm, Godmanchester, UK	33	Alzheimer
2003	Takeda, Osaka	Evotec, Hamburg, Germany	22.48	Alzheimer
2003	Seikagaku Corporation, Tokyo	BioTie Therapies, Turku, Finland	16.7	Inflammation
2004	Mitsubishi Pharma, Tokyo	Vertex Pharmaceuticals	33	Hepatitis C virus
2004	Takeda	Andrx Corporation, Fort Lauderdale, Florida	10	Type 2 diabetes

자료 Nature Biotechnology, 1987

고 있다. 특히 다이이찌, 다케다Takeda, 스미토모, 시노기Shionogi 등 일본 전통 제약사들은 재조합단백질 기반의 바이오의약품을 일본 시장에 출시하는 데도 적극적이었다. 일본은 혁신신약 시장수요가 세계에서 두 번째로 큰 나라였기 때문이다. 이 시기 다이이찌는 제넨텍, 제네틱시스템즈Genetic Systems와, 산쿄는 셀텍Celltech, 세르노Serno, 듀폰DuPont 등과 항암제 신약개발 협력을 진행했다. 협력방식은 후기 파이프라인을 보유한 미국 기업들에 대해 연구개발비 전액을 지원하고 일본 내 판권을 얻은 뒤 일성비율의 로열티를 제공하는 방식이었다. 또한 초기 플랫폼 기업의 경우는 지분투자 혹은 조인트벤처Joint Venture를 설립하는 방식으로 진행했다.

특히 지분투자나 조인트벤처 설립방식의 투자에 대해서는 그 열기가 너무 높아서 미국 정부가 우려할 정도였다. 1980년 전후 전자전기 분야에서 일본 기업들이 미국 내 기업을 인수합병한 전례를 들어서 2024년 현재 미국에서 추진하고 있는 바이오 안보법Biosecurity Act과 유사한 방식의 정책을 도입해야 한다는 여론이 크게 일어날 정도였다. 그만큼 일본 기업들의 미국 바이오텍에 대한 투자열기는 매우 높았다.

하지만 1990년 이후 일본의 미국 바이오텍 투자열기는 일본 경제의 점진적인 하락으로 인해 서서히 줄어들게 된다. 특히 신약개발의 장주기 투자 특성으로 인해 1980년대 초반부터 진행된 일본의 미국 내 투자성과가 나타나지 않은 것도 일본의 투자열기 감소에 영향을 주었다. 게다가 1990년대에는 미국 바이오텍 증시도 열풍이 꺼진 상태였다. 이에 따라 일본기업과 미국 바이오텍 간의 협력 건수는 줄어들고 딜 규모는 커지는 방식으로 변화했다.

1994년 전후해서 대규모 딜을 진행할 준비가 된 회사는 추가이, 기세이Kissei, 기린, 재팬토바코Japan Tobacco 정도였으며, 당장의 판매를 위한 라이선싱보다는 중장기 잠재력을 가진 플랫폼 기술에 관심이 높았다. 일본 정부 역시 바이오텍에 대한 연구개발 투자를 획기적으로 강화하면서 자체 바이오텍 기술을 육성하는 데 집중했다. 일본 정부는 1990년 중반 이후 연간 25억 달러 이상을 바이오 연구개발에 투자했으며, 그 결과 2000년 이후 일본에서 연구된 결과를

도쿄증시에 상장된 일본 바이오텍[5]

Date of IPO	Company	Business
September 25, 2002	AnGes MG (Osaka)	Gene therapy
December 10, 2002	TRANS GENIC (Kumamoto)	Mouse and antibody production methods
July 30, 2003	A&T Corporation (Kanagawa)	Clinical trial reagents
September 18, 2003	MediBic (Tokyo)	Consulting, informatics
October 8, 2003	MEDINET (Yokohama)	Cell therapy
December 2003	Soiken (Osaka)	Human clinical research
	OncoTherapy Science (Tokyo)	Gene therapy research
Spring 2004	Shin Nippon Biomedical Laboratories (Tokyo)	Clinical pharmacology and safety research
	SOSEI (Tokyo)	Drug development
	HuBit Genomix (Tokyo)	SNPs
The second half of 2004	DNA Chip Research (Yokohama)	DNA chip development

자료 Nature Biotechnology, 2003

기반으로 창업한 바이오벤처들이 연평균 4건씩 도쿄증시에 상장되기 시작했다. 유전자치료제 개발기업 안제스^AnGes, 온코테라피^OncoTherapy, 세포치료제 기업 메디네트^MEDINET가 대표적이다.

하지만 일본 대형 제약기업들은 일본 내 바이오텍과의 협력보다는 미국 바이오텍과의 협력을 선호했으며, 이 시기 등장한 일본 내 벤처캐피털 역시 미국이나 유럽 등 해외투자에 더욱 적극적이었다. 신약개발 생태계가 국내를 중심으로 형성되는 게 아니라 미국을 중심으로 형성된 것이다. 사정이 이렇다 보니 미국 회사를 대상으로 한 라이선싱 실적이 도쿄증시에 상장된 기업들을 평가하는 유일한 지표가 됐고, 상장된 기업들의 다수는 컨설팅 기업이거나 임상시험수탁^CRO 서비스를 제공하는 기업이 대다수였다.

합산 200년 역사를 가진
다이이찌와 산쿄의 합병

일본 바이오텍 생태계가 구축되기도 전에 제약산업계에 거대한 지각변동이 일어났다. 2007년 해외 기업들이 일본 내 기업들을 주식매수 등 다양한 방식으로 인수합병할 수 있도록 법률이 개정된 것이다. 미국이나 유럽의 빅파마들과 일본 제약기업이 정면으로 경쟁해야 하는 상황이 만들어졌지만 일본 기업들은 준비가 돼 있지 않았다. 이미 1990년부터 일본 내 혁신신약에 대한 일본 제약기업의 시장점유율은 35%에서 30%로 줄어들었고 외국계 기업 점유율은 15%에서 27%로 상승하고 있었는데, 해외 기업들이 일본 제약기업을 자유롭게 인수할 수 있는 법률이 통과되면서 일본 전통 제약기업의 생존에 커다란 위험이 닥친 것이다.

이러한 위협에 직면해서 일본 전통 제약기업이 선택한 것은 기업 간 인수합병을 통한 기업규모 대형화였다. 당시 미국 화이자의 연간 연구개발투자비가 71억 달러였는데 일본 전통 제약기업 다이이찌의 경우 5억6000만 달러, 산쿄는 8억2000만 달러에 불과했다. 10배 이상의 연구개발투자비 갭을 메우기 위해서는 합병을 통한 기업규모 대형화가 필수적이었다. 뿐만 아니라 일본 내수시장을 넘어서 글로벌 시장을 공략하기 위해서는 더 큰 규모의 재원을 확보하는 게 필수적이었다. 당시 일본 제약기업이 자체 개발한 신약으로 미국에서 출시된 약물은 16개, 이 중 절반은 미국 기업에 라이선싱하는 방식으로 출시됐다. 단순 라이선싱을 넘어 미국시장 직접 진출 필요성 역시 매우 높아지고 있었던 것이다.

이에 따라 다이이찌와 산쿄가 합병돼 다이이찌산쿄가 탄생했고, 야마구치와 후지사와가 합병을 통해 아스텔라Astella로, 다이닛폰과 스미토모가 합병해서 스미토모다이닛폰Sumitomo Dainippon Pharma이 탄생했다. 다이이찌산쿄의 경우 다이이찌가 산쿄에 76억 달러를 지불하는 방식으로 인수했는데, 2008년 다이이찌산쿄 매출액이 88억 달러였다는 점을 고려하면 약 2년 치 매출액을 인수자금으로 사용한 것이다. 다이이찌산쿄는 합병과 동시에 2008년 인도의 제네릭 기업인 란박시Ranbaxy의 지분 64%를 49억 달러에 인수했다. 당시 란박시는 인도의 가장 큰 제약기업으로 제네릭 분야 세계 8위이자 125개 국가에 진출해 연매출액 17억 달러를 기록하고 있었다. 다이이찌산쿄는 란박시 인수를 통해 제네릭 분야에서 다이이찌산쿄의 제네릭 약물을 포함 안정적인 매출을 확보하고, 이를 기반으로 차세대 신약에 대해 보다 공격적인 연구개발 투자를 진행하고자 한 것이다(다이이찌산쿄는 이를 하이브리드 성장모델이라고 불렀다).

당시 다이이찌산쿄의 주력 매출은 고혈압, 고지혈, 항생제 분야에서 올메사르탄Olmesartan, 레보플록사신Levofloxacin, 그리고 프라바스타틴Pravastatin 등을 통해 일어났으며, 새롭게 집중하고 있는 연구개발 영역은 암젠과의 협력을 통해 개발하는 데노수맙Denosumab, DR-5, 씨맙CIMAB S.A으로부터 라이선싱한 상피세포성장인자수용체EGFR 타깃 니모투주맙Nimotuzumab등 항암, 자가면역 대사질환 분야였다. 특히 항암신약의 경우 암젠과 모포시스사로부터 라이선싱하거나 혹은 독일의 U3제약U3 Pharma AG, 미국의 어큘ArQule, 아수비오Asubio Pharma 등 바이오텍을 인수합병하는 방식으로 개발했다. 이를 위해 다이이찌산쿄는 'Global Executive Meeting of Research And DevelopmentGEMRAD'라는 전략적 의사결정기구를 설치하고 초기 연구 분야에서는 'Take a new challenge for drug discoveryTaNeDS'라는 오픈 이노베이션 전략을 운영했다. 이 당시 다이이찌산쿄가 연구개발에 투자한 규모는 연간 16억 달러였다[6].

인수합병 직후에 맞이한 위기, ADC 개발에서 가능성을 찾다

하지만 다이이찌산쿄의 하이브리드 성장모델은 처음부터 암초에 부딪히게 된다. 2008년 란박시 인수 이후 란박시의 데이터 조작사실이 드러나게 되고, 미국 FDA의 수출금지조치 위반 등으로 대규모 벌금을 지불해야 했다. 여기에 란박시 매출액 역시 급감하게 된다. 란박시 인수로 인해 다이이찌산쿄는 2015년까지 지속적

다이이찌산쿄의 하이브리드 성장모델이 암초에 부딪히고, 장기적인 성장을 위한 일대전환이 필요해졌다. 다이이찌산쿄는 ADC로 눈을 돌렸다.

인 손실을 입었다. 뿐만 아니라 2010년을 전후해서는 다이이찌산쿄 매출액의 27%를 차지하던 연간 매출액 26억 달러 규모 베니카Benicar와 또 다른 블록버스터 웰콜Welchol의 특허만료가 다가오고 있었다. 다이이찌산쿄로서는 장기적인 성장을 위해 일대전환이 필요했다.

당시 다이이찌산쿄는 PI3K / mTOR inhibitor, MDM2 Inhibitor 등 경구형 화합물과 Anti-HB-EGF antibody, anti-DR5, anti-EPHA2 항체신약 등 9개 약물에 대한 임상 1상을 진행 중이었다. 또한 아수비오를 통해서는 신경질환과 염증질환을 세포재생 방식으로 치료하는 기술을 개발하고, 인하우스 벤처인 벤처사이언스랩Venture Science Lab을 통해서는 노화와 퇴행성 뇌질환 치료제 개발을 연구하는 등 다양한 질환 분야에서 혁신신약을 탐색 및 선발하는 구조를 가지고 있었다.

특히 항체분야의 경우 일찍부터 항체 관련 협력연구를 진행한 탓에 항체 엔지니어링 및 생산기술은 확보됐으나 독자적인 항체신약 개발경험은 아직 축적되지 않았다. 게다가 항체신약 분야는 매우 빠르게 성장하고 있는 분야로 다이이찌산쿄로서는 이미 시기를 놓쳤다고 판단되는 영역이었다.

다이이찌산쿄는 ADC 기술에서 새로운 돌파구를 모색했다. 2008년 다이이찌산쿄는 미국 시애틀제네틱스^{Seagen}로부터 특정 타깃에 결합할 수 있는 vcMMAE ADC 기술을 400만 달러 선급금, 총 6500만 달러 규모로 라이선싱했다. 이와 관련, 다이이찌산쿄는 시애틀제네틱스와의 특허분쟁을 염려해서 공식적으로는 2010년부터 ADC를 개발했다고 발표하지만, 실제 착수는 다이이찌산쿄가 시애틀제네틱스로부터 링커-페이로드 라이선싱 계약을 체결한 2008년부터 시작됐다고 보는 게 맞다. 참고로 시애틀제네틱스가 다이이찌산쿄에 대해 제기한 특허권 분쟁은 몇 번의 엎치락뒤치락을 거듭하다가 2024년 4월 다이이찌산쿄의 승리로 종결됐다[7].

2010년 전후의
ADC 항암신약 개발동향

다이이찌산쿄가 ADC 항암신약에 착수했던 2008년은 ADC 기술개발이 시작된 지 30년이 지난 시점이었으며, 이미 3개의 ADC 신약이 출시된 시점이기도 했다. 또한 출시된 ADC 약물 모두 높은 부작용으로 인해 충분한 수준의 효능 확보에 어려움을 겪는 시기이기도 했다.

ADC 약물개념은 폴 에를리히^{Paul Ehrlich}가 1910년에 처음 제안했지만 실제 구현은 1957년 마테^{Mathé}에 의해 시도됐다. 그 이후 효과적인 ADC 개발을 위해 항체에 약물을 단단하게 결합하는 기술, 약물 결합 시 항체의 Fab과 타깃 안티젠이 결합하는 것을 방해하지 않도록 하는 기술이 1980~1990년대에 먼저 개발됐고, 페이로드 역시 현재와 같은 세포독성^{cytotoxic} 약물이 아니라 인공단백질 형태

7장. 다이이찌산쿄는 어떻게 ADC 신약의 왕좌를 차지했나?

의 이뮤노톡신(조마^{Xoma}, 시터스^{Cetus} 등이 개발)이 먼저 시도됐다[8].

하지만 1980년 이전까지는 단일항체 기술도 개발되지 않았고, 인간화 항체 기술 역시 1995년을 전후해서 본격화됐다. 또한 암세포 표면에 발현된 안티젠의 세포 내 침투^{endocytosis} 메커니즘 역시 규명되지 않았다. ADC 개념은 명확했지만 개발을 위한 핵심구성요소, 지식이나 도구가 충분히 발달하지 않은 상태였다. 하지만 항체의 타깃 특이성을 활용한 '마법의 탄환$^{magic\ bullet}$'이라는 개념은 많은 바이오텍을 매료시키기에 충분했다.

항체 전문기업으로 높은 주목을 받은 하이브리텍은 1983년부터 이중항체 방사성물질 결합체를 개발하기 시작했다. 이뮤노젠 역시 1982년부터 ADC 약물개발에 착수했고, 이뮤노메딕스는 ADC 외에도 항체-방사성물질 결합체, 항체-사이토카인/IL 접합체 기술을 개발했다. 당시 항체 기반 바이오텍들은 노출^{naked} 항체 그 자체로는 충분한 효능을 가진 항암제를 개발하기 어렵다고 판단했다. 안티젠 다양성으로 인한 암세포의 회피능력, 동물유래 항체에 대한 면역반응으로 반복적인 투여가 어렵고, 암세포 덩어리를 뚫고 들어가는 침투$^{tumor\ penetration}$ 효율도 낮았으며, 암세포 성장과 관련된 신호전달을 차단하는 방식으로는 살상능이 부족하다고 판단했기 때문이다.

이 시기를 전후해서 일라이릴리는 ADC로 공략 가능한 안티젠은 발현된 개수가 50만 개 이상이어야만 정상세포와 암세포를 구분할 수 있다는 기준을 제시했고, 사이토젠의 경우는 항체의 Fc 부위에만 약물을 결합하는 기술을 개발했으며, 하나의 ADC에 다중 약물을 부착하는 멀티 페이로드 ADC 약물 개발에도 착수했다.

이처럼 요즘 ADC 개발과 관련된 대부분의 이슈가 1980~1990년대에 이미 시도됐던 것이다. 특히 이뮤노톡신의 경우 ADC로 만들 때 전체적인 사이즈가 커지면서 물성이 나빠지고 세포살상능 역시 낮아서 적합하지 않다는 사실이 알려지면서 새로운 페이로드를 찾기 위한 노력 역시 가속화됐다.

가장 먼저 해결돼야 할 항체 자체에 대한 면역원성 최소화 문제는 1990년 이후 인간화 항체 기술이 개발되면서 해결됐다. 그다음 해결해야 할 과제는 항체의 Fab 부위 결합력에 영향을 주지 않도록 항체의 특정 부위(라이신^{lysine} 혹은 시스테인^{cysteine})에 약물을 결합하는 기술이 필요했다. 이와 함께 혈중에서는 안정적인 반면, 특정 조건에서만 링커가 잘라지게 만들거나 암세포 내부에서 항체가 분해될 때까지 아예 잘라지지 않는 링커 기술도 개발돼야 했다. 마지막으로 이들 모든 조건을 충족하면서 ADC의 물성이 지나치게 지질친화적^{hydrophobic}이지 않을 수 있는 강력한 세포독성을 가진 페이로드 개발이 필요했다.

1980년대 ADC 개발에 착수했던 일라이릴리, 센토코^{Centocor}, 하이브리텍, 사이토젠, 조마 중에서 대부분의 바이오텍은 노출 항체 기반 신약개발로 전략을 전환했지만 이뮤노젠, 네오Rx^{NeoRx}, 이뮤노메딕스, 테크니클론인터내셔널$^{Techniclone\ International}$, 일라이릴리, 로슈, 존슨앤드존슨 등은 위에서 열거한 요소기술들을 하나씩 최적화하면서 ADC 개발을 이어갔다. 이때 핵심기술로 간주된 것은 위치특이적 결합기술과 링커의 안정성 확보였다.

우선 제넨텍은 위치특이적 결합으로 항체에 붙는 페이로드의 개수^{DAR}를 조절하는 것에 초점을 맞추었다. 제넨텍은 DAR를 높이는 것이 좋은 것만은 아니며, DAR가 높을 경우 지질친화적 성질이 강해서 빨리 제거되고 타깃 세포가 아닌 면역세포 등에 의해 빨려 들어 갈 수 있다는 점에 주목했다. 이를 해결하기 위해 항체의 특정

2010년대 임상진행 중인 주요 ADC 파이프라인[9]

Drug (developer)	Antibody-drug conjugate	Phase/indication
Brentuximab vedotin (Seattle Genetics/ Millennium Pharmaceuticals)	A chimeric mAb specific for CD30 conjugated to MMAE	Phase 3 in Hodgkin's lymphoma following autologous stem cell transplant and phase 2 in both anaplastic large cell lymphoma and relapsed or refractory Hodgkin's lymphoma
Trastuzumab emtansine(Roche/ Genentech/Chugai)	A humanized IgG1 kappa mAb specific for HER2 conjugated to the maytansine derivative DM1	Phase 2/3 in HER2-positive metastatic breast cancer
Glembatumumab vedotin(Celldex Therapeutics)	A fully human IgG2 mAb specific for melanoma glycoprotein NMB conjugated to MMAE	Phase 2 in metastatic breast cancer and melanoma
Lorvotuzumab mertansine (ImmunoGen)	A humanized IgG1 mAb specific for CD56 conjugated to the maytansine derivative DM1	Phase 2 in small cell lung cancer, Merkel cell carcinoma, ovarian cancer and multiple myeloma
Inotuzumab ozogamicin (Pfizer)	A humanized mAb specific for CD22 conjugated to calicheamicin	Phase 2 in diffuse large B-cell lymphoma, indolent non-Hodgkin's lymphoma
SAR-3419 (Sanofi-aventis)	A humanized IgG1 mAb specific for CD19 conjugated to the maytansine derivative DM4	Phase 1 in non-Hodgkin's lymphoma

자료 Nature Drug Discovery, 2010

부위에 변이체를 도입한 티오맙^{THIOMAB} 링커를 개발하게 된다 (2007년). 그 결과 동물모델에서 기존 ADC 대비 안전성이 4배 이상 개선된 결과를 확인했지만, 임상에서 항체 특정 부분을 시스테인으로 변화시킨 후 링커를 접합하는 위치 특이적 결합$^{site\ specific\ conjugation}$(ThiomAb, 티오맙) 적용에 따른 부작용 개선효과는 기대한 것보다 낮았다.

시애틀제네틱은 링커와 페이로드 기술개발에 집중했다. 이들은 MMAE 계열의 페이로드를 결합하는 글루쿠로나이드$^{glucuronide-MMAE\ linker}$와 vc-MMAE 링커 기술을 개발했다. 해당 기술은 2009년 이후 ADC 약물개발에 관심을 보였던 애브비, 아스텔라스^{Astellas}, 아젠시스^{Agensys}, 바이엘^{Bayer}, 셀덱스^{Celldex}, 젠맙, GSK, 파이자, 프로제닉스^{Progenics}, 로슈, 제넨텍, 다케다, 밀레니엄^{Millenium}에 기술이전됐다. 이뮤노젠은 싸이오에테르 링커$^{thioether\ linker}$, SPP 링커, SPDB 링커 등을 사용해서 DM1, DM4 페이로드와 결합하는 기술을 개발해서 암젠, 바이엘, 바이오젠 아이덕$^{Biogen\ Idec}$(2015년부터 바이오젠으로 사명 바뀜), 바이오테스트^{Biotest}, 사이톰엑스^{CytomX}, 노바티스, 로슈, 제넨텍, 사노피, 다케다에게 기술이전을 했다. 당시 빅파마들은 어떤 링커와 페이로드의 결합이 최적인지 확인할 수 없었기에 시애틀제네틱스와 이뮤노젠의 기술을 동시에 도입해서 ADC 약물을 개발했다.

그 결과, 2000년에 최초 승인된 J&J의 마일로탁^{Mylotaq}(성분명 젬투주맙 오조가마이신$^{gemtuzumab\ ozogamicin}$)은 CD33을 타깃으로 하이드라존 링커$^{Hydrazone\ linker}$에 칼리케아마이신^{calicheamicin}을 페이로드로 결합한 IgG4 항체를 사용했다. 하지만 혈액독성이 지나치게 높아서 시장철수 후 용량조절을 통해 재승인을 받게 됐지만 여전히 높은 부작용으로 인해 연 매출액은 2000만 달러에 불과했다. 그다음으로 승인된 셀텍과 와이어스Wyeth가 개발한 베스폰사Besponsa(성분명 이노투주맙 오조가마이신Inotuzumab ozogamicin)은 마일로탁 이후 17년 만인 2017년에 승인됐다. 이 약물 역시 하이드라존 링커를 사용했으며 항체의 라이신 부위에 결합하기 때문에 DAR 조절도 어려웠고, 결합약물의 개수 역시 4를 넘지 못했다. 그 결과 타깃 적응증 급성림프모구백혈병Acute Lymphoblastic Leukemia, ALL 임상에서 65% 내외의 높은 완치율을 기록했지만 3등급 이상 부작용 발생비율 역시 매우 높았다.

다이이찌산쿄의 엔허투 7대 개발전략

다이이찌산쿄는 2008년 시애틀제네틱스로부터 라이선스인 한 vcMMAE 링커 기술을 적용해서 HER2 타깃 인간화 항체인 트라스투주맙trastuzumab에 결합하고자 했다. 경쟁물질로는 2008년 제넨텍/로슈가 임상결과를 발표한 HER2 타깃 캐싸일라(T-DM1)를 염두에 두었다. 캐싸일라는 HER2 타깃 DM-1 페이로드를 SMCC 링커에 DAR=3.5로 결합한 물질로 임상 1상 결과 객관적 반응률은 46%였다.

다이이찌산쿄는 캐싸일라를 뛰어넘기 위해서는 좀 더 과감한 혁신이 필요하다고 판단했다. 첫째, 안티젠 다양성 문제를 극복하기 위해서는 인접 종양세포 사멸효과bystander effect가 있는 페이로드를 확보하는 게 중요했다. 둘째, 주변세포 살상능bystander effect 효과가 높을 경우 주변 정상세포를 살상할 우려가 있었기에 페이로드의 반감기를 최대한 짧게 유지해야 하는데, MMAE는 이러한 조건을 충족하기 어려웠다. 넷째, 라이신 부위에 결합하는 방식은 충분히 높은 비율의 DAR를 안정적으로 조절하는 것이 어려웠다. 이에 따라 2010년 다이이찌산쿄는 내부적으로 시애틀제네틱스 기술과는 독립적으로 자체적인 링커-페이로드 기술개발에 착수했다. 그리고 이를 위해 항체 연구자와 의약화학 전문가를 포함한 30여 명 내외의 ADC 전담개발팀을 출범시켰다[10].

다이이찌산쿄 연구진은 2008년부터 2011년까지 수없이 많은 조합을 시도하면서 최적의 ADC 개발을 위한 핵심요건 7가지를 정리했다. ① 반감기가 짧지만 ② 너무 강력하지 않은 적당한 살상능을 가졌고 ③ 세포막 투과능이 높아서 바이스탠더 효과를 가진 ④ 신규 페이로드를 사용하고 ⑤ 살상능 극대화를 위해 높은 DAR를 안정적으로 조절하고 ⑥ 암세포 특이적으로 잘라질 수 있는 ⑦ 혈중 안정성이 높은 링커가 필요하다는 결론을 내렸다.

이러한 7가지 조건을 충족하기 위해 다이이찌산쿄는 과거에 개발했으나 중단한 항암약물 DS-8951을 기반으로 높은 세포독성과 세포막 투과능을 가졌지만 1시간 이내의 매우 짧은 반감기를 가진 유도체 DXd를 개발했다. 링커 기술로는 혈중 안정성이 좀 더 높은 테트라펩타이드 기반 링커(GGFG)를 자체 개발하고, DAR=8을 안정적으로 조절할 수 있는 시스테인 결합을 적용한 후보물질 DS-8201이 2012년에 확정됐다.

다수의 동물모델에서 캐싸일라(T-DM1) 대비 DS-8201의 비교우위는 확실했다. 캐싸일라의 반응률은 24%에 불과한 반면

DS-8201 반응률은 82%였다. 다이이찌산쿄는 과감한 자원재배분을 통해 신속하게 개발을 진행한 끝에 2013년 비임상 연구를 마친 후 2015년 임상 1상에 진입, 4년 만인 2019년 첫 번째 적응증인 HER2 고발현 유방암에서 시판허가를 받는 데 성공했다. 이 결과를 바탕으로 2020년 아스트라제네카와 15억 달러 선급금에 55억 달러 규모의 마일스톤으로 구성된 총 70억 달러 규모의 공동개발 계약을 체결했다.

뿐만 아니라 2022년에는 모든 ADC의 특성상 타깃 의존적 효능을 보인다는 일반의 예상을 깨고 HER2 저발현 유방암 환자에 대해서도 객관적 반응률 60%, 무진행생존기간 13개월이라는 놀라운 치료효능을 입증했다. 해당 연구결과를 발표한 미국임상종양학회 ASCO 2022 발표회장은 참석자들의 기립박수로 가득 찼다. 2022년 엔허투에 이어 아스트라제네카와 Trop2 타깃 Dato-DXd에 대해서도 선급금 10억 달러, 총 규모 70억 달러 규모의 두 번째 딜을 체결했다. 2023년에는 MSD와 후속개발 ADC 3종 전체에 대해 각각의 파이프라인에 대해 선급금 개당 15억 달러, 총 220억 달러 규모의 세 번째 계약체결에 성공했다. 3년 사이에 4종 ADC, 총 계약 규모 360억 달러라는 대형성과를 거둔 것이다. ADC 개발 14년 만에 세계에서 가장 좋은 ADC 항암신약 개발사로 인정받은 것은 물론이고, 연 매출 100억 달러 이상을 창출할 수 있는 빅파마 진입의 강력한 교두보를 확보하게 됐다.

엔허투의 미래, 진화의 방향은?

엔허투의 성공은 ADC 시대의 서막에 불과하다. 현재까지 드러난 임상연구 결과로는 다이이찌산쿄가 후속 개발하고 있는 ADC 파이프라인에서 엔허투의 성과를 넘어설 수 있는 결과가 나올 것이라 예상하기는 쉽지 않다. 다만, 다이이찌산쿄가 차세대 성장을 이끌어갈 새로운 모달리티로 유전자치료제, 세포치료제, 핵산치료제, 지질나노입자 mRNA 등에 대한 과감한 투자를 계획하고 있는 만큼, 이들 모달리티 간의 융합과 혁신이 어떤 방식으로 진행될 것인지, 특히 어떤 형식의 차세대 ADC 개발전략이 제시될 수 있을지는 여전히 궁금하다.

보다 좋은 ADC 신약을 개발하기 위해서는 여전히 해결해야 할 문제가 남아 있고, 항암을 넘어서 다양한 적응증으로 확장하기 위해서는 더 많은 문제해결이 필요하다. 특히 세포살상 페이로드가 아니라 분자접착제, 핵산, 면역자극 화합물 등 더 많은 종류의 다양한 페이로드를 결합하기 위해서는 항체 엔지니어링, 더 지능적인 링커기술 개발이 필요하다. 특히 ADC가 마법의 탄환이라는 개념을 온전하게 구현하려면 충분한 수준의 치료계수 therapeutic index(최소 효능 용량 대비 최대내약 용량 간 차이)를 확보해야만 한다.

치료계수를 높이기 위해서는 ADC 약물에서 나타나는 부작용을 최소화하는 것이 중요하다. ADC 약물이 마법의 탄환으로 불린 이유는 언제든지 탄두를 갈아 끼울 수 있는 정밀 유도미사일처럼 타깃 세포에만 특정 페이로드를 전달해서 다른 세포들에는 전혀 영향을 주지 않을 수 있다고 생각했기 때문이다. 하지만 현재까지

다이이찌산쿄는 캐싸일라를 뛰어넘기 위해 과감한 혁신이 필요하다고 판단, 수없이 많은 조합을 시도해 최적의 ADC 개발을 위한 핵심 요건 7가지를 정리했다.

승인된 ADC 약물은 3등급 이상의 부작용 발생비율이 50%를 넘나든다. ADC가 가져야 할 특장점은 아직 실현되지 않은 것이다. 뿐만 아니라 이 정도 부작용이라면 제아무리 약효가 좋아도 특별한 경우가 아니라면 1차 치료제로 진입하기 어렵다. 특히 2019년 이후 임상에 진입한 267개의 ADC 약물 중 11건만이 승인됐고(개발 성공률 4%[11]), 107건은 높은 부작용으로 개발이 중단됐다(부작용으로 인한 실패율 85%[12]).

그렇다면 부작용 발생의 원인은 무엇일까?

주목해야 할 것은 첫째, 대부분의 심각한 부작용은 타깃 항원과 무관하게 발생한다는 점이고, 사용된 페이로드에 따라 부작용의 양상이 다르게 나타난다는 점이다. 이는 타깃하는 항원이 암세포 특이적이지 않기에 부작용이 발생한다는 설명과 부합하지 않는다. 둘째, 최근 매우 안정적인 링커에 위치 특이적 결합 기술을 적용해서 대단히 균일한 DAR를 가진 물질에서도 유사한 부작용이 관찰된다는 점이다. 대표적인 사례가 2024년 6월 메디링크Medilink와 바이오엔텍이 공동으로 개발하던 BNT326/YL202에서도 약물 관련 부작용으로 사망자 5명이 발생한 것이다. 이 약물은 HER3 타깃, Top1 페이로드를 사용했다. 특히 혈중에서 22일 이상 98% 이상의 높은 안정성을 유지할 수 있는 매우 안정적인 링커를 사용했으며, ADC 물성 역시 높은 친수성^{hydrophilicity}을 확보했다. 지금까지 ADC 약물에서 나타나는 부작용의 원인으로 지목된 링커의 불안정성, ADC 물성 문제를 모두 해결했는데도 사망자가 발생한 것이다. 그렇다면 무엇이 ADC 부작용 발생의 근본적 원인일까? 이 문제에 대한 해답이 없이는 차세대 ADC로 기대되는 IM-ADC$^{Immune\ Modulating\ ADC}$, AOC$^{Antibody\ RNA\ Conjugate}$로 나아가기 힘들다.

아직 분명한 해답은 없다. 주장은 있으나 아직은 가설일 뿐이며, 결정적 증거는 향후 공개될 연구결과가 제시해 줄 것이다. 하지만 그 증거가 나타나기 전까지 생각해야 할 문제가 있다. 현재까지의 ADC 기술로는 투약한 용량의 10%만이 타깃 암세포에 도달하며, 도달된 ADC의 10%만이 암세포 내부로 들어간다. 타깃 세포 침투율이 낮기 때문에 치명적인 독성, 혹은 역가^{potency}가 매우 높은 페이로드를 사용해야 하는데, 강력한 세포살상능을 가진 ADC 중 타깃에 결합하지 못한 90%의 ADC에서 어떤 일이 발생할 것인가를 고민해야 한다.

주석

(1) Antibody drug conjugate: the "biological missile" for targeted cancer therapy, Signal Transduction and Targeted Therapy, 2022, March
(2) The Japanese Pharmaceutical Industry, Maki Umemura, Routlege, 2011
(3) US Japanese Biotech Cooperation, Nature Biotechnology, 1989, Aug
(4) Analysis on Partnership with Japan-1987, Nature Biotechnology, 1987, Oct
(5) Japan's biotech sector shows signs of life, Nature Biotechnology, 2003, Nov
(6) The Future of Innovation, Daiichi-Sankyo Annual Report, 2008
(7) https://www.biospace.com/business/daiichi-sankyo-wins-47m-in-adc-patent-arbitration-with-seagen-pfizer-dispute-looms
(8) Antibody-mediated drug delivery systems, Yashwant Pathak et al, John Wiley & Sons, 2012
(9) Antibody-drug conjugates for cancer: poised to deliver?, Nature Review of Drug Discovery, 2010, Sept
(10) Daiichi Sankyo ADC, 2015
(11) Clinical Development Success Rates and Contributing Factors 2011-2020, BIO, 2021
(12) Mechanisms of ADC Toxicity and Strategies to Increase ADC Tolerability, Cancers, 2023, Feb

08

바이오엔텍이 열어갈 mRNA 치료제

BioNTech

메신저리보핵산^mRNA 기반 신약개발 모달리티를 개척한 가장 대표적인 기업은 모더나와 바이오엔텍이다. 이들 외에도 큐어백^CureVac, 에테르나^eTheRNA, 아보젠 바이오사이언스^Abogen Bioscience, 애니마 바이오텍^Anima Biotech, 그리스톤 바이오^Gristone Bio, 스트랜드 테라퓨틱스^Strand Therapeutics 등 다수 존재한다. 창업 연도를 기준으로는 큐어백이 2000년에, 바이오엔텍은 2008년에, 모더나는 2010년에 창업했다. 매출액 기준으로는 모더나가 2023년 68억 달러, 바이오엔텍이 38억 달러이다. 이들 중에 굳이 바이오엔텍을 빅파마 성장사례 중의 하나로 선택한 것은 미국에서 창업한 모더나와는 달리 벤처캐피털과 자본시장 모두 미국에 비해 훨씬 취약한 독일에서 바이오엔텍이 창업하고 성장했기 때문이다. 미국에 비해 훨씬 취약한 환경에서도 새로운 모달리티로 글로벌 바이오텍으로 성장한 사례를 분석하는 것이 훨씬 의미가 있을 것으로 판단했기 때문이다.

신종 코로나바이러스 감염증^Covid-19, 코로나19 mRNA 백신개발에 성공하면서 전 세계의 주목을 받은 바이오엔텍[1]은 2024년 12월 기

바이오엔텍 성장사

2008
Founding & Platform Building
Seed financing & first collaborations

2019
Nasdaq IPO

2020-2022
COMIRNATY®[1]
Development, approval & worldwide launch

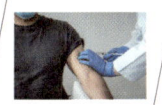

From 2023
Advancing towards becoming a multi-product biotechnology company

· BNT327/PMB002[2]
· Autogene cevumeran[3]
· BNT211(CAR-T)
· BNT323/DB-1303[4]

Entering a new stage of value creation for patients, society and shareholders

자료 https://www.biontech.com/int/en/home/about/who-we-are/history.html

바이오엔텍 개발 파이프라인

Phase 1	Phase 1/2
BNT116 Adv.NSCLC	BNT142(CD3×CLDN6) Multiple CLDN6-pos.adv. solid tumors
Autogene cevumeran(BNT122)[1] Multiple solid tumors	BNT151(IL-2 variant) Multiple solid tumors
BNT152 + BNT153(IL-7, IL-2) Multiple solid tumors	BNT211(CLDN6) Multiple solid tumors
BNT221 Refractory metastatic melanoma	BNT311/GEN1046[3] (acasunlimab;PD-L1×4-1BB) Multiple solid tumors
BNT321(sLea) Metastatic PDAC	BNT312/GEN1042[3](CD40×4-1BB) Multiple solid tumors
BNT322/GEN1056[3] Multiple solid tumors	BNT313/GEN1053[3](CD27) Multiple solid tumors
BNT326/YL202[6](HER3) Multiple solid tumors	BNT314/GEN1059[3](EpCAM×4-1BB) Multiple solid tumors
	BNT316/ONC392(gotistobart)[4](CTLA-4) mCRPC, +radiotherapy
	BNT316/ONC392(gotistobart)[4](CTLA-4) Multiple solid tumors
	BNT321(sLea) adjuvant PDAC, +mFOLFIRINOX
	BNT323/DB-1303[5](HER2) Multiple solid tumors
	BNT324/DB-1311[5](B7H3) Multiple solid tumors
	BNT325/DB-1305[5](TROP2) Multiple solid tumors
	BNT411(TLR7) Multiple solid tumors

자료 https://www.biontech.com/int/en/home/pipeline-and-products/pipeline.html

8장. 바이오엔텍이 열어갈 mRNA 치료제

	Phase 2	Phase 3
	BNT111[2] aPD(L)1-R/R melanoma, + cemiplimab	**BNT316/ONC-392(gotistobart)**[4]**(CTLA-4)** anti-PD-1/PD-L1 experienced NSCLC
	BNT113 1L rel./met. HPV16+ PDL-1+head and neck cancer, + pembrolizumab	**BNT323/DB-1305**[5]**(HER2)** HR+/HER2-low met.breast cancer
	BNT116[2] 1L adv. PD-L1≥50% NSCLC, + cemiplimab	**BNT323/DB-1303**[5]**(HER2) PLANNED** HER2-expressing rec. endometrial cancer
	Autogene cevumeran(BNT122)[1] 1L adv. melanoma, + pembrolizumab	
	Autogene cevumeran(BNT122)[1] Adj. ctDNA+ stage II or III CRC	
	Autogene cevumeran(BNT122)[1] Adj. PDAC, + atezolizumab+mFOLFIRINOX	
	BNT311/GEN1046[3]**(acasunlimab;PD-L1× 4-1BB)** R/R met. NSCLC, +/- pembrolizumab	
	BNT316/ONC-392(gotistobart)[4]**(CTLA-4)** Plat.-R. ovarian cancer, + pembrolizumab	

- ■ mRNA
- ■ Cell therapy
- ■ Next genertion IO
- ■ ADCs
- ■ Small molecules

준 나스닥에서 시가총액 281억 달러(40조 원)로 평가받고 있다. 바이오엔텍이 개발하고 화이자가 판매한 코로나 백신 총매출액은 2023년 기준 378억 달러로, 바이오엔텍은 이로부터 연매출 38억 유로(5조7000억 원)를 달성했다. 매출액 대비 시가총액의 비율은 약 10배이다. 이에 반해 또 다른 mRNA 코로나 백신을 개발한 모더나의 경우 시가총액 161억 달러, 매출액 68억 달러로 PER=2.5를 기록하고 있다. 모더나의 매출액 규모가 바이오엔텍보다 약간 높은 데 반해 시가총액은 바이오엔텍이 높게 평가받는 이유는 간단하다. 모더나의 경우 주력 파이프라인이 예방백신으로 구성돼 있고 치료제 개념의 개인맞춤형 항암백신 파이프라인은 7개를 보유한 반면에 바이오엔텍은 약 30개의 항암신약 파이프라인을 보유하고 있기 때문이다. 바이오엔텍은 감염병 백신 회사가 아니라 신약개발 회사로서의 정체성을 명확히 확립한 것이다.

    바이오엔텍의 또 다른 특징은 자체 mRNA 플랫폼을 확보하고 있음에도 이중항체, ADC, 세포치료제, mRNA 항암백신 등 다양한 모달리티를 활용하고 있다는 점이다. 모달리티가 중심이 아니라 항암이라는 특정질환을 중심으로 이뮨 아고니스틱[Immune agonistic]을 공략하기 위한 이중항체, 최근 가장 뜨거운 관심을 불러일으키고 있는 PD-L1+VEGF, 다수의 고형암 타깃 ADC, mRNA 기반 개인맞춤형 항암백신 등 다차원적 항암 작용기전을 공략하고 있는 것이다. 바이오엔텍은 코로나19 백신을 통해서 확보한 수익금을 기반으로 빅파마와 유사한 수준의 풍부한 항암 파이프라인을 보유했다는 점에서 향후 항암신약 분야의 강력한 다크호스로 떠오를 수 있는 기반을 확보한 것이다.

신약개발을 위해
연구자에서 창업가로 변신

항암신약 개발기업으로서의 정체성은 창업자인 우구어 자힌 Uğur Şahin으로부터 시작된다. 우구어는 튀르키예인 부모를 따라 독일로 이주한 이후에 쾰른대학교 Universität zu Köln에서 면역항암을 주제로 박사학위를 받았으며 졸업 후 항암 임상의로 활동했다. 2000년 이후에는 마인츠대학교 Johannes Gutenberg-Universität Mainz 임상의로서 항암신약 개발 연구그룹을 만들고, 2001년에는 항암신약 바이오텍인 가니메트 파마슈티컬 Ganymed Pharmaceutical을 설립했다. 우구어는 대학에서 임상 지식을 기반으로 신약개발 연구그룹을 이끌었지만 정말 환자에게 필요한 신약을 개발하기 위해서는 단순히 제약기업과 공동연구하는 방식으로는 한계가 분명하다는 사실을 절감했다. 우구어가 가니메트를 창업한 이유이다.

가니메트는 2001년 투자사 넥스텍 Nextech으로부터 360만 유로(53억 원)를 투자받아서 설립됐으며, 우구어가 발견한 항암 타깃인 클라우딘 Claudin 18.2를 공략하는 파이프라인에 모든 역량을 집중했다. 하지만 미국과 달리 신약개발 바이오 벤처투자가 활성화되지 않은 독일에서 필요한 자금을 모으는 것은 매우 어려웠다. 가니메트는 2008년까지 총 4번에 걸쳐 1500만, 200만, 4500만 달러 등 총 6200만 달러의 투자를 유치해 비임상 단계를 성공적으로 마칠 수 있었다. 하지만 이후 임상에 진입하기 위해서는 더 큰 규모의 투자가 필수적이었다. 이에 반해 다수 지분을 보유한 시드 투자사 넥스텍은 추가투자를 하기 힘들다는 의사를 분명히 했다. 최대 지분을 가진 시드 투자사가 더 이상 펀딩에 참여하지 않는 상황에서는 제아무리 비임상 데이터가 훌륭하다고 해도 임상진입에 필요한 자금을 조달하기가 어려워진 것이다.

이 당시 우구어는 클라우딘18.2 타깃 항암항체인 졸베툭시맙 외에도 mRNA를 이용한 항암백신의 가능성에 대해서도 확신을 가지고 연구를 진행했다. 특히 그 당시 우구어와 그의 아내 외즐렘 튀레치$^{Özlem\ Türeci}$가 가진 가니메트 지분은 1.5%로 수준까지 줄어들어 있었으나 임상진입을 앞둔 졸베툭시맙을 포기할 수 없었다. mRNA 항암백신과 졸베툭시맙이라는 두 개의 거다란 가능성을 확인했지만 가니메트의 대규모 추가투자는 어려움을 겪고 있었고, 기존 투자자들은 mRNA 항암백신에 대해서도 설득되지 않았다.

이때 우연한 계기로 슈트륑만^{Strüngmanns}을 만난 우거는 졸베툭시맙의 가능성과 함께 mRNA 항암백신에 대해 설명했다. 독일의 대표적인 제네릭 제약기업인 헥살^{Hexal}을 노바티스사에 75억 달러에 매각한 수익을 기반으로 벤처투자를 진행하던 슈트륑만은 졸베툭시맙보다는 mRNA 항암백신에 더 큰 관심을 보였다.

(가니메트의 클라우딘 18.2 타깃 항암항체^{Zolbetuximab}는 개발을 시작한 지 15년 후인 2016년 임상 2상에서 높은 치료효과를 입증한 후 아스텔라스에 선급금 4억 유로, 총 14억 달러에 매각됐다. 졸베툭시맙은 아스텔라를 통해 2024년 HER2 음성위암에 대해 FDA 허가를 받았으며, 이후 췌장암 등으로 적응증을 확장하면서 2026년 기준 약 6억 달러 매출을 달성할 것으로 기대되고 있다)

슈트륑만은 가니메트에 대해서는 6700만 유로를 투자해서 졸베툭시맙을 임상으로 진입시킬 수 있게 하고, 우구어의 mRNA 항암백신 개발을 위해서 별도의 회사를 창업하자고 제안했다. 새롭게 만들어질 바이오엔텍은 투자자가 지분의 75%를 보유하고 우거는 25% 지분을 가지는 조건으로 설립됐고, 회사 이름은 바이오파마슈티컬 뉴 테크놀로지Biopharmaceutical New Technologies라는 의미에서 'BioNTech'으로 정한 후 2008년에 설립됐다. 창업투자에 참여한 투자사는 슈트륑만의 자산을 운영하는 AT Impf와 그와 연계된 소규모 벤처투자사인 MIG캐피탈MIG Capital로 바이오엔텍에 총 1억 5000만 유로를 투자했다.

우구어는 다수 지분을 포기하는 대신 투자사가 최소 10년 이상 연구개발 과정에 절대 관여하지 않아야 한다는 조건을 내걸었다. 완전히 새로운 모달리티 기반으로 신약개발을 진행하기 위해서는 높은 불확실성과 수많은 실험을 반복해야 했으며 그 과정에서 반복적인 실패를 거듭하는 것은 당연했다. 하지만 그동안 우구어가 가니메트에서 경험한 대다수의 투자자들은 5년이 넘어가는 시점부터 인내력을 잃고 빠른 투자회수를 위해 연구개발 의사결정에 관여하는 것이 일반적이었다. 우거는 바로 이러한 위험으로 인해 낮은 지분을 감수하고라도 연구 및 경영독립성을 확보하고자 했고, 실제 슈트륑만은 이후 10여 년간 묻지도 따지지도 않고 추가 펀딩이 필요한 시점에 항상 리딩 투자자로서의 역할을 다했다.

우구어가 개인맞춤형 mRNA 항암백신에 주목한 이유는 명확했다. 특정 타깃을 공략하는 현재의 치료제로는 암세포의 이질성과 다양성을 극복하지 못하고, 따라서 일정기간이 지나면 내성 재발은 필연적이라고 보았다. 지름 5cm의 암 조직이 형성되면 해당 환자의 몸에는 이미 1250억 개의 암세포가 존재하게 된다. 게다가 그렇게 수많은 암세포는 변이의 양상이 달라서 환자별로도, 하나의 환자 내에서도 서로 이질적인 암세포가 다수 존재하게 된다. 뿐만 아니라 암세포별로 변이가 빠르게 진행되기 때문에 일정 시간 이내에 전체 암세포를 사멸시키거나 광범위한 항암면역 반응을 지속적으로 유지해야만 효과적인 항암제로서 역할을 할 수 있다.

우구어는 이러한 문제를 근본적으로 해결하기 위해 개별 환자의 특정한 암 항원을 여러 개 만들어서 환자의 몸에 백신 형태로 투여하는 개인맞춤 암항원 면역치료법 individualized neoantigen-specific immunotherapy, iNeST 개발전략을 제시했다[2]. 특히 바이오엔텍은 이러한 개발전략을 실현하기 위해서는 적시생산 시설을 구축하는 것이 중요하다고 판단, 바이오엔텍 창업 1년 후인 2009년에 임상시료용 펩타이드를 생산하는 JPT Peptide Technologies GmbH와 세포 및 유전자치료제 임상시료 생산기업인 EUFETS를 인수했다. mRNA 항암백신을 생산할 수 있는 역량을 우선 구축한 것이다. 이를 기반으로 먼저 시작한 프로젝트는 수지상 세포에 안티젠 mRNA를 인입시켜 항암백신으로 개발하기 위한 시도였다.

mRNA 항암백신의 역사

항암백신에 대한 산업계의 관심은 수지상세포 dendritic cell 기반의 항암백신인 프로벤지 Provenge 가 2010년 FDA에 승인을 받은 뒤에 크게 증가했다. 하지만 프로벤지는 세포 기반으로 치료비용이 높고 제조에도 커다란 어려움이 존재했기에 당시 대부분의 회사는 리포좀을 통해 항원 펩타이드를 수지상 세포로 전달하는 방식으로 개발했다. 바이오엔텍은 2005년부터 리포좀 기반 펩타이드 항암백신과 in vitro mRNA를 이용한 수지상세포 자가이식 방식 역시 연구개발에 착수했다. 하지만 이런 방식에서도 mRNA의 안정성과 전사능은 여전히 문제가 됐고 리포좀보다 더 좋은 타깃 전달능과 안티젠 인캡슐레이션 효율을 가진 전달체가 필요했다[3].

사실 이러한 시도는 솔트연구소Salt Institute의 로버트 말론Robert Malone에 의해서 먼저 시도됐다. 말론은 1987년 리포좀에 mRNA를 봉입해서 개구리 배아세포로부터 타깃 단백질 생성이 가능함을 실험적으로 증명해 보였다. 말론은 이후 항원 mRNA를 리포좀에 봉입해서 감염병 대응 백신을 개발하려던 회사 바이칼Vical에 합류했다. 바이칼은 말론의 기술을 이용한 조류독감 백신개발 가능성을

투약방식에 다른 mRNA 치료제의 장단점[4]

mRNA pulsed DCs	Direct mRNA injection
장점	
• Efficient mRNA loading of DCs • Transfection efficacy of DCs can be quality controlled and standardized • High intracellular doses can be reached • Minimal invasive application procedure available(intradermal) • Autologous DCs are well tolerated	• Drug can be produced cost efficiently • Drug can be administered in outpatient clinics and to large patient cohorts • Minimal invasive application procedure available(intradermal) • Off-the-shelf compound
단점	
• Complicated logistics • High costs because of GMP cell culture • Best phenotype of DCs to be used so far not defined • Complex and uncontrollable pharmacokinetics(migration of DCs to draining lymph node, etc.)	• Short half-life of the compound *in vivo* • Intralymphatic immunization as most efficient application mode is an invasive procedure • Adjuvant effect of mRNA is lower compared to DCs

자료 Current Opinion in Immunology 2011

입증한 후 1991년 머크와 대규모 공동연구 계약을 체결했으나 개념검증 수준에서 중단한 이후 몇 차례의 어려움을 겪다가 2018년 이후에 사라졌다. 머크사와 계약이 중단된 이유는 mRNA 백신을 양산할 수 있는 기술이 성숙하지 못했기 때문이었다.

(이 시기를 전후해서 말론은 바이칼Vical에서 자신의 리포좀 기반 mRNA 백신기술에 대한 지식재산권을 인정하지 않는다는 이유로 학계로 복귀한 이후에는 RNA 대신 DNA 기반의 백신연구에 전념했다. 말론은 최근 mRNA 기반 코로나19 백신이 출시되자 세포 내에서 잘못 만들어진 단백질이 치명적인 부작용을 일으킬 수 있다는 위험을 제기하며 적극적인 mRNA 백신 반대론자로 활동하고 있는데, 실제로 mRNA 백신에서 이러한 위험이 발생할 가능성은 여전히 존재한다[5])

지질나노입자Lipid Nanoparticle, LNP를 이용해서 mRNA 항원을 전달하는 방식을 개발하려던 또 다른 기업은 메릭스 바이오사이언스Merix Bioscience인데, 이 회사는 1997년 최초로 설립됐다. 하지만 대규모 임상에서 기대했던 결과를 보여주지 못하면서 어려움을 겪다가 2004년 아르고스 테라퓨틱스Argos Therapeutics로 이름을 변경한 이후 2019년 우리나라 제넥신과 SCM생명과학이 125억 원에 인수하면서 코이뮨CoImmune이라는 이름으로 수지상세포 암백신 임상을 진행하고 있다.

앞서 살펴본 것처럼 1980년대 후반부터 1990년 중반까지 mRNA 기반의 백신과 결손 단백질 생성 방식의 치료제 개발에 대한 빅파마와 바이오벤처의 기대와 노력이 매우 높았다. 당시 mRNA 백신과 관련된 기초연구 혹은 바이오벤처에 대한 전략적 투자를 진행했던 빅파마들은 바이엘, 베링거인겔하임, BMS, GSK, 히사미쓰 파마슈티컬Hisamitsu Pharmaceutical 등이 대표적이었다. 하지만 2000년 들어서부터는 mRNA의 인체 내 불안정성 문제와 강한 면역반응 문제를 해결하지 못함에 따라 투자열기가 빠르게 사그라졌다.

하지만 독일의 잉마어 회어Ingmar Hoerr는 암세포 내 직접 투여 방식으로 mRNA 항암백신을 만들어서 마우스 실험 결과를 발표하고 2000년에 큐어백을 설립했다. 심지어 큐어백의 최고과학책임자CSO이던 스티브 파스콜로Steve Pascolo는 자신의 몸에 직접 mRNA 항암백신을 투약해서 임상적 효과를 검증하기까지 했다. 그만큼 mRNA 백신에 대한 확신과 기대가 강했다는 것을 보여주는 대표적인 일화이다. 바이오엔텍의 우구어 역시 1990년 후반부터 mRNA 항암백신을 개발하기 위한 연구에 착수했고, 최적 전달체와 mRNA의 안정성을 높이는 연구에 주력했다. 이 시기 우구어는 <네이처>[7] 등을 통해 약 150편의 mRNA 관련 논문을 출판했지만 두 가지 가장 중대한 문제에 대한 솔루션은 외부에서 해결됐다.

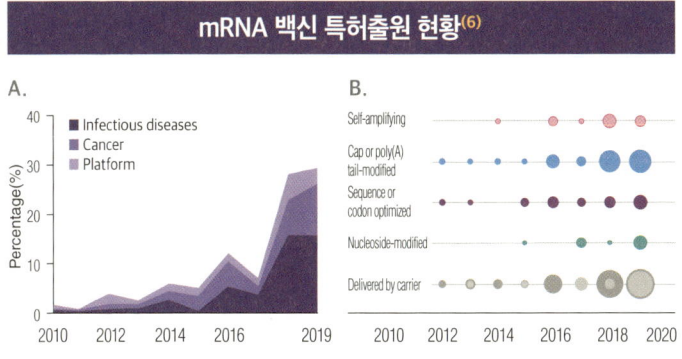

자료 Nature Review of Drug Discovery, 2020

첫째, mRNA의 혈중 안정성 및 면역원성 제거는 2023년 노벨상 수상자였던 커털린 커리코(Katalin Karikó)를 통해서 해결됐다. mRNA는 혈중에서는 물론이고 세포 내로 전달되는 과정에서 몇 분 이내에 분해돼서 사라진다. 제아무리 mRNA가 가진 장점이 많다 해도 타깃 단백질을 생성하기 전에 분해되는 mRNA로는 할 수 있는 게 아무것도 없다. 그동안 많은 연구자가 mRNA의 인체 내 안정성을 높이기 위해 mRNA에 대한 다양한 화학적 변형을 시도했지만, 그 변형의 결과 면역원성(immunogenecity)이 높아지면서 치명적인 면역반응을 일으키거나 해당 mRNA가 면역세포에 의해 즉시 제거되는 문제를 피하기 어려웠다.

커리코는 박사과정 때부터 뉴클레오티드 유사체를 사용한 치료제 개발 가능성에 대해 연구했고, 템플대학교(Temple University)를 거쳐 펜실베이니아대학교(University of Pennsylvania, U-Penn)에서 mRNA의 안정성을 높이기 위한 연구, 리포솜이나 LNP를 활용한 mRNA 전달체 연구 등 차세대 신약개발 모달리티로서 mRNA 신약 플랫폼 개발에 매달렸다. 하지만 당시 mRNA 기반 신약개발의 가능성에 주목한 연구자들은 매우 소수에 불과했고, 산업계는 융합단백질의 시대를 넘어서 항체 기반 신약에 경쟁을 집중하고 있었다. 커리코가 1989년부터 재직했던 U-Penn은 유전자치료제 연구에 집중투자를 진행한 대표적인 대학이었다. 하지만 mRNA 연구의 중요성에 대해서는 아무도 관심을 기울이지 않았다. 그 결과 커리코는 2013년 바이오엔텍의 부사장으로 옮길 때까지 약 25년 이상을 천대받는 연구자로 외롭게 연구를 지속했다. U-Penn은 커리코가 <네이처>와 같은 톱 저널에 논문을 등재하지 못했으며, 정부연구비 역시 수주받지 못한 점을 거론하며 그녀의 직업 안정성을 끊임없이 위협했다. 하지만 그녀의 도전은 멈추지 않았다[8].

이러한 커리코의 시도에 주목한 거의 유일했던 동료 연구자는 1998년 도서관 내 복사기 앞에서 우연히 만난 드루 와이스먼 Drew Weissman이었다. 와이스먼은 커리코와 mRNA를 이용한 백신개발 실험결과를 2000년 <면역학 저널 Journal of Immunology>에 게재했다[9]. DNA를 이용한 세포 내 안티젠 생성률에 비해 RNA를 이용한 안티젠 생성효율이 1000배 이상 높다는 연구결과였다. 곧이어 2004년에는 국제학술지 <이뮤니티 Immunity>에 "Suppression of RNA Recognition by Toll-like Receptors: The Impact of Nucleoside Modification and the Evolutionary Origin of RNA(톨유사수용체에 의한 RNA 인식 저해: 뉴클레오사이드 변형의 영향과 RNA의 진화적 기원)"라는 제목의 논문으로 등재했다[10]. 해당 논문에서 와이스먼과 커리코는 mRNA의 원래 유리딘 uridine을 슈도유리딘 pseudouridine으로 대체할 경우 구조안정성 및 면역원성 최소화가 가능하다는 점을 입증했다.

두 연구자는 해당 연구결과를 바탕으로 2006년 특허를 출원하고, 등록은 2012년에 이루어졌다. 당시 이 논문은 <네이처>에 먼저 투고됐는데, <네이처> 편집진에서는 커리코의 논문이 점진적인 개선 incremental improvement, 즉 사소한 연구에 불과하다는 이유로 동료평가를 진행하지도 않은 채 게재를 거절했다. 이러한 학계의 냉대에도 불구하고 커리코 연구의 잠재력과 파급력을 확신한 와이스먼은 <이뮤니티>에 논문을 게재한 직후 커리코에게 "내일부터 수많은 곳으로부터 전화와 인터뷰 요청이 쇄도할 것"이라고 이야기했다. 하지만 2007년 큐어백과 셀스크립트^{CellScript}가 커리코의 변형된^{modified} mRNA 관련 특허권을 기술이전받기 위해 접촉하기 전까지 이들의 연구에 주목한 사람들은 없었다.

이에 커리코와 와이스먼은 자신들의 연구결과를 기반으로 2006년 RNARx라는 바이오텍을 창업했다. RNARx는 mRNA 기반의 백신은 물론이고 단백질 결손에 의해 유발되는 질환을 치료하기 위한 신약으로 mRNA를 이용해서 환자의 생체 내에서 해당 단백질을 생산한다는 개념을 기반으로 창업됐다. 하지만 창업 후에도 어려움은 계속됐다. 창업 후 커리코는 자신들이 개발한 슈도유린 mRNA 특허를 U-Penn으로부터 이전받기 위해 협상을 진행했으

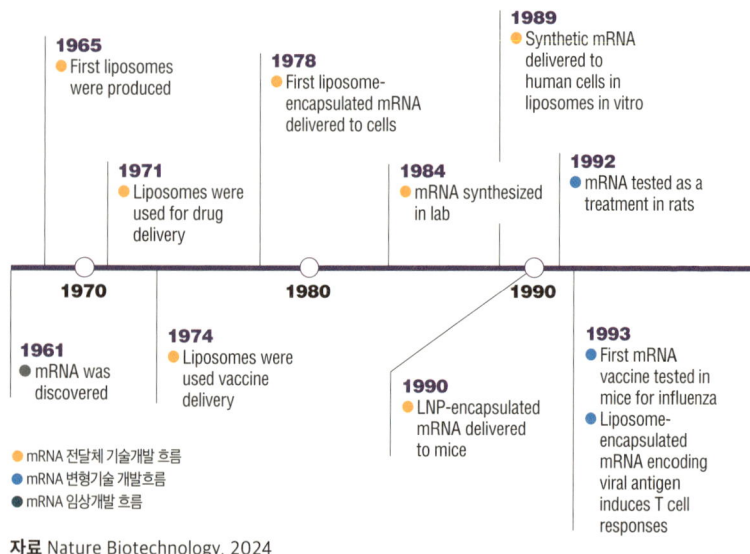

mRNA 백신 플랫폼 개발 마일스톤 타임라인[11]

자료 Nature Biotechnology, 2024

나 거절당하고, 해당 특허는 커리코의 mod-mRNA를 이용해서 유도만능줄기세포[iPSC]를 생산, 신약개발 스크리닝에 활용하겠다는 아이디어를 가진 셀스크립트라는 임상시험수탁[CRO] 회사에 30만 달러의 선급금을 조건으로 이전됐다[12].

커리코와 와이스먼이 창업한 RNARx는 1년 이상 벤처투자와 정부 연구비를 지원받기 위해 도전했지만 거듭 실패를 경험했다. 고생 끝에 2007년 RNARx는 미국 중기청이 진행하는 소기업 혁신연구[Small Business Innovation Research] 프로그램을 통해 연구비를 지원받았는데, 개념검증에 1만 달러, 나머지 9만 달러는 개념검증 이후 지원받는 방식이었다. 하지만 총 연구비 10만 달러로는 mRNA 기반의

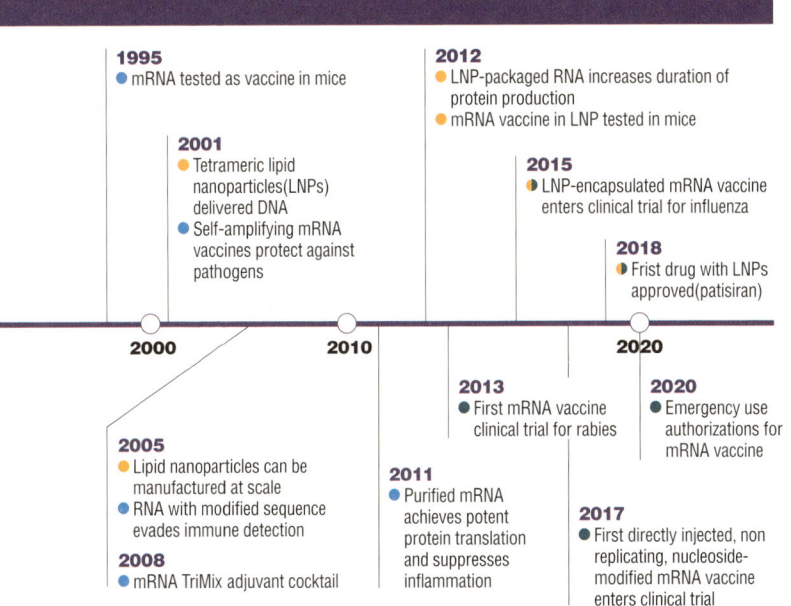

새로운 신약 모달리티를 구축하기 어려웠다. 그 결과 모더나의 CEO인 스테판 방셀이 RNARx와 유사한 사업모델로 보스턴 벤처투자 업계로부터 거액의 투자를 유치하기 시작한 2013년보다 최소한 5년 전에 RNARx가 설립됐지만, 원천기술 개발자가 세운 RNARx는 실패했고 모더나는 성공했다.

두 번째 mRNA 항원을 세포 내로 전달하기 위한 최적 전달체인 LNP 기술은 테크미라Tekmira사에 의해 개발됐다. 1992년에 설립된 테크미라는 리포솜을 이용해서 기존 항암제가 기졌던 높은 독성을 줄인 제품을 개발, 라이선싱 아웃한 뒤에 결국 세 개의 제품을 승인받는 데 성공한 기업이다. 이러한 과정에서 테크미라는 리포솜 기반 약물 리포지셔닝에 집중하는 대신 전달체 기술 연구분야는 크게 축소했다. 이에 따라 이언 매클라클런Ian McLachlan을 포함한 서너 명의 연구자로 구성된 소규모 연구그룹만이 전달체 연구를 지속할 수 있었다. 하지만 큰 진전은 없었고, 결국 2000년에 스핀오프 방식으로 LNP 개발에 전념할 수 있는 프로티바 바이오테라퓨틱스Protiva Biotherapeutics를 창업시켰다.

프로티바는 이언 매클라클런 주도로 LNP를 구성하는 4개의 조성물 비율을 최적화하는 방식으로 세포 내 전달능을 극대화한 전달체 기술개발에 성공했다. 하지만 프로티바에서 같이 연구하던 동료 연구자 토머스 마덴Thomas Madden은 모회사였던 이넥스Inex에 남았었는데, 매클라클런의 4가지 LNP 조성물질 중 한 가지를 변경한 기술로 2006년 앨나일람에게 리보핵산간섭RNA interference, RNAi을 전달하는 용도의 기술이전에 성공했다. 결국 매클라클런과 마덴 사이에 특허권과 기술료 권리를 둘러싼 분쟁이 진행됐고, 마덴은 2009

년에 아퀴타스 테라퓨틱스Acuitas Therapeutics를 창업하게 된다[13].

(LNP 기술을 둘러싼 특허분쟁은 매우 복잡하다. LNP 관련 원천특허권이 아퀴타스 테라퓨틱스의 마덴에게 있는지 아니면 테크미라의 매클라클런에게 있는지가 불분명했는데, 2012년 이후 진행되었던 앨나일럼과의 특허분쟁, 그리고 2022년 이후 테크미라(아뷰터스 바이오파마Arbutus Biopharma)가 모더나 및 화이저(바이오앤텍)를 대상으로 진행한 LNP 특허관련 분쟁의 결과는 원천기술 발명자가 테크미라의 매클라클런이며, 해당 특허권은 테크미라의 자회사인 프로티바 바이오테라퓨틱스(이후 아뷰터스 바이오파마로 개명)가 가진다고 최종 확인되었다. 모더나의 경우 LNP 기술 사용을 위해 테크미라의 매클라클런에게 접촉했으나 선급금 1억 달러 요구가 지나치게 높다는 이유로 2016년 아퀴타스로부터 LNP기술을 도입하게 된다. 하지만 이렇게 도입한 아퀴타스의 LNP기술이 원천기술 개발자의 권리를 침해한다는 판정을 받게 된 것이다. 코로나 백신에 사용된 LNP 기술 관련 특허분쟁을 통해 얻게 될 배상금의 규모도 화젯거리다. 그릿스톤 온콜로지Gritstone Oncology라는 회사가 테크미라와 LNP 기술 라이센싱 계약을 체결했는데, 로열티 비율은 5~15%였다. 이를 기준으로 모더나와 화이자에게 받을 로열티를 계산하면 2021년 코로나 백신 매출액을 기준으로 약 70억 달러 내외다.)

흥미로운 사실은 2006년에 커리코가 RNARx를 창업한 이후 최적 전달체 기술을 탐색하던 과정에서 매클라클런과 협상을 진행했으나 앨나일람과의 기술이전과 동시에 LNP 관련 경쟁기업과의 특허소송에 시달렸던 당시의 상황으로 인해 결국 성사되지 못했다는 점이다. 특히 커리코는 RNARx가 파산한 이후인 2013년에도 매클라클런을 다시 접촉, 테크미라에서 근무할 수 있도록 기회를 달라고 부탁했었다. 하지만 이미 특허분쟁에 대해 진절머리가 난 매클라클런은 해당 시점에 이미 프로티바를 사직할 결심을 하고 있었기에 커리코의 간청을 받아들일 수 없었고, 커리코는 2013년에 바이오엔텍으로 합류했다. 커리코 합류 이후 바이오엔텍은 다양한 방식의 mRNA 안정화 기술을 확보할 수 있었다[14].

바이오엔텍 항암백신 개발 타임라인은 2012년 노출naked RNA를 림프노드로 직접 주사하는 방식의 임상시험으로부터 시작됐으며, 2013년 커리코 합류 이후 다양한 방식의 mRNA 안정화 기술을 확보했다. 곧이어 커리코가 개발한 원천기술 특허권을 보유한 셀스크립트로부터 라이선싱을 확보한 이후 2017년에는 제네반트로부터 아뷰터스가 개발한 LNP 기술을 도입했다. 바이오엔텍은 이렇게 도입한 기술구성 요소들을 활용, 2015년에는 사노피와 6000만 달러 선수금 및 마일스톤으로 구성된 mRNA 항암백신 치료제 공동개발 협약, 2016년에는 제넨텍과 3억1000만 달러 선수금 및 마일스톤 기반 항암백신 파이프라인 공동개발 협약, 2016년에는 바이엘과 동물용 항암백신 개발 공동연구 협약, 2017년에는 화이자와 4억2500만 달러 규모 조류독감 백신 공동개발 협약, 2019년에는 빌앤드멀린다Bill and Melinda Gates 재단으로부터 HIV/AIDS와 폐렴 백신 개발을 위한 연구개발자금 5500만 달러를 수주하는 등 사업적 성과가 가시화됐다. 또한 이 시기를 전후해서 적어도 3개의 임상 1상 항암백신 임상시험을 진행할 수 있었으며, mRNA로 이중항체 면역세포 인게이저를 인체 내in vivo에서 직접 생산하는 프로젝트 역시 2017년에 발표했다.

    이러한 성과를 바탕으로 2018년에는 창업투자자인 슈트륑만Strüngmanns과 함께 레드마일 그룹Redmile Group 등으로부터 2억7000만 달러 시리즈A를 성공적으로 마무리 지었다. 창업투자 후 8년 만의 추가투자였으며, 시리즈A 이전에 이미 mRNA 항암백신 개발에 필요한 플랫폼을 확보하는 데 성공한 것이다. 바이오엔텍은 시리즈A를 통해 유치한 자금을 기반으로 mRNA 항암백신, CAR-T, BiTE 방식의 항암제 개발 등 3대 포트폴리오를 확보하고자 했다. 이를 위해 2018~2019년에는 맙 디스커버리Mab Discovery, 맙백스MabVax 등 다수의 항체 기반 항암신약 바이오텍을 인수합병하는 한편, 젠맙과는 이중타깃 면역항암제 공동개발 등 항암신약 글로벌 플레이어로 성장하기 위한 기반을 확보하는 데 주력했다. 이후 2019년에는 시리즈B를 통해 3억2500만 달러 추가투자를 유치했으며 이 투자금을 활용해 mRNA 및 세포 치료제 생산시설을 구축하는 데 활용했다. 다만 2019년까지는 LNP가 아니라 리포솜을 전달체로 사용한 임상시험을 진행, 2020년까지 총 400여 명의 환자에게 mRNA 항암백신을 투약하는 등 누구보다 많은 임상경험과 생산역량을 갖출 수 있었다[15].

    특히 2018년 12월 모더나가 나스닥 사상 최고가치(시가총액 75억 달러)로 상장하면서 mRNA 기반의 모달리티에 대한 투자자들의 관심이 뜨겁게 달아올랐다. 당시 모더나의 파이프라인은 총 21개로 임상 파이프라인 10개, 나머지는 비임상 파이프라인으로 구성돼 있었다. 아직까지 임상에서 mRNA 모달리티의 상대적인 특장점이 임상적으로 입증되지 않았지만 mRNA 모달리티의 잠재력에 대한 기대는 매우 높다는 점을 확인한 것이다. 이러한 흐름을 이어받아서 바이오엔텍은 2019년 10월 나스닥 상장에 도전, 시가총액 34억 달러에 총 1억5000만 달러를 조달하는 데 성공했다. 2019년 나스닥 상장시장이 상대적으로 침체된 속에서도 나름 선방한 것이다[16]. 사실 바이오엔텍은 mRNA 기반 항암백신 기술을 10년 이상 진행해 왔음에도 2018-2019년 미국 투자자를 대상으로 한 투자유치 설명회에서는 크게 주목을 받지 못한 이름 없는 유럽 변방의 바이오텍 중 하나에 불과했다. 모더나의 나스닥 상장을 계기로 투자자들의 반응이 크게 달라진 덕을 본 것이다. 하지만 결국 세계 최초 mRNA 기반 코로나 백신 개발의 영예는 바이오엔텍이 차지하게 된다.

광속 프로젝트
(Project Light Speed)

바이오엔텍의 코로나19 mRNA 백신개발은 2000년 1월 27일 시작됐다. 미국 트럼프 정부가 신속한 백신 배포와 접종을 위해 진행한 프로그램인 '초고속 작전 Operation Warp Speed, OWS'보다 4개월 빨리 착수된 것이다. 바이오엔텍으로서는 코로나19 mRNA 백신 개발은 회사의 명운을 뒤바꿀 수 있는 중대한 결정이었다. 당시 바이오엔텍은 나스닥 상장 시 증권신고서는 물론이고 JP모건 헬스케어 콘퍼런스 JPMH와 같은 투자자 모임에서도 항암백신을 회사의 주력 파이프라인으로 소개했으며, 감염병 백신에 대해서는 거의 거론조차 하지 않았고, 회사 재원의 대부분은 항암백신 임상시험에 사용될 것이라고 설명됐다. 게다가 잘 알려져 있다시피 감염병 백신개발은

바이오엔텍의 성공이 시사하는 점 중 하나는 신규 모달리티 플랫폼 개발에 필요한 장기회임 기간을 견뎌준 창업투자사의 중요성이다.

막대한 마케팅 파워, 엄청난 규모의 임상시험을 진행할 수 있는 자금력, 그리고 발병 바이러스의 상대적으로 짧은 팬데믹 존속기간 등으로 인해 바이오텍으로서는 감히 개발 시도조차 하기 어려운 분야였다. 하지만 우구어는 코로나19 전파 양상을 분석한 결과 전 세계적 팬데믹은 불가피하며 지속적인 변이체의 등장으로 더욱 위험한 상황이 닥쳐올 수 있다는 확신과 mRNA 방식이야말로 지금까지 개발된 어떤 백신개발 방식보다 빨리 개발이 가능하고 대량생산 역시 가능하다는 사실에 주목했다.

바이오엔텍이 코로나19 백신개발을 결정한 날은 세계보건기구WHO가 팬데믹 선언을 하기 6주 전이며, 백악관이 OWS를 출범하기 4개월 전이었다. 우구어는 이 프로젝트의 이름을 "광속프로젝트"로 명명했다. 우구어는 광속 프로젝트 출범과 동시에 2017년 조류독감 백신개발 공동연구 경험이 있었던 화이자에 코로나 백신 공동개발을 제안했다. 하지만 화이자는 단칼에 거절했다. 코로나19 팬데믹 가능성에 대해 동의하지 않았던 것이다. 조류독감은 특정 감염병이 주기적으로 나타나는 엔데믹인 데 비해 코로나가 엔데믹으로 발전할 것인지는 그 당시 시점에서는 전혀 예상할 수 없었으며, mRNA는 검증되지 않은 플랫폼으로 대량생산이 가능할지에 대해 화이자가 확신할 수 없었기 때문이다. 빅파마 파트너십을 확보할 수 없던 당시 바이오엔텍이 코로나 백신개발을 지속했다가 실패하면 회사가 망할 위험이 매우 컸다. 다수의 이사진이 이러한 위험을 들어 반대했지만 우구어는 회사의 운명보다 인류의 운명이 더 큰 위기에 직면할 수 있다는 점을 들어서 코로나19 백신 개발의지를 굽히지 않았다.

다행스럽게도 2000년 3월 16일 중국의 대형 제약기업 포순과 1억5000만 달러 규모 코로나19 백신 공동개발 계약체결에 성공했으며, 코로나가 팬데믹으로 발전할 조짐이 확실해지자 4월 9일 화이자가 입장을 번복, 선수금 1억8500만 달러, 마일스톤 5억6000만 달러에 매출액을 반분한다는 내용의 공동개발 계약을 체결했다. 코로나 백신 개발 착수에 따른 전략적, 상업적 위험은 크게 감소했지만 이제부터는 누가 최초로 코로나 백신을 개발할 수 있는지를 두고 최소 9개 서로 다른 종류의 플랫폼을 기반으로 모더나, 큐어백, 그리고 아스트라제네카, 얀센, MSD 등 거대 제약사와의 경쟁이 본격화됐다.

바이오엔텍은 개발위험성을 최소화하기 위해 아뷰터스로부터 도입한 LNP 기술 대신에 이미 앨나일람이 임상에 적용했던 아퀴타스Acuitas의 LNP 기술을 추가도입 했다. 항원 디자인으로는 처음에는 수용체 결합 도메인receptor binding domain만을 포함하는 유리딘uridine RNA, 슈도유리딘pseudouridine RNA, 자가증폭self amplifying RNA, 풀스파이크full spike 슈도유리딘pseudouridine RNA 등 네 가지 종류를 준비했다. 어떤 항원 디자인이 가장 효과적일 것인지를 알지 못했기에 네 가지 버전을 동시병렬로 개발한 뒤 2상에서 최종 1종을 선택해서 후속개발을 하는 전략을 선택한 것이다.

바이오엔텍의 다차원 항암치료제 개발전략

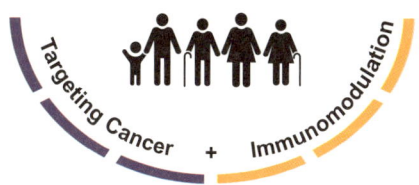

mRNA Cancer Vaccines	• FixVac and iNeST • Multi-specificity, multi-valency, high (neo)antigen specific T cell responses with unprecedented potency • Ongoing Phase 2 randomized trials (iNeST)
Cell Therapies	• Next-gen CAR-T and TCR therapies targeting Solid Tumours • Paired with mRNA vaccination to enhance PK and persistence • Novel targets from BioNTech's library • Phase I FIH trials to start in 2021
Antibodies	• CA19-9 antibody in 1L • Ongoing Phase 1/2 trial
Small Molecule Immunomodulators	• TLR7 agonist potently modulates innate immunity • Potential for combination with other IO agents • Ongoing Phase 1 trial in SCLC
Engineered Cytokines	• mRNA encoded cytokines with a prolonged T1/2 and improved safety profile • Amplify vaccines and CPIs • Phase 1 FIH trials to start in 2021
Next Generation Immunomodulators	• Next-generation checkpoint inhibitors to address a broad range of cancers • Ongoing Phase 1/2 trials of 2 bi-specific antibodies

Multiple blockbuster opportunities with synergistic combinations

자료 바이오엔텍

1상 결과 풀 스파이크 슈도유리딘 RNA가 가장 좋은 효과를 발휘한 것으로 타나났고, 개발에 착수한 지 10개월 만인 2000년 11월 세계 최초의 mRNA 코로나 백신을 개발하는 데 성공했다. 임상에 착수한 지 7개월 만에 얻은 성과로 예방률 94.5%라는 놀라운 결과였다.[17]

2021년 바이오엔텍과 화이자가 개발한 코미나티^{Comirnaty} 백신의 매출액은 360억 달러, 2022년에는 290억 달러로, 2년간 총 600억 달러를 기록했다. 그 결과 바이오엔텍은 연간 15조 원 매출이익을 거둘 수 있었고, 2022년 이후에는 원래 바이오엔텍의 핵심 정체성이었던 항암분야에 다양한 모달리티로 구성된 30여 개의 파이프라인을 구성할 수 있었다.

바이오엔텍은 코로나 백신개발을 계기로 자체 완성된 세계 최고 수준의 mRNA 플랫폼 기술을 확립했지만 감염병 백신이 아닌 치료백신 분야에서는 여전히 해결해야 할 기술적 장벽이 높았다. 현재까지의 LNP 기술로는 표적 특이적 mRNA 전달이 불가능하며, 타깃 세포로의 특이적 전달도 어렵다. 이러한 한계로 인해 리포플렉스를 이용한 특정 암항원 조합 mRNA를 수지상 세포로 전달하는 픽스백^{FixVac}과 환자맞춤형 mRNA 항원을 전달하는 아이네스트^{iNest} 프로그램이 mRNA 기반 항암백신으로 개발되는 것 외에도 암 전 단계 단백질인 네오안티젠^{neoantigens} 기반의 T세포 치료$^{T\ cell\ therapy}$, LNP 기반으로 면역세포 인게이저를 인체 내에서 생산할 수 있는 리보맙스^{RiboMabs}, 혹은 인체 내 사이토카인을 생산하는 리보사이토카인^{RiboCytokine} 파이프라인을 자체 개발하고 있다.

하지만 이런 방식의 경우 개발가능성도 불확실뿐만 아니라 상업적 잠재력도 상당히 제한적인 것이 사실이다. 이러한 이유로 코로나 백신 이후 대규모 상업화 성과를 확보하기 위해 외부 파트너와 협력하는 방식으로 표적 항체$^{targeted\ antibody}$, 이중특이적 면역 아고니스트$^{bi\text{-}specific\ immune\ agonist}$ (젬맙) 등 다양한 모달리티를 공략하고 있으며, 2023년 이후에는 듀얼티 바이오$^{Duality\ Bio}$와 HER2 타깃 ADC 개발, 바이오세우스^{Biotheus} 인수를 통해 PD-L1+VEGF-A를 확보해서 연매출 250억 달러 시장을 장악하기 위한 경쟁에 선두주자로 나서고 있다.

몇 가지
시사점들

첫째, 신규 모달리티 플랫폼 개발에 필요한 장기회임 기간을 견뎌준 창업투자사의 중요성이다.

모든 새로운 모달리티 기반 신약개발은 플랫폼 성숙에 기나긴 시간을 필요로 한다. 새로운 모달리티를 구성하는 다수의 구성요소가 충분히 개발되거나 검증되지 않았기 때문이다. mRNA의 경우를 예로 든다면 mRNA 구조 안정화 기술, 면역원성 조절기술, 코딩^{coding} RNA 최적화 기술, 타깃 특이적 전달체 기술이 확보돼야만 본격적인 신약개발에 나설 수 있다. 뿐만 아니라 새로운 모달리티의 경우는 대량생산이 가능한 생산기술 표준화 등도 필수적이다.

mRNA는 1960년에 처음 발견됐고, 실험실에서 합성방식으로 mRNA를 생산하는 기술은 1985년, 마우스 대상의 mRNA 항암백신 실험을 처음으로 시도한 시점은 1995년이다. 2000년 전후에는 인체 내 mRNA의 구조를 안정화시키는 캐핑^{capping} 기술 등이 개발됐으며, 2005년에는 슈도유리딘 치환을 통해 면역반응을 저감시킬 수 있는 RNA 구조변형 기술이 개발됐다. 2014년에는 토끼 대상의 감염병 백신 비임상시험이 처음으로 시도됐고, 2020년 최초의 mRNA 코로나 백신개발에 성공했다. mRNA 합성기술 개발로부터 mRNA 허가까지 소요된 시간만 15년이었다. mRNA 방식의 신약개발에 필수적인 전달체인 LNP 기술은 1965년 리포솜 기술로부터 2001년 LNP 기술개발, 2005년 LNP 양산기술 개발, 짧은간섭RNA^{siRNA} 대상 LNP 적용 신약허가는 2018년에 이루어졌다. 리포솜으로부터 LNP 기반 신약허가까지는 총 53년이 소요됐다. 바이오엔텍이 창업한 2008년은 mRNA 면역원성 조절기술과 LNP 양산기술이 개발된 이후였지만 각각의 구성요소를 최적화하고, 구성요소 간 조합의 최적화, 해당 플랫폼에 적용하기 위한 타깃 설정, 생산기술 표준화 등은 2024년 현재까지도 충분히 성숙됐다고 말하기 어렵다.

우구어가 창업투자자였던 슈트륑만^{Strüngmanns}에게 최소 10년 이상 회사의 경영이나 개발방향에 대해 간섭하지 말아줄 것을 요구한 이유가 바로 이것이었다. 흔히 말하는 신규 모달리티 기반 플랫폼 위험은 이 모든 과정에서 발생할 수 있는 기술적 실패가능성, 재정적 불확실성을 의미하는 것이다. 다행스럽게도 슈트륑만은 우구어의 열정과 비전에 공감을 했다. 그들은 창업 후 10년 이상 추가투자의 필요성이 없을 만큼 대규모 시드투자를 단행했으며, 플랫폼 성숙 이전에 성급한 임상진입을 요구하지도 않았다. 미국 보스턴 투자생태계에서도 이 정도의 장기 투자회임 기간을 인내하는 것은 힘든 일이었다. 2015년 전후 창업 5년 차에 해당하는 모더나사가 아무런 임상결과를 내놓지 못하자 사기 혹은 거품이 아니냐는 관련 전문가들의 문제제기가 공개적으로 유수의 언론을 통해 앞다투어 게재됐고, 아마도 코로나19 백신개발이 아니었다면 모더나의 운명도 불확실해질 수 있었다[18].

둘째, 우구어의 과감한 전략적 결단이다.

바이오엔텍이 mRNA 기반의 코로나 백신개발에 착수한 시점은 플랫폼 중요 구성요소들 모두 개발된 이후였지만 구성요소 간 조합의 최적화, 혹은 임상적 검증은 이루어지지 않았다. 우구어가 회사의 전략방향은 물론 회사의 명운을 가를 수 있는 mRNA 코로나 백신 개발을 결심한 것은 인류 공동의 위험을 막아야 한다는 윤리적 요청에 응답한 것이기도 했지만, 또 다른 측면에서는 신규 모달리티 플랫폼을 완성하고 임상적으로 검증할 수 있는 절호의 기회였기 때문이다. 코로나 팬데믹이 아니고는 막대한 투자재원과 자원 총력집중이 필요한 대규모 프로젝트를 상대적으로 작은 바이오벤처가 감행하는 것은 불가능했다. 하지만 코로나 팬데믹은 일상적인 시기에서는 전혀 불가능했던 정부와 사회의 전폭적인 지원, 빅파마와의 공동연구 기회를 만들어 냈다. 놀라운 예방효능을 입증하면서 세계 최초로 mRNA 백신 개발에 성공한 명예가 바이오엔텍에게 돌아간 이후 2021년 7월 바이오엔텍 시가총액은 864억 달러, 원화 기준 100조 원으로 평가됐다. 중장기 성장을 위한 단단한 기반을 마련할 수 있었던 것이다.

뿐만 아니라 바이오엔텍은 코로나 백신개발이 성공하자마자 원래의 항암신약 개발 분야로 신속하게 복귀했다. mRNA+LNP로 도전할 수 있는 질환영역은 타기팅이 필요 없는 감염성 질병에 대한 백신으로 한정돼 있다. 특정 타깃 대상 선택적으로 약물전달이 필요한 대부분의 치료제 개발에는 여전히 한계가 있으며, 이 문제를 해결하기 전까지 mRNA 기반 약물개발 모달리티의 전면적 개화는 어렵다. 이에 따라 바이오엔텍은 자신이 개발한 특정 모달리티에 과도하게 의존하는 대신 과감하게 외부 혁신을 도입하는 방식으로 바이오엔텍 파이프라인 다양화 전략을 추진했다. 이러한 전략은 높아진 바이오엔텍 기업가치를 지속적으로 유지하기 위해서도 필수적이었으며, 지난 15년간 확보해 온 항암분야 질환 전문성이 있었기에 가능했다. 특히 바이오엔텍은 AI를 이용한 개인맞춤형 항원 발굴 및 디자인 최적화, 핵산, 항체, 단백질 드노보 de-novo 디자인 등에 활용할 수 있는 인스타딥 InstaDeep 을 구글과 함께 공동창업, 이들을 통해 개발한 인공지능AI 기술을 바이오엔텍 파이프라인 전체에 적용하는 등 멀티모달 multi modal 플랫폼을 개발하는 데 집중하고 있다.

그렇다면 우리나라에서도 차세대 모달리티 기반의 글로벌 바이오텍이 등장할 수 있을까? 바이오엔텍의 사례를 통해서도 알 수 있듯이 새로운 기술이 있다고 해서 모든 것이 해결되는 것은 아니다. 하지만 적어도 우리가 신약개발의 주요 장애물을 넘을 수 있는 새로운 모달리티를 확보할 수 있다면, 그리고 우구어와 같이 확고한 비전과 전략을 제시할 수 있다면 제2의 모더나를 만드는 것이 불가능한 것만은 아닐 것이다. 하지만 개인 혹은 회사 혼자서 할 수 있는 일은 아니다. 과감한 도전을 두려워하지 않는 연구자들에게는 신약개발의 미래를 함께 걸어가고자 하는 굳건한 투자자와의 만남도 매우 중요하다. 한국에서도 지금의 바이오엔텍을 만들었던 과감하고도 진득한 투자환경이 만들어진다면 우리나라 바이오텍이 글로벌 바이오텍으로 성장하게 될 가까운 미래를 기대해 보아도 좋을 것 같다.

 주석

(1) 바이오엔텍의 창업과 성장, 코로나19 백신 개발에 대한 스토리는 Inside the Race To Conquer the Covid-19 Pandemic, Joe Miller, ST Martin's, 2021을 참조
(2) https://en.wikipedia.org/wiki/Individualized_cancer_immunotherapy
(3) The tangled history of mRNA vaccines, Nature, 2021, Sept
(4) Tumor vaccination using messenger RNA: prospects of a future therapy, Current Opinion in Immunology, 2011, June
(5) The tangled history of mRNA vaccines, Nature, 2021, Sept
(6) mRNA vaccines: intellectual property landscape, Nature Review of Drug Discovery, 2020, July
(7) mRNA-based therapeutics — developing a new class of drugs, Nature Review of Drug Discovery, 2014, Sept
(8) Breakthrough, My Life in Science, Katalin 커리코, Crown Publisher, 2023
(9) HIV Gag mRNA Transfection of Dendritic Cells (DC) Delivers Encoded Antigen to MHC Class I and II Molecules, Causes DC Maturation, and Induces a Potent Human In Vitro Primary Immune Respons, Journal of Immunology, 2000, July
(10) Suppression of RNA Recognition by Toll-like Receptors: The Impact of Nucleoside Modification and the Evolutionary Origin of RNA, Immunity, 2005, Aug
(11) Who made the mRNA vaccine? Measuring division of labor in therapeutic innovation, Nature Biotechnology, 2024, Nov
(12) Funding Risky Research, Chiara Franzoni et al, NBER Working paper 28905, 2021
(13) The tangled history of mRNA vaccines, Nature, 2021, Oct
(14) mRNA 안정화 및 면역원성 조절을 위한 기술개발 현황은 Nature Review of Drug Discovery, 2014. Oct에 실린 mRNA-based therapeutics-developing a new class of drugs을 참고
(15) Challenges towards the realization of individualized cancer vaccines, Nature Biomedical Engineering, 2018, July
(16) 큐어백은 2020년 상장해서 2.4억 달러를 조달하는 데 성공했다.
(17) Safety and Efficacy of the BNT162b2 mRNA Covid-19 Vaccine, New England Journal of Medicine, 2020, Dec
(18) Business: The billion-dollar biotech, Nature, 2015, June

09

로이반트,
신약개발 비즈니스
모델의 혁신

Roivant

로이반트Roivant는 매출액을 기준으로는 빅파마라고 간주하기 어렵다. 로이반트 매출액은 2024년 2500만 달러에 불과하며, 시가총액은 88억 달러이다. 하지만 로이반트는 현재 블록버스터 중심의 빅파마 비즈니스 모델의 문제를 해결하기 위한 대안으로 로이반트 비즈니스 모델Hub-Spoke Model을 만들어 냈다는 점에서 여러 가지 시사점을 던진다.

비벡 라마스와미Vivek Ramaswamy가 설립한 로이반트는 바이오텍 업계에서 가장 논란이 많은 비즈니스 모델을 운영하고 있다. 게다가 창업자 비벡 라마스와미는 더 많은 논란이 있는 인물이다. 우선 로이반트 그 자체에 대해 간단히 살펴보자. 로이반트는 자본참여를 통해 설립한 자회사가 2024년 현재 시점 9개이며, 지금까지 총 24개의 자회사Vant가 잠행모드stealth mode에서 벗어나 외부에 공개됐고, 7개 반트는 매각했다.

7개 반트 매각가격은 총 110억 달러 내외였고, 현재까지 로이반트가 개발한 신약 파이프라인 중 6개가 출시에 성공했다. 또한 7개 파이프라인은 후기 임상을 진행하고 있으며, 우리나라 한올바이오가 개발한 파이프라인을 토대로 설립돼 상장된 이뮤노반트Immunovant는 나스닥 시장에서 40억 달러 시가총액을 기록하는 등 높은 상업적 가치를 인정받고 있다. 모든 반트Vant의 모회사인 로이반트는 나스닥 시장에서 2024년 12월 현재 88억 달러로 평가받고 있는데, 지금까지 로이반트 자회사들이 거둔 실적을 기준으로 본다면 매우 저평가된 상태라고 할 수 있다.

하지만 가장 큰 논란은 로이반트가 주장하는 비즈니스 모델 그 자체이다. 로이반트는 빅파마의 전략적 우선순위 설정의 비효율성과 바이오텍의 부족한 자금능력으로 인해 좋은 약물이 시장에 출시되지 못하는 문제를 해결하기 위한 솔루션으로 제안됐다. 로이반트는 파이프라인 중심의 자회사 설립으로 위험은 분산하면서 자회사 파이프라인에 올인하는 구성원을 통해 강력한 인센티브 구조를 창출, 비용과 시간 측면에서 가장 효율적인 약물개발팀을 운영하는 모델이라고 주장하고 있다. 하지만 이러한 주장은 반대로 말한다면, 빅파마나 바이오텍 모두 로이반트에 비해 덜 효율적인 사업 운영을 하고 있으며, 로이반트가 제시하는 사업모델이 이들 두 플레이어에 비해 훨씬 우월하다는 것으로 이어진다. 그리고 적어도 이러한 주장의 정당성은 현재까지는 로이반트의 과거 실적으로 입증되고 있으며, 님버스, 브리지바이오BridgeBio, 퓨어텍Puretech, 포트리스Fortress, 센테사Centessa 등 유사한 비즈니스 모델을 채용한 다른 기업들과 함께 21세기에 등장한 새로운 신약개발 비즈니스 모델로 간주되고 있다[1].

천재 투자자의 등장

라마스와미는 2024년 미국 공화당 대통령 후보 경선에 나섰다가 패배하면서 트럼프 2기 행정부에서 일론 머스크Elon Musk와 함께 정부효율화부Department of Government Efficiency, DOGE의 수장을 맡았다 사임, 2025년 2월 오하이오 주지사 선거 출마를 선언했다. 라마스와미는 2024년 기준 순자산이 10억 달러로 대부분의 수익은 반트 모델을 통한 투자활동으로 얻은 수익이다. 라마스와미는 인도 이민자 2세로 1985년 미국 신시내티에서 태어나 2007년 하버드대에서 생물학을 매우 우수한 성적으로 졸업하고 2013년 예일대에서 법학박사 학위를 받았다. 라마스와미는 하버드대 재학 시절부터 학생정치클럽의 회장을 맡는 것은 물론이고 학생창업 SNS를 운영하는 벤처기업을 창업했고, 투자은행 인턴활동 등 다양한 분야에서 탁월한 역량으로 주목받았다.

　라마스와미는 하버드대를 졸업하자마자 70억 달러 규모의 자금을 운용하는 QVT 파이낸셜^{QVT Financial}이라는 헤지펀드사에 입사해서 바이오텍 포트폴리오 운영을 전담했다. 라마스와미의 나이 22세 때였다. 라마스와미는 QVT에 입사하자마자 C형 간염 치료제 소발디를 개발하고 있던 파마셋^{Phamasset} 주식을 5달러에 대량 매입했다. 그리고 파마셋이 2011년에 길리어드로 주당 137달러에 매각되면서 QVT의 수익률은 2700%가 됐다. 라마스와미는 파마셋 투자에 성공하자마자 곧바로 또 다른 C형 간염 치료제 개발 바이오텍 인히비텍스^{Inhibitex}사의 주식을 2009년 주당 1달러에 매입했다. 그리고 3년이 지난 2012년 브리스톨마이어스스큅^{BMS}이 인히비텍스를 주당 26달러에 인수하면서 또다시 2500%의 투자수익을 거둬들이게 된다[2]. 라마스와미의 행운은 여기서 끝나지 않았다. 2010~2011년 주당 1달러에 매입한 또 다른 C형 간염 치료제 개발 바이오텍 아나디스^{Anadys}의 경우는 라마스와미가 해당 기업 주식매입을 완료한 1개월 후에 로슈사에 주당 3.7달러로 매각됐다(아이러니하게도 아나디스사가 개발하던 세트로부비어^{setrobuvir}는 2015년에 개발 중단된다). 여기에서도 370%의 투자수익을 거둔 것이다.

　이 세 번의 투자를 통해 QVT는 엄청난 투자수익을 거뒀고 라마스와미의 2012년 기준 연봉은 200만 달러가 넘었다. 이 당시

QVT와 라마스와미의 투자수익은 전무후무의 기록적인 성공투자로 간주된다. 하지만 여러 언론매체에서 3번의 행운이 연속적으로 찾아올 확률은 극히 드물며, QVT 투자시점과 각 해당 기업들의 인수합병 결정 시점의 시차가 1년여 내외에 불과하다는 점을 들어 내부자 정보를 이용한 투자가 아닌지를 의심하는 여론이 높았고, 그 결과 라마스와미에게는 사기꾼이라는 이미지가 만들어지기 시작했다. 하지만 세 개의 투자 대상기업 모두 C형 간염 치료제 개발회사라는 점, 당시 C형 간염 신약개발이 시장의 최고 이슈였다는 점, 해당 시장을 치밀하게 추적 분석할 경우 인수합병 유력 파트너사를 선별할 수 있다는 점, 결정적으로 미국증권거래위원회SEC가 별다른 조사를 진행하지 않았다는 점에서 법률적 문제로까지 진행되지는 않았다.

라마스와미는 QVT에서의 성공적인 투자경험을 토대로 지금까지와는 전혀 다른 차원의 신약개발 모델에 기반한 로이반트를 2014년에 설립했다. 로이반트는 QVT와 이스라엘 제약회사 덱셀파마Dexcel Pharma가 총 1억 달러를 투자해서 설립됐다. 로이반트 창업을 위해 라마스와미는 두 가지 스토리를 서로 다른 투자자들과 협력자들에게 제시했다. 민주당과 공화당의 유력의원, 메디케어 보험 프로그램을 감독하는 메디케어 및 메디케이드 서비스 센터Centers for Medicare & Medicaid Services, CMS의 수장들을 로이반트 자문위원으로 영입할 때에는 로이반트 모델을 통해 혁신신약을 시장에 빨리 출시함에 따라 약가인하가 가능하다는 논리를 제시했고, 재무적 투자자들에게는 막대한 수익을 약속했다. 회사의 이름을 로이반트Roivant로 정한 것 역시 투자수익를Return of Investment을 의미했기 때문이다.[3]

9장. 로이반트, 신약개발 비즈니스 모델의 혁신

　로이반트는 첫 번째 신약개발 프로젝트로 GSK가 4차례 이상의 임상에서 실패했던 알츠하이머 치료제 SB-742457을 도입해서 3상 임상을 진행하는 액소반트Axovant를 설립했다. 라마스와미는 부모형제들을 주요 임원으로 로이반트가 지분 80%를 보유한 액소반트를 설립한 다음 GSK로부터 약물효능 입증에 실패한 SB-742457를 선급금 500만 달러, 마일스톤 7000만 달러에 매입했다. 그리고 곧바로 치매 치료제로 가장 많은 매출액을 기록한 아리셉트Aricept의 개발자인 래리 프리드호프Larry Friedhoff를 연구소장으로 영입했다.

　하지만 SB-742457 임상 2상 결과를 지켜본 다수의 전문가들(특히 로에 데렉Lowe Dereck[4]과 매튜 허퍼Matthew Herper[5])은 3상 성공가능성을 낮게 점치면서 실패위험을 경고했다. 액소반트는 가족경영 회사이며, 헤지펀드들이 주로 투자한 회사로 매각제한 기간이 매우 짧으며, 무엇보다 정말 좋은 약물이라면 GSK가 500만 달러 선급금으로 팔지는 않았을 것이라고 지적했다. 데렉은 액소반트가 영입한 거물급 경영진만으로 성공에 대한 기대감을 부풀려서는 안 되고, 충분하고 차별화된 과학적 접근 없이 GSK가 실패했던 길을 그대로 가서는 안 된다고 경고한 것이다.

　원래 GSK가 진행한 아리셉트+ SB-742457 병용임상 효과는 아리셉트 대비 다소 개선되기는 했지만 통계적 유의성을 확보하지 못했다. 액소반트는 실패의 원인을 충분한 규모의 환자를 대상으로 하지 않은 것에서 찾았다. 이에 액소반트는 임상규모를 확대하여 GSK의 임상시험을 재수행했다. 하지만 2상에서 통계적 유의성을 입증하지 못한 약물은 단순히 임상규모를 늘린다고 해서 성공하기는 어렵다. 그런데도 불구하고 액소반트는 임상규모 외에 어떤 전략의 변화도 없이 임상 3상을 진행했고, 해당 분야 전문가들은 액소빈드의 시도를 희황된 약속으로 간주하게 된 것이다.

이러한 시장의 평가에 대해 라마스와미는 최대 블록버스터로 간주되는 리피터Lipitor 역시 개발속도가 느려서 시장에 출시되지 못할 뻔했으며, 파마사이클릭스Pharmacyclics가 개발하던 BTK 저해제 임브루비카Imbruvica 역시 500만 달러에 매각된 약물로 나중에 애브비Abbvie가 210억 달러에 산 사례가 있다며 반박했다. 이를 근거로 로이반트가 운영하는 강력한 인센티브 시스템과 업계 진문가들의 인사이트가 결합하면 3상 성공이 불가능한 일은 아니라고 역설했다.

하지만 리피터의 경우는 동일계열 선행약물이 허가를 받았으며, 비임상에서 경쟁약물 대비 동등 수준의 효능밖에 못 보여서 후속개발 여부를 두고 고민하던 물질인데, 예상외로 임상에서 경쟁약물 대비 매우 탁월한 효능을 입증했던 약물이다. BTK 저해제 임브루비카Imbruvica는 원개발자인 항암신약 바이오텍 셀레라지노믹스Celera Genomics가 발굴한 물질로 BTK 기능연구용 툴 컴파운드Tool Compound였다. 셀레라지노믹스는 이 물질을 자가면역질환 치료제용으로 라이선스아웃 하려 노력했지만 파마사이클릭스는 BTK 저해제의 항암제 적용 가능성에 주목했다. 그 결과 200만 달러에 도입해서 항암제로 개발, 애브비에 인수된 후 2020년 매출액 20억 달러를 달성했다. 이런 점에서 라마스와미가 열거한 이들 약물과 SB-742457을 동등하게 간주할 수는 없다. 하지만 당시 월스트리트의 투자자들은 과학적 추론보다는 라마스와미가 QVT에서 거둔 놀라운 투자성과에 주목했다. 투자의 천재 라마스와미라면 실패할 회사를 창업하지 않았을 거라는 믿음이 투자자들을 지배했다.

투자자들의 강한 믿음을 기반으로 라마스와미는 액소반트를 창업한 지 7개월 만에 나스닥 상장을 추진, 기업가치 13억 달러에 총 2억5000만 달러를 조달하는 데 성공했다. 창업 1년도 지나지 않은 시점에 선급금 500만 달러 투입 대비 기업가치 13억 달러를 인정받아서 총 300배 정도 잠재적 투자수익을 거둔 것이다. 게다가 나스닥 상장 이후에는 화이자에 143억 달러를 받고 회사를 매각한 메디베이션Medivation 경영자 데이비드 헝David Hung 등 당대 업계의 거물들을 경영진으로 영입, 2017년까지 총 3억 달러를 추가 조달했다. 하지만 액소반트가 진행한 1300명 규모 인테피르다인Intepirdine(SB-742457) 임상 3상(MINDSET)은 결국 실패로 끝났다. 곧이어 경영자였던 데이비드 헝이 사임하면서 액소반트 주가는 30달러에서 1달러로 폭락했다.

라마스와미는 마인드셋MINDSET 실패 당일 액소반트 직원들에게 보낸 편지를 통해 이번 임상 실패가 액소반트의 실패는 아니며, 모회사 로이반트는 이번 실패에도 불구하고 더 큰 성장을 했기에 두려워말고 전진해야 한다는 메시지를 밝혔다. 당시 액소반트는 추가 2개의 CNS 희귀질환 유전자치료제 프로그램을 도입, 임상을 진행하고 있었으며(이들 프로그램은 최종적으로 2023년에 모두 실패로 귀결되면서 액소반트가 청산됐다), 설령 이들 프로그램 모두 실패한다 해도 액소반트의 연구원들은 로이반트를 통해 또 다른 반트회사에서 일할 기회를 제공할 것이라는 약속도 함께였다.

액소반트의 실패에도 불구하고 라마스와미는 2017년 로이반트를 통해 소프트뱅크Softbank로부터 11억 달러 투자를 유치하는 데 성공했고, 이를 바탕으로 다양한 후속 반트를 설립했다. 2024년 현재끼지 아틀라반트Altavant(IT 기반 약물배송 전문기업으로 이후 엔지반트Enzyvant와 통합), 더마반트Dermavant(GSK에서 도입한 물질로 피부면역 치료제 개발 및 출시, 2024년 오가논에 매각), 엔지반트Enzyvant(희귀질환 세포치료제), 미오반트Myovant(다케다에서 도입한 물질로 여성질환 치료제 개발, 스미토모에 매각), 스피로반트Spirovant(폐질환 유전자치료제로 스미토모에 매각), 우로반트Urovant(MSD에서 도입한 불실로 비뇨기질환 치료제 개발, 스미토모에 매각), 어피반트Affivant(어피메드Affimed에서 도입한 물질로 이중항체 개발기업), 코반트Covant(베링거인겔하임과 공유결합 화합물 치료제 공동개발), 데이터반트Datavant(IT 기반 임상시험 빅데이터 기업으로 사이옥스 헬스Ciox Health와 70억 달러 가치로 합병), 제네반트Genevant(아뷰터스와 공동설립한 LNP 기업으로 로이반트가 1억1600만 달러를 출자), 헤마반트Hemavant(혈액질환 치료제), 이뮤노반트Immunovant(한올바이오파마에서 도입한 물질로 면역질환 치료제 기반 기업), 키네반트Kinevant(희귀 염증질환 치료제), 로카반트Lokavant(임상시험 인텔리전스), 프라이오반트Priovant(화이자와 면역질환 치료제 공동개발), 사이반트Psivant(AI 기반 면역관련 화합물 치료제), 텔레반트Televant(화이자의 TL1A 타깃 염증질환 치료제를 도입, 임상 2상 이후 로슈에 71억 달러에 매각), 풀모반트Pulmovant(폐질환 치료제 개발기업), 반트에이아이VantAI(AI 기반 약물 발견Drug discovery 기업), 프로테오반트Proteovant(단백질 분해제 개발기업으로 SK에 약 8000만 달러에 매각) 등 최소 20개의 반트Vant사를 창업했다.

그리고 2019년 12월에는 이들 16개 반트 중 5개 반트 기업이 일본 스미토모 다이닛폰$^{Sumitomo\ Dainippon}$사에 선급금 30억 달러에 매각됐다. 5개 반트 회사를 창업해서 매각시점까지 로이반트가 투자한 총액은 4억 달러로 스미토모에 매각한 30억 달러를 기준으로 약 10배의 투자수익을 거둔 것이다. 이들 외에도 3개의 반트가 로슈 등에 의해 추가 인수합병되면서 현재까지 총 10개 기업을 매각, 172억 달러 투자수익을 거뒀다.

로이반트
비즈니스 모델

라마스와미는 로이반트 사업모델의 핵심을 다음과 같이 제시했다. 첫째, 빅파마 개발 우선순위에선 밀렸지만 여전히 매력적인 파이프라인을 찾아서, 둘째, 질환 중심의 전문성을 확보한 전문가 집단에 의한 자회사 운영, 셋째, 강력한 인센티브 시스템, 넷째, 투자자의 관점에서 약물개발 전략 재설계, 다섯째, 풍부한 자금력을 확보한 모회사^{Roivant}의 지원. 이들 5가지 요소들을 통해 로이반트는 232페이지 표에서 보이는 것처럼 빅파마 대비 평균 4배 이상의 투자효율성을 확보할 수 있다고 주장했다. 아래 데이터에 따르면 빅파마들은 1개 임상 후기 파이프라인을 진행하는 데 평균 1억 달러에서 7억 달러를 투입하는 반면, 로이반트는 1개 임상 후기 파이프라인에 8000만 달러를 투입하는 것으로 나타나 있다.

로이반트가 제시한 비즈니스 모델의 핵심과는 별도로 현재 빅파마 비즈니스 모델의 한계와 로이반트 모델이 가지는 상대적 장점을 살펴보자.

첫째, 단기 재무적 상황에 영향을 받는 포트폴리오 우선순위 결정의 문제점을 살펴보자. 빅파마의 기업가치는 블록버스터급 신약을 출시하느냐 여부가 결정한다. 특히 2015년 이후 빅파마의 내

로이반트의 후기 파이프라인 개발 투자생산성 비교

company	Total Phase 2 & Phase 3 Readouts in 2023	Non-Oncology Phase 2 & Phase 3 Readouts in 2023	2022 R&D Expense (십억 달러)
Pharma A	28	3	10.1
Pharma B	20	6	9.8
Pharma C	14	6	14.7
Pharma D	13	8	15.2
Pharma E	12	9	6.9
Pharma F	12	9	7.1
Pharma G	11	2	8.4
Pharma H	10	7	10.0
Pharma I	9	7	6.5
Roivant	7	7	0.6
Pharma J	7	2	4.6
Pharma K	7	3	2.9
Pharma L	6	2	4.8
Pharma M	5	4	10.4
Pharma N	4	4	3.4
Pharma O	2	2	3.0

자료 Roivant, Company Presentation, JPM 2024

부투자수익률^{IRR}이 지속적으로 10% 이하 수준에 머물고 있는데, 빅파마 매출액의 65%는 블록버스터 약물에서 나온다. 빅파마의 흥망성쇠가 블록버스터 약물에 달려 있는 것이다. 이에 반해 블록버스터급 신약허가 건수는 연평균 6건 내외로 전체 연간 승인약물 건수 대비 30% 정도에 불과하다[6]. 따라서 외부로부터 블록버스터급 신약을 확보하기 위한 빅파마 간 경쟁도 치열해지고, 내부 파이프라인 우선순위 변경 필요성 역시 더욱 높아지게 된다.

특히 개발하고 있는 약물이 블록버스터가 될 수 있을지에 대한 판단은 대개 임상 2상 이후에나 가능한데, 약효나 부작용 측면에서 확실한 차별화가 가능한지, 혹은 시장출시 순서가 몇 번째일지를 가늠하면서 파이프라인별 전략적 우선순위가 변경될 수 있다. 딜로이트의 분석에 따르면 빅파마 20개 기업이 연간 포기하는 파이프라인의 개수는 2020년 18개에서 2022년 30개로, 평균 25개 내외의 물질이 우선순위에서 밀려나거나 소리 없이 사라진다. 이중에서도 약물의 효능이나 부작용에 크게 문제가 없지만 전략적 이유로

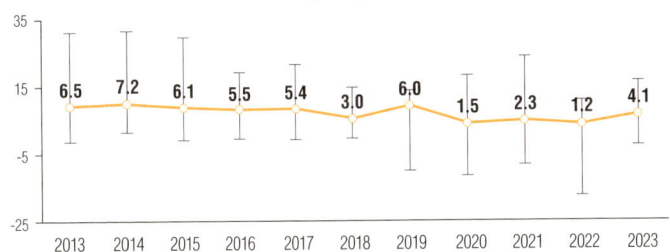

자료 Delloitte, 2024

포기되는 물질의 비율은 얼마일까? <네이처 리뷰 오브 드럭 디스커버리 Nature Review of Drug Discovery> 2015년 논문[7]에 따르면 임상 2상 단계에서 이러한 전략적 이유로 개발을 포기하는 경우가 임상진입 물질의 대략 10~20%에 해당한다.

이렇게 포기되는 물질들은 특정 빅파마의 재무-전략적 관점에서는 가치를 인정받을 수 없지만 다른 재무적 구조를 가진 또 다른 제약기업, 혹은 자본력이 풍부하고 슬림한 조직운영으로 비용통제가 가능하거나 기준 투자수익률 Return on Investment, ROI가 낮은 로이반트와 같은 기업들에게는 여전히 매력적인 신약후보 물질로 간주될 수 있다. 로이반트가 주목한 것은 이렇게 전략적 우선순위에서 밀린 10~20% 내외의 약물을 도입, 임상적 증거를 확보한 뒤 다른 빅파마에게 매각하는 것이다. 텔레반트, 우로반트, 더마반트 등이 이러한 사례이다.

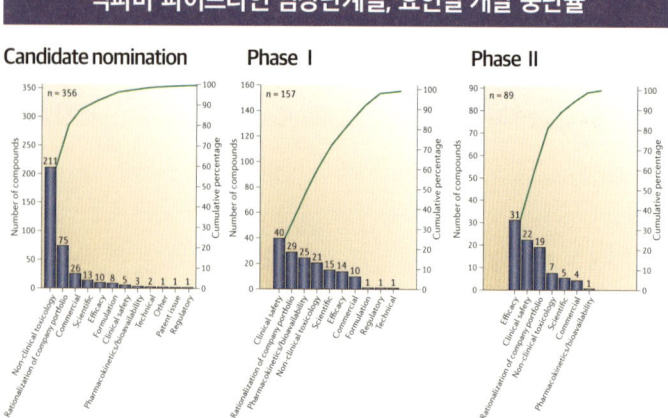

빅파마 파이프라인 임상단계별, 요인별 개발 중단율

자료 Nature Review of Drug Discovery, 2015

둘째, 특정 질환에 대한 전문성을 가진 전문가 집단에 의해 운영되는 자회사 운영모델의 장점은 빠르고 신속한 의사결정, 시장의 필요와 경쟁환경을 고려한 최적 개발전략 운영, 이에 필요한 모회사의 자금조달 능력이 결합될 때 발휘된다.

로이반트는 2024년 현재 70억 달러의 가용자금을 보유하고 있으며, 글로벌 대형 자산운용사 혹은 바이오 전문 대형펀드사로부터 자금조달을 할 수 있는 풍부한 네트워크를 보유하고 있다. 로이반트는 이렇게 확보된 자금조달 능력을 기반으로 자회사를 설립할 때 특정질환에 대해 투자자의 관점, 임상의의 관점, 혹은 해당 질환을 둘러싼 빅파마 간의 경쟁현황을 고려해서 해당 약물이 가져야 할 효능 및 부작용 관련 타깃 프로파일을 정의하고, 해당 약물의 가치가 최적화될 수 있는 개발 마일스톤 타임라인까지 설계한다. 또한 자회사 반트를 설립할 때 재무, 투자, 임상, 개발 등 주요 의사결정 영역을 담당할 다양한 분야의 전문가들을 발굴하는 데에도 강점을 가졌다. 특히 자회사 반트의 대표는 업계에서 잘 알려진, 혹은 빅파마에서 풍부한 경험을 가진 C급 유명인사를 파격적인 조건으로 영입하는 방식을 활용한다. 예를 들어, 제네반트의 CEO인 보로드 한센 Bo Rode Hansen은 로슈에서 RNA 신약개발을 총괄한 경험을 가지고 있고, 미오반트의 CEO인 린 실리 Lynn Seely는 화이자에 140억 달러로 매각된 메디베이션 Medivation의 CMO로 일한 경험을 가지고 있다.

셋째, 자회사 반트의 성공 여부와 직결된 인센티브 시스템이 가지는 중요성이다.

로이반트는 자회사 반트 설립 시 업계의 전문가로 구성된 핵심인력 확보를 매우 중요한 요소로 고려한다. 이들 핵심인력은 성과기반 스톡옵션이나 지분배분을 가진다. 해당 프로젝트의 성공 여부가 핵심구성원의 금전적 보상과 일치하도록 만드는 것이다. 이에 반해 빅파마의 경우 대규모 인력을 약물개발 기능별, 혹은 질환별로 중첩되게 운영하게 되며, 의사결정 시스템 역시 복잡하게 구성돼 있다. 따라서 특정 프로젝트의 성공 여부와 각 구성원의 인센티브 시스템은 대개 간접적으로만 연결된다. 게다가 관료적 의사결정 시스템으로 인해 외부 환경의 변화에 신속하게 대응하기 어려운 특징도 가진다.

237페이지의 표는 빅파마에서 일어나는 의사결정의 오류 원인에 대한 분석결과이다. 빅파마 의사결정의 오류는 주로 해당 기업 내부에 형성된 확증편향과 특정 프로그램 주도권자에 의한 편향, 내부자 관점에 대한 과도한 의존, 인센티브 시스템과의 불일치 등에서 비롯된다. 특히 최고 경영진의 경우 재무적 성과가 분기별로 공개되기 때문에 주주들의 강한 실적 압박에 직접적으로 노출된다. 이에 따라 실적개선을 위한 단기 의사결정을 하고 중장기적인 위험은 회피하는 결정을 하기 쉽다.

넷째, 로이반트가 가지는 풍부한 자금력과 신속한 의사결정이 가지는 장점이다.

빅파마의 전형적인 의사결정 시스템의 취약점, 혹은 인센티브 구조의 차이만으로는 로이반트의 경쟁력을 설명하기 힘들다. 로이반트든 빅파마든 블록버스터급 약물을 탐색하기 위한 노력은 치열하게 전개되며, 전문성에 있어서도 양자 간 열위를 따지기는 어렵다. 특히 바이오텍의 관점에서 본다면 로이반트보다는 빅파마와 직접 파트너십을 확보하는 게 더 중요할 수 있다. 문제는 이러한 파트너십 형성에 시간이 오래 걸리며 최적 파트너가 누구인지를 탐색하는 것, 협상과정에서 빅파마를 대상으로 힘의 균형을 확보하는 게 어렵다는 점이다. 로이반트는 풍부한 자금력으로 의사결정을 신속하게 진행하고, 로이반트가 가진 자금력과 비즈니스 네트워크 역량으로 빅파마와 바이오텍 사이의 간극을 줄여줄 수 있다.

다섯째, 로이반트가 주로 임상 1상 혹은 2상 물질을 집중적으

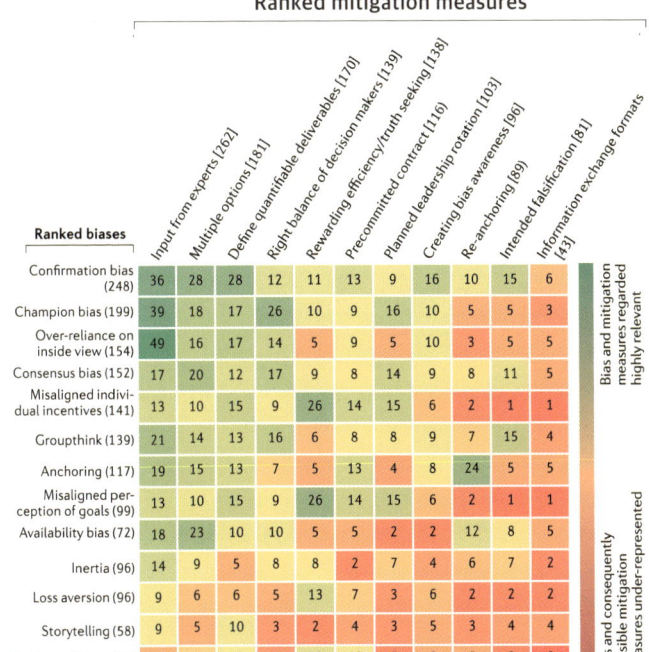

빅파마 의사결정 오류의 유형과 빈도[8]

자료 Nature Reviews Drug Discovery, 2022

로 선택하는 이유도 살펴볼 필요가 있다.

    루이반트는 빅파마의 의사결정 오류와 관련해서 임상 2상이 가지는 전략적 불확실성에 대한 문제에 주목한다. 임상 2상 성공률은 최근 통계에 따르면 대략 48%로 1상 성공률 66%, 3상 성공률 60%에 비해 상대적으로 낮다. 중장기 불확실성을 회피하려는 빅파마 경영진의 의사결정 편향은 임상 2상 이전 개발단계에서 라이선싱 혹은 인수합병을 하는 것보다 더 많은 비용을 지불해서라도 시장에서의 경쟁력 프로파일 검증 및 분석이 가능한 임상 2상 결과, 혹은 보다 확실하게 3상 결과를 지켜보고자 한다. 이에 반해 바이오텍으로서는 전체 개발비용 중 36% 이상을 차지하는 임상 1상과 2상을 진행하기가 매우 부담스러울 수 있다. 일종의 제2의 데스밸리라고 할 수 있다. 로이반트가 주목하는 개발단계가 바로 여기에 해

자료 Acta Pharmaceutica Sinica B 2022

당한다. 임상 2상 결과가 성공적일 경우 해당 파이프라인의 가치가 크게 변동할 수 있는 반면에 바이오텍이 독자적으로 임상 2상을 진행하기는 부담스럽고, 빅파마는 높은 불확실성으로 쉽게 의사결정을 하기 어렵다는 점에 주목한 것이다.

로이반트 모델의
지속가능성과 진화의 방향

사실 로이반트와 같은 사업모델은 신약개발 업계에서 허브스포크 Hub-Spoke 모델이라는 이름으로도 불리며, 로이반트 외에 브리지바이오, 퓨어텍, 님버스, 포트리스, 센테사 등 여러 기업에 의해 운영되고 있다.

특히 퓨어텍의 경우 일라이릴리로부터 부작용 문제로 개발 중단된 물질 자노메라인 Xanomeline 을 10만 달러에 도입해서 부작용 억제를 위한 트로스피엄 Trospium 을 병용하는 방식으로 매우 우수한 임상 3상 결과를 얻어 2023년 BMS에 140억 달러에 인수된 카루나 테라퓨틱스 Karuna Therapeutics 를 설립했다. 님버스의 경우는 인공지능 기반 약물설계 서비스를 제공하는 슈뢰딩거 인공지능 플랫폼을 활용, 슈뢰딩거와 아틀라스 벤처가 창업한 기업으로 약물설계 개념만으로도 길리어드(MASH 타깃 ACC 저해제)와 셀젠(자가면역질환 타깃 TYK2 저해제)에게 각각 4억 달러, 총 8억 달러에 마일스톤 계약을 체결했을 뿐만 아니라 2023년에는 다케다에 총 40억 달러로 매각하는 실적을 거두기도 했다.[10]

이들 허브-스포크 사업모델을 가진 기업들은 각각 세부적으로 차별화된 전략을 구사하고는 있으나 공통적으로는 모회사의 풍부한 자금력과 사업개발Business Development 전문성, 그리고 경영관련 지원시스템을 제공하면서 애셋asset 중심의 자회사를 설립, 투자자들에게는 빠른 투자수익 실현기회를 제공하고 개발실패에 따른 위험은 자회사 차원에서 차단하는 시스템을 갖추고 있다. 님버스의 경우는 다른 기업들과는 달리 슈뢰딩거가 가진 인공지능 기반 약물설계 플랫폼을 기반으로, 해당 플랫폼을 통해 도출된 물질을 자회사를 통해 임상개발하는 전략을 추구하기 때문에 외부로부터 개발물질을 라이신싱하는 게 아니라 지속적으로 자체생산, 더 많은 수의 자회사를 만들 수 있는 가능성이 항상 열려 있다는 특징을 가진다.

로이반트 역시 2020년 전반까지는 외부에서 도입한 임상물질을 기반으로 자회사 반트를 설립했지만 2020년 이후는 자체 플랫폼 기반의 자회사 설립을 추진하는 방향으로 전략이 수정된 양상을 보여주고 있다.

라마스와미가 로이반트 경영자 지위를 사임하고 로이반트의 새로운 경영자로 일하는 매트 글린Matt Glin은 여러 차례의 경영자 인터뷰를 통해 로이반트는 특정 플랫폼이나 모달리티에 집중하지 않고 기회가 있으면 '해당 기회에 걸맞은 전략Opportunistic Approach'을 사용한다고 언급했다. 하지만 로이반트 자회사인 데이터반트, 반트에이아이, 사이반트 등이 보유한 역량을 고려한다면 플랫폼 기반 자체 신약개발 및 출시까지 포괄할 수 있는 시스템 구축에도 충분히 가능할 것으로 보인다. 특히 사이반트나 반트에이아이의 경우 인공지능 기반의 단백질 분해 신약설계가 가능하며, 해당 플랫폼을 적용할 경우 공유화학Covalent Chemical 신약, 효율적인 임상시험 및 승인된 약물 자체 마케팅 네트워크 구축에도 활용될 수 있다. 또한 임상허가를 통한 자체 마케팅 외에도 외부 물질 도입 시에 필요한 전략적인 선별기준, 외부물질 도입 후 후속개발에 대한 전략적 설계에도 해당 인공지능 플랫폼을 활용할 수 있다는 점에서 로이반트가 열어갈 새로운 미래에 대해 투자자들의 기대와 관심이 높다.

 주석

(1) https://www.lek.com/sites/default/files/PDFs/2420_hub-spoke.pdf
(2) 하지만 Inhibitex가 개발하던 NS5A 타깃 C형 간염치료제는 BMS가 인수한 지 한 달 만에 심각한 부작용이 발생하면서 개발이 중단됐다.
(3) https://www.nytimes.com/2023/06/27/us/politics/vivek-ramaswamy-wealth.html
(4) https://www.science.org/content/blog-post/does-axovant-have-any-hope-alzheimer-s
(5) https://www.forbes.com/sites/matthewherper/2015/09/09
(6) Approvals and Timing of New Formulations of Novel Drugs Approved by the US Food and Drug Administration Between 1995 and 2010 and Followed Through 2021, JAMA Health Forum, 2022, May
(7) An analysis of the attrition of drug candidates from four major pharmaceutical companies, Nature Review of Drug Discovery, 2015, June
(8) Mitigating bias in pharmaceutical R&D decision-making, Nature Review of Drug Discovery, 2022, Sept
(9) Why 90% of clinical drug development fails and how to improve it?, Acta Pharmaceutica Sinica B, 2022, July
(10) https://lifescivc.com/2023/04/the-book-of-nimbus/
(11) https://www.lek.com/sites/default/files/PDFs/2420_hub-spoke.pdf

Hub-Spoke Business Model 사례[11]

		Roivant	BridgeBio	Centessa
Parent	Founding (HQ)	2014 (Basel, Switzerland)	2015 (Palo Alto, California)	2020 (Cambridge, Massachusetts)
	Financing	Public	Public	Public
	Formation	Central company founded; first subsidiary (Axovant) from a GSK acquisition	Central company founded in 2017 with seven subsidiaries	Merger of 10 private biotech companies
	Enterprise focus	Diversified	Rare genetic disease	Diversified
	Business model	In-licenses external assets into subsidiaries Leverages proprietary tech for drug discovery, building into subsidiaries Tech can be licensed out or purchased as a service	Primarily in-licenses programs from academia Leadership redeploys capital and specialist staffing among subsidiaries based on development needs	Acquisition of single-asset or -pathway companies Acts as an accelerator for largely autonomous subsidiaries Performance-based capital allocation from centralized funds
	Centralized resources	Management and financing activities BD expertise R&D support Operational support	Management and financing activities Operational support Regulatory support	Management and financing activities BD expertise R&D support Operational support Regulatory support
Subsidiary	Subsidiary number	14	~25	10
	Strategic focus	TAs, modalities or platforms (incl. nonpharma adjacencies)	Genetic or rare diseases and etiologies (e.g., some cancers)	High-value TAs or rare diseases with unmet need
	Ownership	Mix of public and private	Private	Private

자료 L.E.K

9장. 로이반트, 신약개발 비즈니스 모델의 혁신

	Fortress	Nimbus	PureTech
	2006 (New York, New York)	2009 (Cambridge, Massachusetts)	2005 (Boston, Massachusetts)
	Public	Public	Public
	Formed from Coronado Biosciences, a failed public biopharma	**Central company founded** by VC Atlas Venture and in silico drug developer Schrodinger	**Central company founded** with internal assets in development with partners
	Diversified	**Diversified**	**Diversified**
	Focused on inlicensing assets Focus on commercially undervalued, low-cost, high-growthpotential, clinical-stage assets Extensive partnerships with academia and biopharma	Computational chemistry drug discovery approach Subsidiaries are legal entities that hold the rights to a program	In-licenses external earlystage assets Leverages proprietary tech for drug discovery, building into subsidiaries Historically, developed assets in subsidiaries only; now has a pipeline at the parent level
	Management and financing activities BD expertise	**Management and financing activities** Operational support	**Management and financing activities** BD expertise R&D support
	10	~5	8
	TAs	Causal targets in highly prevalent human diseases	Brain-immunegut (BIG) interface pathologies
	Mix of public and private	Private	Mix of public and private

10

빅파마 성장,
어떻게 가능했나?

Big Pharma

1980년부터 2022년까지 나스닥에 상장한 바이오텍은 총 1019개이다. 연평균으로 계산하면 매년 24개 기업이 상장된 셈이다. 이들 중 현재까지 독자적으로 성장한 기업은 총 660개이며, 이들 기업의 시가총액 총합은 8437억 달러이다. 기업당 평균으로는 12억7000만 달러(1조8000억 원)이다[1].

이들 중 신약허가에 직간접적으로 기여했거나 자체 출시 등을 통해 꾸준하게 기업가치 상승을 얻은 경우(이들을 글로벌 바이오텍으로 정의하자)를 살펴보자. 2024년 기준 1980년대 이후 창업한 미국 바이오텍으로 시가총액 100위(최소 62억 달러)에 든 기업은 총 36개이다. 참고로 우리나라의 경우 삼성바이오로직스와 셀트리온, 알테오젠이 시가총액 100위 안에 들었다[2].

여기에 독자생존에는 실패했지만 총 10억 달러 이상의 가치로 인수합병된 회사는 대략 300개 내외로 추정된다[3]. 이렇게 본다면 전체 창업 바이오텍의 33%가 글로벌 바이오텍으로 성장했으며, 이 기간에 출시된 신약 중 바이오텍이 개발했거나 자체 출시한 약물만도 약 65%가 넘는다[4]. 이들 바이오텍은 2024년 기준 1조6000억 달러 규모의 글로벌 제약산업을 구성하는 양대 주춧돌로 확실하게 자리 잡은 것이다.

나스닥에 상장된 660개 바이오텍 중에서 2023년 매출액 기준 28억 달러 이상 글로벌 50위 이내에 진입한 기업(이들을 빅파마로 분류하자)은 암젠, 길리어드, 버텍스, 바이오젠, 모더나, 인사이트Incyte로 6개이며, 18억 달러 매출을 달성한 앨나일람, 8억 달러 아이오니스를 포함하면 총 8개이다. 이들 외에도 미국 이외의 국가에서 1980년대 이후 창업해서 28억 달러 이상 매출을 달성한 회사로는 바이오엔텍, 오르가논Organon, 시노바이오팜Sino Biopharm, 호라이즌 테라퓨틱스Horizon Therapeutics, 재즈 파마슈티컬Jazz Pharmaceutical, 장쑤헝루이 메디신Jiangsu Hengrui Medicine, 닥터 레디스 래버래토리스Dr. Reddy's Laboratories 등이 있다. 이들을 모두 포함하면 1980년 전후에 창업한 바이오텍 중 총 13개 이상의 바이오텍이 빅파마로 성장했다.

이를 근거로 1980년대 창업한 바이오텍이 빅파마가 될 수 있는 확률을 계산하면 약 1%에 해당한다. 선도물질에서 신약허가까지 도달할 확률 1%와 거의 유사한 수준이며, 블록버스터급 약물 창출확률 0.3%에 비하면 높은 수준이다. 이들 빅파마가 출시한 신약은 암젠 36개, 길리어드 27개, 인사이트 9개, 리제네론 9개, 버텍스 8개, 앨나일람 4개 등이며, 여기에 제넨텍이 출시한 50개를 포함하면 100개가 넘는 신약을 출시하는 데 성공했고, 대부분 블록버스터급 매출액을 자랑한다.

투자가치 측면에서도 빅파마로 성장한 바이오텍의 실적은 눈부시다. 제넨텍의 투자수익은 상장시점부터 로슈에 의한 인수합병 시점까지를 따지면 400배, 암젠의 경우는 상장에서 현재까지 주가 상승률이 1600배, 버텍스는 72배, 길리어드는 310배, 바이오엔텍은 100배 이상 상승했다. 이들 모두 창업 시점부터 따진다면 수만 배 이상의 투자수익률을 보인 것으로 투자자들이 바이오텍에 열광한 이유도 이러한 바이오텍의 폭발적인 성장잠재력 때문이다. 빅파마로 성장한 바이오텍이나 글로벌 바이오텍의 놀라운 성과들로 인한 투자자들의 기대는 아래의 그림에서 볼 수 있듯이 1990년부터 2023년까지 S&P지수는 243% 상승한 데 비해 나스닥바이오기술주NBI 지수는 그 10배 정도인 2300%로 성장한 것에서도 확인된다.

빅파마 성장의 비밀

제약산업은 모든 산업 중에서 가장 높은 연구개발 집중도, 시장진출까지 최소 12년 이상의 개발기간, 신약개발에서 판매까지 최소 3조 원 내외의 투자가 필요한 반면 일단 신약 출시에 성공할 경우 평균 5~10년 이상 시장을 독점할 수 있는 특징으로 매우 독과점적 산업구조를 가진다. 그리고 그 결과는 다른 어떤 산업보다 높은 최소 25% 이상의 순이익률을 자랑한다[5]. 이러한 특성으로 인해 신규 창업기업이 빅파마 대열에 진입하는 것은 매우 어렵다. 특히, 대규모 장기투자가 필수적인 제약산업의 특성상 연구개발보다 더 중요한 기업성장의 핵심경쟁력은 자본동원력이라고 할 수 있다. 빅파마들이 지속적으로 시장을 지배할 수 있는 경쟁력의 원천 역시 블

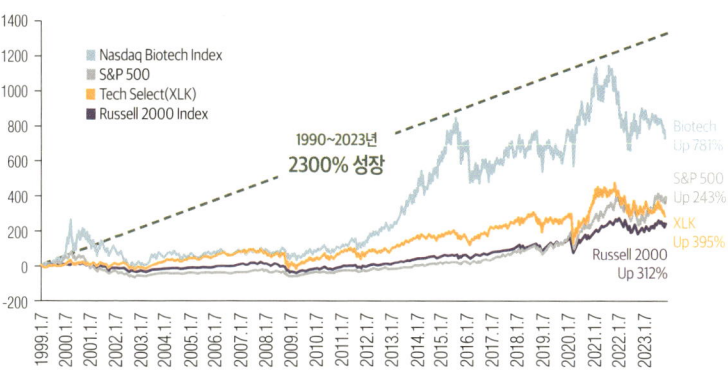

Hub-Spoke Business Model 사례

NBI, S&P 500, Tech Select(XLK) and Russell 2000 Returns, Jan 1999 to Nov 3, 2023

자료 STIFEL, 2023, JULY 단위 %

록버스터급 약물을 통해 10년 내외의 기간 동안 벌어들인 막대한 매출액, 높은 순이익률을 기반으로 자본시장에서 대규모 자본을 조달할 수 있는 능력에서 비롯된다. 하지만 바로 이러한 산업적 특성으로 인해 1980년대 이후 창업한 바이오텍 중 빅파마로 성장한 사례는 1% 이내에 불과하다. 우리가 이 책에서 살펴본 9개의 사례를 통해 빅파마로 성장하기 위해 필요한 전략이나 무기가 무엇인지 각 사례에서 추출한 몇 가지 특징을 통해 살펴보자.

① 신규 모달리티

첫 번째 특징은 새로운 모달리티 기반의 플랫폼 기술이 성장의 원천으로 작용했다는 점이다. 새로운 모달리티의 등장은 기존까지의 모달리티로는 해결하기 어려웠던 질환을 공략하거나 새로운

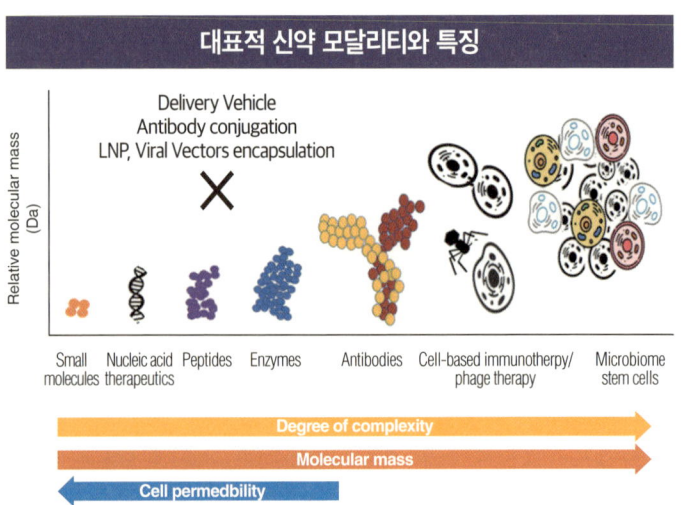

자료 STIFEL, 2023, JULY

작용기전으로 보다 효과적인 치료제를 개발할 수 있는 가능성을 확장시켜 준다. 또한 새로운 모달리티의 등장은 기존에 존재하던 모달리티 기반의 경쟁지형을 완전히 변화시키고, 기존 모달리티를 기반으로 경쟁력을 확보한 기업들의 시장질서를 크게 흔들 수 있다. 이런 점에서 새로운 모달리티를 선도하는 바이오텍이 빅파마 대열로 진입할 가능성이 높다.

이 글에서는 신약 모달리티에 대한 정의를 약리작용 물질의 분자적 특성과 특정 전달체의 조합으로 정의하고자 한다. 약리작용을 하는 물질의 분자 종류로는 분자량의 크기에 따라 경구화합물, RNA와 DNA를 포함하는 핵산, 펩타이드, 엔자임, 항체, 세포, 미생물로 나누며, 약리물질을 전달하는 전달체로는 항체, 지질나노입자LNP, 엑소좀exosome, 아데노연관바이러스AAV 등과 같은 바이러스로 나눈다. 특정 모달리티라고 함은, 예를 들어 항체약물접합체ADC는 항체를 전달체로 화합물을 결합한 모달리티이며, RNA 치료제는 mRNA를 LNP에 봉입한 신약 모달리티로 분류하는 식이다.

2024년 보스턴컨설팅 그룹Boston Consulting Group의 보고서[6]에 따르면 전체 임상 파이프라인 중 새로운 모달리티 기반 약물의 5년 후 미래가치는 전체 약물의 55% 이상을 점유할 것으로 예상하고 있다. 또한, 빅파마가 2022~2024년 새로운 모달리티 기반 약물을 인수하거나 라이선스인한 건수는 총 126건, 딜 가격은 1990억 달러에 달하는 것으로 나타났다. 2020년 이후 가장 큰 규모의 거래가 이루어지는 모달리티는 ADC이며, 건수 기준 증가율은 모달리티는 RNA 치료제이다.

하지만 새로운 모달리티의 경우 등장하는 초기 시점에서는 임상적 증거를 입증하는 데 불리할 수밖에 없다. 새로운 모달리티는 기존까지 공략하기 어려웠던 타깃(인체 내 단백질의 상호작용을 조절하는 대신 질환유발 단백질을 교체하거나 대체, 화합물로는 달성 불가능했던 타깃 선택성 확보, 단백질 대신 핵산을 조절하는 방식의 치료제 개발)으로 확장 가능하지만 약물이 되기 위한 기본조건(생산성, 물리 생물화학적 안정성, 타깃 선택성과 타깃 도달능 등)을 충족하기 위해서는 연관된 핵심 요소기술들이 통합된 플랫폼이 완성돼야 하기 때문이다.

새로운 모달리티를 구성하는 핵심 구성요소가 다양한 만큼, 새로운 모달리티의 등장은 핵심 구성요소를 확보한 다수 바이오텍

신약개발 모달리티별 기술 성숙도와 시장규모[7]

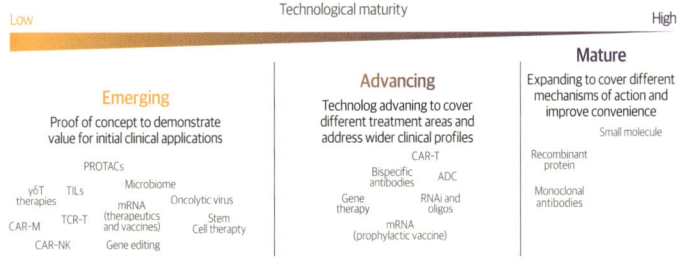

Exhibit 1- More Than 17 New Drug Modalities Have Been Developed in the Past 20 Years

	Other emerging modalities	Stem cell therapy	Oncolytic virus	Bispecific antibodies	mRNA vaccine	Gene therapy	RNA/oligos	CAR-T	ADC	mAb	Recombinant protein	Small molecule
Marketed products	0	66	4	3	8	17	18	19	42	140+	500+	37,000+
Global pipeline (early-stage activities)	300+ (99%)		252 (92%)	333 (92%)	76 (97%)	713 (94%)	537 (92%)	682 (96%)	577 (85%)	3,300+ (82%)	xx	14,000+ (81%)
시장규모				57	1,240	75	68	73	113	2,670	30	1,645

자료 BCG Analysis, 2023

새로운 모달리티의 등장은 핵심 구성요소를 확보한 다수 바이오텍들이 빅파마 대열로 진입할 가능성을 높여준다.

들이 빅파마 대열로 진입할 가능성을 높여준다. 얼마나 많은 가능성이 존재할 것인지는 해당 모달리티를 통해 공략 가능한 질환 타깃, 작용기전이 얼마나 다양한지에 따라 달라질 수 있다. 항체의 경우 뉴트랄라이제이션neutralization, 시그널링signaling, 블로킹blocking, 인트라셀룰러 페이로드 딜리버리intracellular payload delivery 등 다양한 작용기전을 활용, 항암, 자가면역, 대사질환, 신경질환 등을 공략할 수 있는 특장점이 있다. 이처럼 새로운 모달리티를 기반으로 새로운 작용기전을 개척하거나 혹은 플랫폼을 구성하는 핵심 요소기술을 확보한 바이오텍들에게는 라이선싱 기회는 물론이고 장기, 대규모 자본조달이 가능한 전략적 공동연구의 기회가 많아지게 된다.

신규 모달리티가 등장하면서 기존 산업질서가 재편되고, 신규 진입한 기업이 주류 플레이어로 성장하는 패턴은 이 책에서 다룬 다수의 기업들에서도 그대로 확인된다. 재조합단백질 기술을 기반으로 성장한 제넨텍과 암젠, 인간화 항체 플랫폼 기술을 확보한 리제네론, RNA를 타깃 신약개발 플랫폼으로 창업한 앨나일람과 아이오니스, mRNA 기반의 바이오엔텍과 모더나 등이 대표적이다.

1980년대 재조합단백질 기술은 기존 화합물 기반 치료제로는 해결하기가 매우 어려운 질환, 즉 특정 단백질이 결손돼서 발생하는 질환을 치료할 수 있는 완전히 새로운 접근법을 제시했다. 재조합단백질 치료제 개발을 위해서는 해당 단백질의 생물학적 기능을 규명하는 것, 재조합단백질 생산에 필요한 유전자의 서열을 규명하는 것, 안정적이고 일관된 품질로 생산할 수 있는 생산기술 등 최소 3가지 이상의 핵심기술을 통합, 운용하는 것이 필수적이다. 당시 재조합단백질 기술을 보유한 바이오텍들은 다수 존재했지만 이들 3대 요소를 통합적으로 운용할 수 있는 기업은 제넨텍과 암젠이 대표적이었다. 특히 제넨텍의 경우는 특정 단백질 생산을 위해 필요한 유선사 서열 규명과 단백질 양산기술을 누구보다 먼저 선점하고, 이를 기반으로 당시 빅파마와의 공동연구를 통해 필요한 대규모 자본조달에 성공했다.

항체의 명가 리제네론의 경우도 유사하다. 항체신약은 재조합단백질과는 달리 특정 타깃에만 선택적으로 결합해서 시그널을 차단하거나 전달, 혹은 항체의 Fab 부위나 Fc 부위를 이용해서 세포간의 상호작용을 유도할 수 있다는 점에서 완전히 새로운 작용기전의 치료제 개발이 가능하다. 하지만 항체신약을 개발하기 위해서는 단일항체 생산기술, 항체 인간화 기술, 그리고 항체의 Fab과 Fc 부위 등에 대한 엔지니어링 기술을 확보해야만 했다. 1980년대 다수의 바이오텍이 항체 기술을 기반으로 창업에 나섰지만 리제네론만이 빅파마로 성장할 수 있었던 것은 당시 가장 결정적인 병목 기술이던 인간화 항체 플랫폼을 보유했기 때문이다. 항체신약의 가능성은 1980년부터 실험적으로 입증됐지만 항체신약의 특장점인 정교한 타깃 선택성, 타깃 전달능을 확보하기 위해서는 완전 인간화 항체 생산기술과 항체를 구성하는 모든 요소에 대한 엔지니어링 기술이 필수적이었다. 이 중 리제네론은 항체신약 개념입증이 이루어진

1980년 이후 약 23년이 지난 2003년 완전 인간화 항체 플랫폼 기술을 개발하는 데 성공했다. 특히 리제네론은 인간화 항체 기술을 다수의 파트너사들에게 라이선싱하는 방식의 사업모델을 선택한 다른 바이오텍과는 달리 독자적인 플랫폼 기술의 독점성을 강화하고, 이를 기반으로 선택적인 공동연구와 자체 임상 파이프라인을 확보하는 데 주력한 점도 눈여겨볼 만하다.

아이오니스 역시 RNA를 타깃으로 하는 신약개발 플랫폼 기술을 확보하는 데 주력했다. RNA 치료제 개발에 대한 관심 역시 1980년대 초반부터 매우 높았으며, 다수의 바이오텍이 RNA 치료제 개발에 나섰고, 벤처투자자들 역시 RNA 치료제의 가능성에 대해 열광했다. 하지만 RNA 치료제 개발은 쉽지 않았다. 우선 RNA의 혈중 안정성과 면역반응 조절, 타깃 세포에 특이적으로 전달하는 기술과 엔도솜 탈출이 성공해야만 비로소 타깃 RNA를 조절할

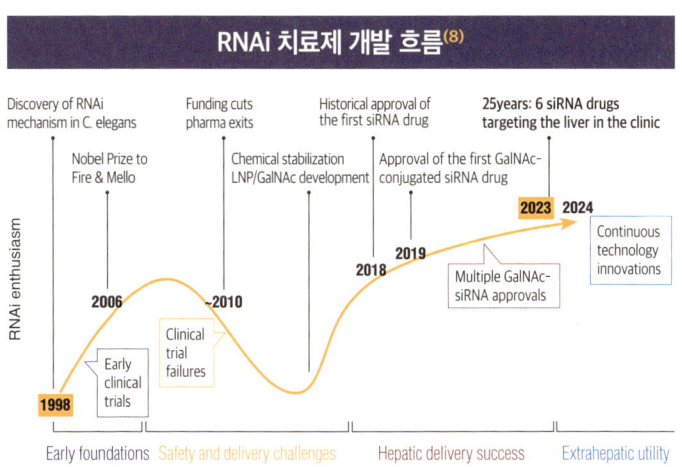

자료 Nature Review of Drug Discovery, 2024

수 있기 때문이다. 하지만 이들 모든 구성요소를 모두 확보하기까지는 오랜 기간이 소요됐고, 현재까지도 타깃 세포에 선택적으로 전달하는 문제는 완전히 해결되지 못하고 있다.

이에 아이오니스는 1989년에 창업해서 10년 만인 1998년 첫 번째 RNA 신약을 안구 내로 직접 투여하는 방식으로 개발했다. 타깃 선택적 전달기술이 개발되지 못했기 때문이다. 하지만 바로 이러한 투약방식으로 인해 상업적 성공에는 실패하게 됐다. 그 후로 15년이 지난 2014년에야 간세포 타깃 전달체 기술을 완성하는 데 성공했다. 빅파마로부터 대규모 자본유치가 이루어진 공동연구 역시 이 시기를 전후해서 가능해졌다. 하지만 RNA 기반 신약개발 가능성이 본격적으로 검증되기 이전까지는 아이오니스의 자본조달은 어렵기만 했다. 당시 대부분의 투자자들은 초기의 열광과는 달리 RNA치료제가 열어갈 수 있는 미래 잠재력에 대해서 누구도 부정하지 않았지만 임상적 증거가 없이는 쉽게 투자를 진행하지 않았다. 게다가 당시는 항체신약의 전성시대였다. 아이오니스는 회사의 존속과 RNA치료제 개발을 지속하기 위해 낮은 기업가치로라도 투자를 유치해야 했고, 결국 아이오니스 내부자 지분율은 0.8% 정도로 줄어들었다. 뿐만 아니라 아이오니스는 부족한 자금문제를 해결하기 위해 전체 23개의 임상 파이프라인 중 절반에 해당하는 12개 파이프라인을 라이선싱아웃을 할 수밖에 없었다. 그 결과 아이오니스가 앨나일람에 비해 훨씬 먼저 창업, 대부분의 리보핵산간섭 RNAi치료제 개발에 필요한 플랫폼 구성요소를 개발했음에도, 자체 임상 파이프라인을 훨씬 많이 가지고 있는 앨나일람이 매출액이나 기업가치 측면에서 최소 3배 이상 성장하게 됐다.

한 가지 주목할 것은 특정 모달리티를 기반으로 완전한 플랫폼을 구성하기 이전이라도 임상적 증거를 가능한 빨리 입증하는 것이 중요하다는 점이다.

mRNA 기술의 선구자인 바이오엔텍 역시 비슷한 양상을 보여준다. mRNA는 타깃 단백질을 인체 내^{in vivo}에서 생산할 수 있다는 점에서 1990년 전후부터 관심을 모았다. 1980년대 재조합단백질 기술이 타깃 단백질을 외부에서 생산해 투약하는 방식이라고 한다면 mRNA는 인체 내에서 직접 원하는 단백질을 만들어 내기 때문에 인체 자체가 특정 약물을 생산하는 생산공장으로 역할하는 것이다. 특정 약리작용을 가진 다양한 형태의 항체, 혹은 백신 역시 mRNA를 통해 만들 수 있기 때문에 과거와는 전혀 다른 신약개발 새로운 패러다임을 열 수 있을 것으로 기대됐다. 하지만 RNAi와 마찬가지로 mRNA를 신약개발에 적용하기 위해서는 mRNA의 안정성 확보 및 면역원성 조절 기술, mRNA를 타깃 세포로 전달할 수 있는 전달체 기술이 필수적이었다[9]. 이러한 요소기술들은 mRNA를 통해 타깃 단백질을 생산하는 최초의 동물실험 결과가 발표된 1987년으로부터 약 20년 후인 2004년(슈도유리딘^{Pseudouridine} 기술 개발), 2009년(아뷰터스^{Arbutus}의 LNP 기술)에 개발됐다[10].

한 가지 주목할 것은 특정 모달리티를 기반으로 완전한 플랫폼을 구성하기 이전이라도 임상적 증거를 가능한 빨리 입증하는 것이 중요하다는 점이다. 완성된 플랫폼 확보까지는 통상 최소 20여

년 이상의 시간이 소요된다. 장기투자에 익숙한 투자자들도 기다리기 힘든 시간이며, 그 시간이 길어질수록 기왕에 존재하던 강자들이 해당 모달리티로 진입할 수 있는 가능성도 높아진다. 결국 중요한 것은 새로운 모달리티가 가지는 임상적 경쟁력을 누가, 얼마나 빨리 입증하느냐이다. 최초의 항체신약인 뮤로모납^{muromonab}-CD3은 1986년에 허가됐는데, 마우스 버전의 항체였다. 마우스 버전 항체가 가지는 면역원성은 항체신약의 치료 지속기간이나 반복적인 투여가 어렵게 만들었고, 결국 인간화 항체 생산기술을 필요로 하게 된다. 또한 항체신약의 작용기전 역시 충분히 규명되지 않았음에도 불구하고 자가면역치료제, 항암제 분야에서 항체신약의 특장점은 임상적으로 증명됐으며, 초기 항체치료제 개발경쟁은 가장 빠르게 임상적으로 입증 가능한 타깃과 질환이 무엇인지를 두고 치열하게 전개됐다. 특정 모달리티를 구성하는 플랫폼 그 자체의 완전성이 아니라 임상에서 해당 모달리티가 어떤 특장점을 구현할 수 있는지를 누가 먼저 입증하는지가 경쟁력의 핵심으로 평가되는 것이다. 연구자들과는 달리 시장은 시간이 오래 소요되는 모달리티의 잠재력에 대한 평가가 아니라 빠르게 확인 가능한 임상경쟁력을 통해서 평가하기 때문이다.

② 파트너십을 통한 대규모 자본조달

바이오텍의 성장에서 자본조달이 차지하는 중요성은 아무리 강조해도 지나치지 않다. 바이오텍 성장을 위해 필요한 가장 중요한 3대 요소로 흔히 과학, 자본, 사람을 말하는데, 그 중에서도 가장 중요한 것은 자본조달 능력이다. 과학은 개발과정에서 한계에 봉착

했을 때 다른 접근법을 공략하거나 외부기술 도입 등을 통해 전환이 가능하며, 이 과정에서 지식이나 네트워크 등이 축적, 시너지(상승효과)를 기대할 수도 있다. 이에 반해 적절한 시점에 적절한 기업가치로 자본조달을 하지 못한다면 회사 성장에 치명적인 생채기를 남기게 되고, 그 생채기는 오랫동안 흔적을 남긴다.

바이오텍이 성장하기 위해서는 개발단계별로 필요한 실험결과를 산출해야 한다. 그래야 회사의 가치도 상승할 수 있고, 상호 경쟁하는 바이오텍이 많은 만큼 더 좋은 데이터로 더 빨리 파트너십을 형성하는 것이 중요하기 때문이다. 하지만 이를 위해서는 해당 연구개발을 위해 필요한 자본을 적절한 시점에 조달하는 것이 필수적이다. 흔히 바이오텍 업계에서는 "돈으로 시간을 산다"는 이야기가 있는 것도 이러한 이유 때문이다. 하지만 제약산업에서 필요한 시점에 필요한 규모의 자본을 조달하는 것은 매우 어렵다. 무엇보다 정보 비대칭성 문제와 장기 투자회임 기간의 문제가 있다.

플랫폼 기업에 대한 벤처캐피털 투자 사이클

Biotech Market Cycles

Prevailing investment bias across the sector fluctuates over time

2000-2001	Transformative innovations	Risk Appetite	Incremental innovations	2002-2005
2005-2008		"Risk-on" "Risk-off"		2009-2012
2013-2021	Platforms and novel biology		"Assets-in, Platforms-out"	2022-2024

자료 https://lifescivc.com/2024/10/biotech-risk-cycles-assets-and-platforms/

그렇다면 누가 이런 자본조달을 해 주는가? 크게 보면 초기단계의 벤처캐피털^{VC}이 있고 후기 단계의 기관투자자들이 있다. 먼저 초기단계 투자를 담당하는 VC의 경우(신약개발에 특화된 VC의 경우) 정보 비대칭성 문제는 상대적으로 작지만 투자회임 기간과 상대적으로 작은 투자규모의 문제가 있다. VC의 경우 상장시점까지 3, 4차례의 투자라운드로 나누어 투자를 진행하는데, 상장시점 기준 누적 투자액은 대략 1억 달러 내외, 상장까지 소요되는 기간은 5~7년 내외이다. 이러한 투자형태는 특정 파이프라인을 중심으로 창업한 바이오텍$^{Asset\ Centric\ Biotech}$에게는 적절한 규모의 자본을 공급할 수 있지만 새로운 모달리티 기반의 플랫폼 바이오텍이 필요로 하는 자본규모나 투자회임 기간에는 크게 부족하다. 특히 바이오텍 투자시장의 사이클이 호황인지 불황인지에 따라 플랫폼 기반 바이오텍에 대한 투자 형태는 매우 크게 차이가 난다. 투자회임 기간이 상대적으로 길고 임상적 증거를 생산하기까지 개발기간, 개발비용에서 큰 차이가 나기 때문이다. 특히 차세대 모달리티를 개발하기 위한 플랫폼 기업에 대한 투자는 자본시장, 혹은 이자율 변화와 같은 거시경제 사이클 변동에 따라 주기적으로 변동하며, 신약개발 연구생산성이 지속적으로 저하하는 시점에서는 플랫폼 기업, 그중에서도 특히 차세대 모달리티 기반의 플랫폼 기업에 대한 투자수요가 높아진다.

상장 이후 자본조달의 주요 주체인 기관투자자들은 주식시장의 높은 유동성을 활용할 수 있어서 투자회임 기간에 따른 투자제약은 낮다. 하지만 벤처캐피털 대비 정보 비대칭성 문제는 상대적으로 크다. 따라서 기관투자자들은 라이선스아웃, 혹은 빅파마와의 공동연구 등 기술력을 객관적으로 입증할 수 있는 주요 이벤트를 매개로 투자결정을 하는 경우가 많다. 그런데 라이선스아웃의 경우 미래의 가치를 현재가치로 할인해서 미리 매각을 하는 것과 다름없기에 기술력 입증의 증거가 될 수는 있지만 미래 기업가치 상승에는 오히려 부정적으로 평가된다. 또한 임상 후기에 라이선스아웃되는 경우와는 달리 초기 개발단계에서 라이선스아웃이 될 경우 후속 개발과정에서 실패할 위험이 높다는 점, 임상개발 전략, 그에 따른 임상 디자인 등에 대한 의사결정 권한이 없기때문에 라이선스아웃된 약물의 운명이 약물 자체의 특성 외에도 파트너사의 포트폴리오 운영전략 변화에 따라 운명이 결정된다는 한계를 가진다. 뿐만 아니라 선급금이나 마일스톤 지급금의 규모가 충분히 크지 않기 때문에 장기적인 예측가능성을 전제로 한 대규모 연구개발 자금으로 활용하기 곤란하다는 문제점이 있다.

특히 파이프라인 중심의 바이오텍의 경우 공동개발 파트너십을 확보할 수 있는 가능성이 플랫폼 기반 바이오텍에 비해 훨씬 제약적이다. 단일 파이프라인으로 공동개발 파트너십이 체결되는 경우는 임상 불확실성이 높을 때 위험을 분산하기 위한 목적으로 진행되는데, 지역별 판권을 나누거나 개발 마일스톤을 지급하는 방식이다. 이때 빅파마로 성장한 대부분의 바이오텍들은 판권분할 계약에서 미국 판권만큼은 양보하지 않는 방식의 라이선싱 계약을 체결했다는 점도 염두에 둘 필요가 있다. 이에 반해 공동개발 파트너십은 특정 플랫폼 기반으로 다수의 파이프라인을 생산, 개발된 파이프라인을 분점할 수 있을 때 성립하기 때문이다. 또한 빅파마 공동연구의 경우 연구개발 성과를 공유(판권분점, 일부 파이프라인에 대한 독점권 유지 등의 방식으로)하는 동시에 5년 내외의 장기간에 걸쳐 연구개발비를 지원받을 수 있고, 빅파마 파트너사의 질환 및 임상개발 전문성 등을 공유하는 반면에 지분희석 가능성이 매우 낮다는 점에서 라이선싱아웃에 비해 바이오텍에 매우 유리한 파트너십 구조를 가진다.

제넨텍, 암젠, 리제네론, 버텍스, 아이오니스, 바이오엔텍 모두 플랫폼 기반의 공동연구 파트너십을 통해 빅파마로부터 대규모 자금조달에 성공한 것을 기반으로 높은 기업가치의 상장에 성공했거나, 좋은 조건의 유상증자를 통해 자금조달에 성공한 대표적인 기업들이다. 특히 이들 기업은 기업성장 초기 단계에 꼭 필요한, 불가피한 상황이 아니면 라이선싱아웃을 통한 자금조달 방식을 선택하지 않았다. 오히려 자체 개발 물질 신약허가를 받자마자, 혹은 자체

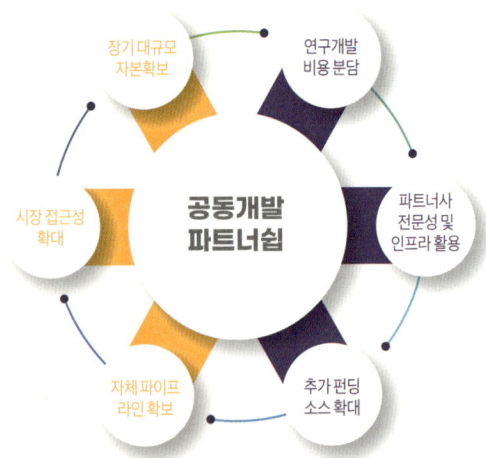

공동개발 파트너십의 장점

개발 물질을 출시하기 이전이라도 경쟁 바이오텍이 개발한 외부물질 도입을 통해 판권을 인수하는데 적극적이었다. 빅파마로 성장하는 가장 빠르고 효과적인 길은 블록버스터급 약물 자체출시, 이를 통한 지속적인 매출액 확보라고 확신했기 때문이며, 매출확보 없이는 지속적인 연구개발 재투자가 불가능하기 때문이다.

이러한 이유로 벤처투자자나 기관투자자 모두 빅파마와의 공동연구 파트너십 계약은 바이오텍 기업가치 상승의 결정적 전환점으로 평가하게 된다. 빅파마 공동연구 파트너십 계약이 이루어질 경우 해당 바이오텍의 기업가치가 급증하면서 기관투자자의 유상증자(벤처투자자의 후속투자) 참여비율이 높아지면서 자본조달 선순환 구조가 형성된다. 나스닥 상장 시 시가총액이나 조달규모가 큰 바이오텍은 빅파마와의 대규모 파트너십(라이선싱과 공동개발을 포함)을 달성한 기업들이 대부분인데, 1980년 이후 지금까지 이러한 패턴은 꾸준하게 관찰되는 공통적인 특징이다.

그 결과 264페이지의 통계 자료를 통해서도 확인할 수 있듯이 성장성이 높은 회사들의 대부분, 특히 빅파마로 성장한 바이오텍들은 상장 이후에도 파트너십을 통한 자금조달 비중이 유상증자 Follow-on Public Offering, FPO, 파이프 제도 Private Investment in Public Equity, PIPE(공개시장에서 특정 투자자에게 시가보다 낮은 가격에 할인해 주식을 발행)에 비해 훨씬 높은 비중을 차지한다. 이를 한마디로 표현한다면 바이오텍 성장에 필수적인 자본조달에 있어서 기업가치 상승을 이루고, 지분율 하락을 최소화하며, 미래에 발생하게 될 잠재적인 매출수익을 여전히 독자적으로 보유할 수 있는 가장 효과적인 자본조달 방법은 빅파마와의 공동 연구개발 파트너십이며, 그다음 차선책은 라이선싱아웃이거나 혹은 유상증자 방식의 팔로 온^{follow on} 투자, 차악은 투자시장이 악화됐을 때 선택할 수밖에 없는 파이프 제도 등이다.

하지만 플랫폼 기반 파트너십은 빅파마의 약물개발 생산성 변화, 혹은 전략 트렌드의 변화에 크게 영향을 받는다. 인간화 항체 플랫폼, 면역항암제 개발을 위한 항체 엔지니어링, ADC 개발을 위한 링커-페이로드, CAR-T 플랫폼, 그리고 AI 신약개발 플랫폼 등이

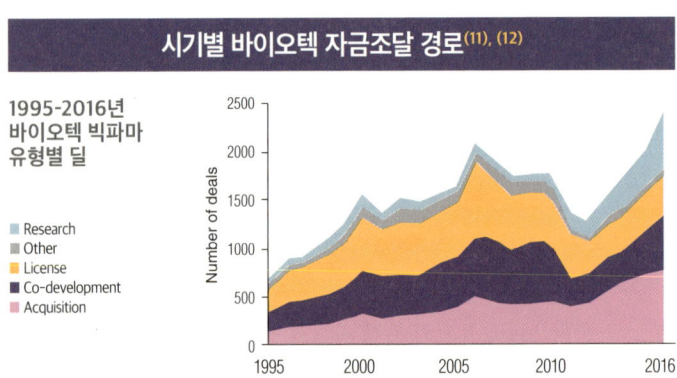

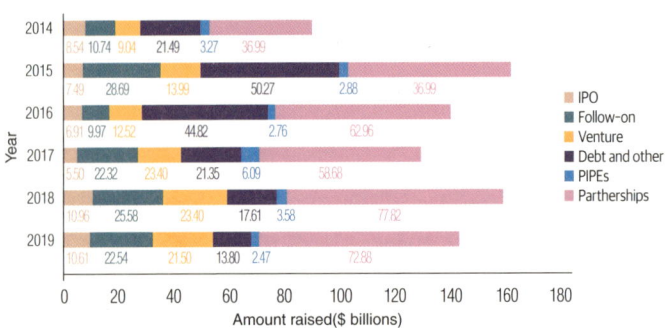

자료 Recombinant Capital; BCIQ, Biocentury

모두 기존까지 약물개발 전략의 한계로 인한 생산성 위기를 극복하고 새로운 작용기전을 통한 타깃질환 확장성을 추구하는 과정에서 등장한 플랫폼이다. 따라서 플랫폼 기반 파트너십 확보를 위해서는 기존 빅파마들이 보유하고 있던 기존 모달리티에서 나타나거나 경험하고 있는 중요한 기술적 미충족 수요를 해결할 수 있어야 한다. 이를 위해 플랫폼 기반 바이오텍의 경우 자신의 플랫폼이 기존 모달리티가 직면한 문제 중 무엇을 해결할 수 있는지를 명확히 해야 한다. 예를 든다면 이미 등장한 모달리티 중 RNAi, mRNA, 유전자치료gene therapy 분야에서 가장 높은 기술적 미충족 수요인 세포 및 타깃 선택성과 높은 타깃 전달능 문제를 해결할 수 있어야 한다.

또 하나 주의할 점은 적어도 비임상, 혹은 초기 임상단계에서 개념검증이 이루어지기 전까지는 대규모 공동연구 파트너십 확보가 상대적으로 매우 어렵다는 점이다. 해당 플랫폼을 이용한 적어도 1개 이상의 파이프라인을 통해 임상데이터 확보가 이루어지지 않는다면 빅파마는 공동연구 파트너십보다는 기업형 벤처캐피털 CVC을 이용한 전략적 투자로 일단 지켜보는wait and see 전략을 선택할 가능성이 높다. CVC를 통한 전략적 투자는 대규모 전략적 투자 결정을 위해 필요한 해당 플랫폼에 대한 지식과 기술에 대한 접근성을 확보하는 동시에 투자위험을 분산시킬 수 있기 때문이다. 실제로 빅파마가 운영하는 CVC의 투자포트폴리오를 분석해 보면 차세대 모달리티, 혹은 신규 바이올로지로 간주되는 거의 모든 바이오텍에 대해 투자를 진행한다. 어떤 모달리티가 차세대 신약개발에서 지배적인 위치를 차지할 것인지 모르기 때문이며, 해당 모달리티를 구성하는 필요 구성요소를 통합한 완성된 플랫폼을 구축하기 위해서는 추가적인 투자와 연구개발 협력 등이 필요하기 때문이다. 대부분의 빅파마가 차세대 모달리티에 대해 CVC 투자를 통해 해당 기회에 걸맞은 전략 opportunistic approach을 취하는 이유이며, CVC 투자 이후 해당 기술에 대한 지식, 접근성 및 투자한 회사의 플랫폼 완성도가 높아진 차세대 모달리티에 대해서는 개발 초기단계에서 전격 인수합병을 진행하게 된다.

이때 모달리티 플랫폼의 완성이란 해당 모달리티를 이용해서 약물이 되기 위한 기본조건(물질의 생산성, 물리 생물화학적 안정

2023년 기준 3개 이상 CVC가 공동투자 한 Biotech 현황[13]

바이오벤처	투자 CVC	플랫폼	개발단계
Artios Pharma	Abbvie, EMD, Novartis, Pfizer	DDR Pathway, Small Molecule	1상
Ribon Therapeutics	Abbvie, BI, Google, Novartis	PARP7, Small Molecule	파산
Palleon Pharmaceutical	Abbvie, GSK, Pfizer, Takeda	Enzyme-Antibody GLycan Editing	2상
RECODE Therapeutics	Amgen, Bayer, Pfizer, Takeda	organ targeting lipid nanoparticle (LNP) platform	1상
Verna Health	Google, J&J, Merck, Novono	Healthdata System Integration	
Aetion	Amgen, J&J, UCB	Clinicaldata System Integration	
Capstan Therapeutics	Bayer, Novartis, Pfizer	Cell Seeking LNP Platform	IND
Code Biotherapeutics	Amgen, Takeda, UCB	3DNA conjugated Cell targeting Non-Viral Delivery System	Discovery

바이오벤처	투자 CVC	플랫폼	개발단계
FoRx Therapeutics	EMD, Novartis, Takeda	DDR Pathway, Small Molecule	IND
Lyell	J&J, Novartis, Takeda	Gen/Epigenetic T Cell Reprogramming	1상
Immunitas Therapeutics	Bayer, EMD, Novartis	New biology on Immunology	1상
Mission Therapeutics	GSK, Pfizer, Roche	DUB targets Small Molecule Platform	1상
Mozart Therapeutics	Bayer, Lilly, Merck	CD8 Treg Regulation	IND
Ribometirx	Abbvie, Amgen, Tanabe	Direct RNA Targeting	Lead
Soteria Biotherapeutics	EMD, Novartis, Roche	Switchable bispecific T-cell engagers	Discovery
Stride Bio	Lilli, J&J, Pfizer	AAV Capsid Platform	Discovery
Trex Bio	GSK, Lundback, Takeda	Tissue Specific T reg Regulation	1상

자료 필자 자체분석

성, 타깃 선택성과 타깃 도달능 등)을 확보하는 것을 의미한다. mRNA를 예로 든다면 mRNA 물질 안정화 및 면역원성 제거, LNP 등을 활용한 타깃 선택적 전달체 기술 확보, 이들 양자 모두에 대한 경제성이 확보된 생산기술 확립등이 필수구성 요소라고 할 수 있다. 이처럼 특정 모달리티 기반의 기본조건을 통합한 완성된 플랫폼을 확보하지 못할 경우에는 공동개발 파트너십보다는 플랫폼을 구성하는 특정 구성요소를 파트너사의 파이프라인 개발에 적용하는 기술 라이선싱에 그치는 경우가 많기 때문이다. 또한 완성된 플랫폼을 구성할 경우 공동개발을 넘어서 개발 초기단계에도 인수합병의 타깃이 될 가능성이 매우 높아진다. 이러한 이유로 빅파마의 인수합병 대상이 되는 기업들은 차세대 모달리티 플랫폼을 완성한 기업이거나 혹은 임상 후기 파이프라인을 다수 보유해서 빅파마의 출시제품 포트폴리오를 구성하는 데 즉시 적용할 수 있는 경우가 많다. 예를 든다면, ADC 신약개발 플랫폼을 완성하고 임상 후기 파이프라인을 보유한 시젠^{Seagen}은 인수합병된 데 반해 시나픽스처럼 특정 링커를 가졌거나 이노반트처럼 특정 페이로드만을 가진 경우는 파트너사의 파이프라인을 적용하거나 해당 기술이 적용된 파이프라인 단위 라이선싱에 머무는 경우가 이에 해당한다.

③ 자본조달 시장의 중요성

바이오텍 성장에 있어서 자본시장의 역할은 결정적이다. 바이오텍은 신약허가를 받을 때까지 매출을 달성할 수 없으며, 출시 시점까지 최소 10년 이상의 장기적이고 대규모적인 투자가 필수적이기에 자본시장으로부터의 자본조달 기능에 전적으로 의존할 수밖에 없다. 이런 점에서 바이오텍에게 상장이란 본선 게임에 출전할 수 있는 입장권을 얻게 되는 것을 의미한다. 이처럼, 자본시장에 진입하기 이전까지는 VC로부터의 투자유치가 필수적이고, 공개 자본시장에서는 기관투자자를 대상으로 한 유상증자^{FPO}, 파이프 제도^{PIPE}, 부채^{debts} 등을 통해 자본을 조달해야 한다. 이 과정에서 바이오텍은 자신의 기업가치와 미래 성장성을 입증하기 위해 연구개발 성과를 임상 마일스톤에 따라 입증해야 하며, 특히 빅파마와의 라이선싱이나 공동연구 등을 통해 기술력을 입증받을 경우 자본조달 효율성을 높일 수 있다.

미국 벤처캐피털업계와 나스닥은 바이오텍 산업성장을 위한 자본시장의 역할을 효과적으로 수행했다. 1980년 전후 미국과 유럽의 바이오텍 연구개발 성과에서 큰 차이가 있지 않았지만 미국을 중심으로 바이오텍 산업이 등장하게 된 것은 전적으로 미국 자본시장의 우수성에 기인했다고 해도 과언이 아니다. 미국 바이오텍의 성장에서 벤처캐피털은 1980년대부터 본격화됐고, 1990년대까지 약 20배 이상 투자규모가 성장했다. 2001~2006년 총 276억 달러를 투자했으며, 나스닥 시장에서는 1978~2004년까지 기업공개IPO와 유상증자를 통해 1680억 달러를 투자했다. 바이오텍 투자에 대한 VC와 나스닥 투자시장의 폭발적 반응은 1980년 전후에 창업한 바이오텍들이 속속 빅파마들에 의해 인수합병되고, 연구개발 성과가 임상적 증거를 통해 입증되면서 그 성장성을 입증받으면서 점점 더 확대됐다.

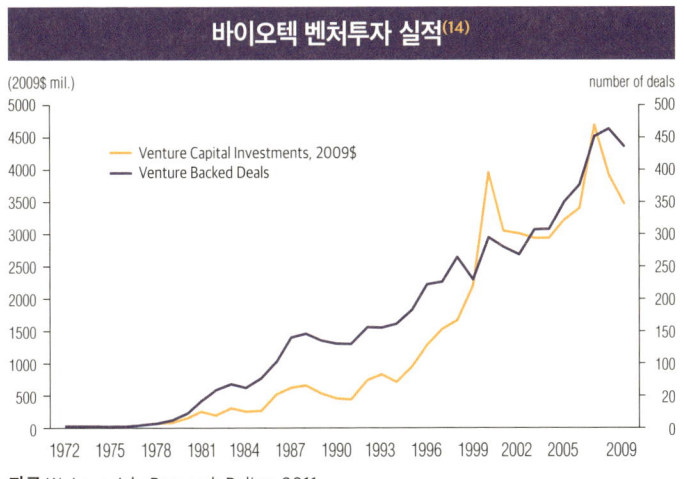

자료 W. Lazonick, Research Policy, 2011

특히 1990년 이후에는 재조합단백질 기반의 바이오의약품이 승인을 받으면서 암젠의 1995년 매출액은 19억 달러에서 2000년 36억 달러로 성장했으며, 제넨텍은 1995년 5억7000만 달러에서 2000년 17억 달러까지 매출이 성장했다. 1995년 6개의 재조합의약품이 출시됐으며, 총 매출액은 93억 달러 내외였고, 2000년 기준으로는 15개의 단백질 재조합 의약품과 항체치료제가 출시돼 193억 달러, 2003년에는 333억 달러를 기록했다. 이에 따라 아래 표에서 확인할 수 있듯이 미국 VC는 1990년 이후 연간 15억 달러 내외의 투자 수준에서 2000년 전후 연간 40억 달러, 건당 평균 약 1000만 달러 규모의 투자를 집행했다.

269페이지 그래프에서 확인할 수 있는 것처럼 바이오의약품 시장의 확대와 인수합병 흐름이 이어지면서 1990~2000년 바이오텍에 대한 투자수익률은 실현익 기준 IRR=15.9를 기록, 다른 어떤 산업보다 높은 수익률을 자랑했다. 특히 1990년대는 IRR=30.4%를 기록해서 바이오텍 주식시장의 붐은 게놈 버블$^{genomic\ bubble}$이 터진 2010년까지 지속적으로 우상향했다. 이러한 자본시장 활황은 신규 바이오텍의 시장진입을 촉진했을 뿐만 아니라 이미 상장시장에 진입한 1980년대 바이오텍이 급성장할 수 있는 비옥한 토양을 마련해 주었다.

대표적인 사례로, 암젠은 1980년에 창업, 3년 후인 1983년에 IPO를 통해 시가총액 2억 달러로 4300만 달러를 조달하는 데 성공했다. 곧이어 1984년 미국 국채금리가 20%에서 6% 수준으로 떨어지면서 자본시장이 활황을 맞이한 것을 계기로 1985년 1차 유상증자를 통해 4300만 달러, 1987년 2차 유상증자에서는 1억5000만 달러를 조달했다. 상장과 동시에 3년여에 걸쳐 총 2억5000만 달러를 조달한 것이다. 이렇게 조달한 자본으로 암젠은 에포젠을 생산할 수 있는 생산공장을 설립하고, 차세대 플래그십 프로젝트인 뉴포젠 개발에 신속하게 진입할 수 있었다. 당시 나스닥에 상장된 바이오텍만 235개였는데, 그중에서도 암젠이 빠르게 재조합단백질

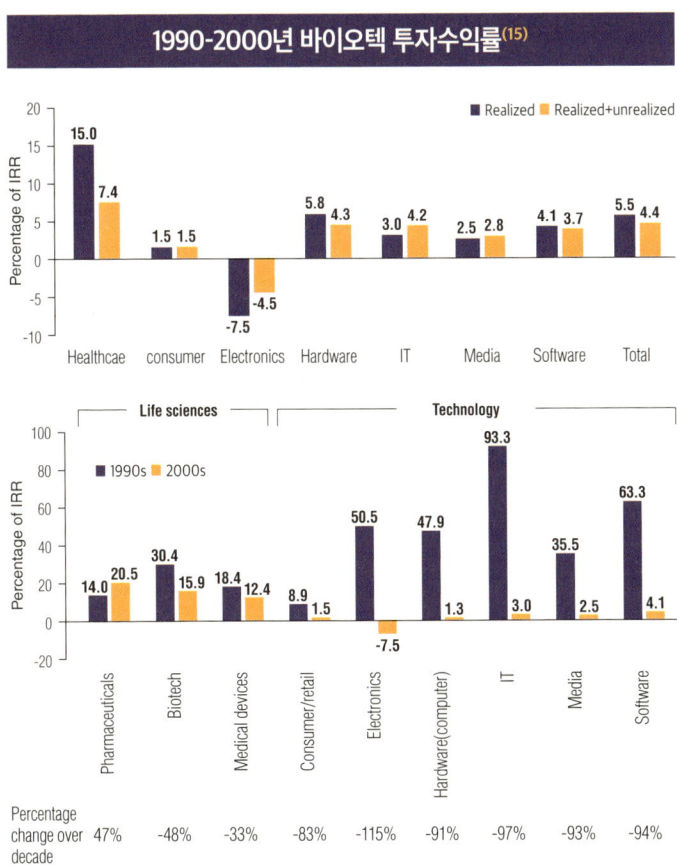

자료 Nature Biotechnology, 2011

분야의 선두주자로 진입할 수 있었던 중요한 계기 중 하나는 자본시장의 중요성에 대한 암젠 대표 라스만의 혜안과 공격적인 자본조달 전략에 힘입은 것이다.

    길리어드 역시 1989년에 핵산치료제 개발을 목표로 창업한 후 GSK와의 공동연구 계약을 기반으로 1992년 상장에 성공, 6800만 달러를 조달했다. 길리어드는 핵산치료제 개발을 위해 고군분투하다가 1998년 핵산치료제 개발을 포기하고 외부물질 도입을 통해 항바이러스 치료제 개발로 전환하기로 했다. 길리어드의 전략전환은 미국 자본시장에서 자본조달이 없었다면 불가능했다. 길리어드는 1995년 2차 유상증자를 통해 9400만 달러, 1996년 4차 유상증자를 통해 1억6000만 달러를 조달하는 등 총 4억 달러를 동원, 1997년에 연매출 1억3000만 달러를 달성한 넥스타 파마슈티컬 Nextar Pharmaceutical을 5억5000만 달러 주식배분 방식으로 인수했다. 곧이어 길리어드는 자회사 OSI를 2억 달러에 매각한 대금을 기반으로 트라이앵글 파마 Triangle Pharma를 2004년 4억6000만 달러에 인수하고, 2006년에는 미오젠 Myogen을 25억 달러에, 2011년에는 파마셋 Pharmasset을 110억 달러에 인수했다. 특히 파마셋 인수의 경우에는 2010년 길리어드의 매출액이 70억 달러에 불과했음에도 이 매출액을 근거로 62억 달러의 부채를 동원, 파마셋 인수에 성공했다. 이처럼 길리어드의 연쇄적인 인수합병은 나스닥을 통한 자본조달 환경이 없었다면 불가능했다.

    이처럼 나스닥에서 자본조달 기능이 활성화된 것은 바이오텍의 실질적인 임상성과 및 매출성과가 꾸준하게 상승한 것이 근본적 원인이지만 그 외에도 세 가지 나스닥을 구성하는 자본시장의 핵심

시스템이 형성됐기 때문이다.

    첫 번째는 2010년 이후 등장한 기획창업 전문벤처투자사 Company Building Venture Capital의 역할이다. 2000년에 있었던 닷컴버블과 게놈 버블 붕괴 이후 미국 VC는 시장은 초토화됐다. 2000년 이전까지 미국 내에는 약 1000개의 VC이 운영됐는데, 2003년 약 450개 수준으로 줄어들었으며 펀드 규모 역시 절반 수준으로 급감했다. 이에 따라 벤처투자자의 투자모델 역시 급격하게 진화했는데, 바이오 분야에서는 플래그십 파이어니어Flagship Pioneer, 아치벤처Arch Venture, 아틀라스 벤처Atlas Venture, 서드록벤처ThirdRock Venture 등이 대표적이다.

    플래그십 파이어니어는 1999년 뉴코젠NewcoGen이라는 이름으로 설립됐다. 플래그십은 헬스케어 관련 기술의 병목을 진단하고, 이를 해결할 수 있는 솔루션을 제공할 수 있거나 현재의 개발 패러다임을 전환시킬 수 있는 혁신적이고 와해적disruptive인 기술을 발굴, 회사를 창업시키는 투자모델을 선택했다. 플래그십은 2000년 이후 총 75개의 바이오텍을 창업, 2016년 기준 16개 바이오텍을 상장시키는 데 성공했고, 포트폴리오 회사의 기업가치 총액은 190억 달러에 달한다. 플래그십의 대표적인 기획창업 포트폴리오로는 모더나, 에디타스Editas, 디날리테라퓨틱스Denali Therapeutics 등이 있고, 아틀라스벤처, 아치벤처, 서드록벤처 등이 창업한 기업으로는 주노Juno, 앨나일람, 카루나, 님버스, 인텔리아Intellia 등이 있다. 이들 대부분의 기업은 차세대 모달리티를 선도하는 기업들이거나 신약개발 비즈니스 모델의 혁신을 이룬 기업들이다.

    이들 기획창업 벤처캐피털은 첫 번째 투자단계부터 회사의 개발개념을 먼저 정립하고 그에 걸맞은 팀 구성 및 연구개발 전략을 설계한 뒤, 첫 번째 소규모 투자를 통해 킬러실험$^{killer\ experiment}$ 단계를 통과하면 본격적인 투자를 집행한다. 개발단계를 진행할수록 충분한 규모의 투자를 집행, 가장 빠른 시간 내에 기술적 완성도를 높이는데, 플랫폼 기술의 경우는 빅파마 CVC와의 공동투자를 통해, 파이프라인 중심의 바이오텍은 크로스오버^{crossover} 투자자들과의 공동투자를 통해 신속하게 기업성장을 지원한다. 때문에 이들 기획창업 벤처투자사들이 선별한 바이오텍의 성장 혹은 인수합병 성공률은 기본적으로 50%가 넘고 내부수익률^{IRR}=22~56%를 넘어선다.

    이들 기획창업 전문 VC의 높은 승률을 통해 특히 강조돼야 할 포인트가 있다. 바이오텍 투자는 벤처투자자들의 바이블 중 하나로 거론되는 멱의 법칙(수량게임)과는 전혀 다른 논리가 작동한다는 점이다[16]. 정보기술^{IT}, 인공지능^{AI}, 핀테크^{Fintech} 등에 대한 투자는 기술적 불확실성보다는 시장불확실성이 높고, 네트워크 효과가 지배적으로 작동하며, 일단 시장확보에 성공할 경우 기대수익의 규모는 상상 이상으로 크다는 특징이 있다. 이런 산업의 경우 최종승자를 예측하기는 거의 불가능에 가깝기에 벤처투자자들은 가능한 한 많고 다양한 투자 포트폴리오를 확보하고자 한다. 이 중에 단 하나만 성공해도 전체 IRR을 높일 수 있기 때문이다. 하지만 신약개발에서는 기술적 불확실성은 높지만 시장불확실성은 낮고, 예상 매출액도 추정이 가능하다. 바이오텍 투자는 기술적 불확실성을 단계적으로 제거해 나가는 과정이며, 과학적 기반이 없이는 절대 성공할 수 없는 산업적 특징을 가진다. 따라서 양적 게임이 아니라 질적 게임이 작동하는 영역이고, 벤처투자자에게 절대적으로 필요한 것은 질적 차이를 구별해 내는 능력이다. 이러한 점이 기획창업 VC가 등장한 근본적 원인이며, 그들의 투자승률이 높은 이유이기도 하다.

두 번째는 바이오텍에 전문성을 가진 대형 기관투자자의 등장이다. 오르비메드Orbimed를 비롯해 퍼셉티브 어드바이저Perceptive Advisor, RTW 인베스트먼트, RA 캐피털, 록 스프링 캐피털Rock Spring Capital, 레드마일Redmile 등 대략 20여 개 기관투자자는 2015년 720억 달러, 2020년 1040억 달러, 2021년 2400억 달러를 바이오텍에 투자했다[17]. 이들 기관투자자는 유상증자 등을 통해 시가총액 5억 달러 이상 바이오텍 지분의 53% 내외를 점유하고 있을 뿐만 아니라 전체 바이오텍 투자금액의 70~80%를 점유한다. 또한 IPO를 앞둔 바이오텍의 크로스오버crossover 투자에도 적극적으로 참여, 상장하고자 하는 바이오텍의 기업가치를 평가하는 데 결정적인 영향을 미친다.

이들 대형 기관투자자의 등장은 나스닥 자본시장 대규모화에 크게 기여했을 뿐만 아니라 VC가 육성한 바이오텍에 대한 기업가치를 시장의 관점에서 검증하는 기능도 행사했다. 이들 중 칼럼그룹Column Group이나 포사이트 캐피털Foresite Capital의 경우는 투자수익률이 IRR=65%에서 400%에 이르는 놀라운 성과를 보여주기도 했다. 이보다 더 중요한 것은 이들 대형 기관투자자의 투자로 인해 많은 바이오텍이 빅파마와의 협력 없이도 자체 임상을 통해 신약개발을 출시하는 경우가 크게 늘어났다는 점이다. 항체신약을 예로 든다면 1980년부터 2024년까지 출시된 총 149개의 항체신약 중 45개가 빅파마가 아닌 바이오텍에 의해 출시됐다. 또한 대표적인 블록버스터급 신약출시 기업으로는 유나이티드 테라퓨틱스

United Therapeutics, 재즈 파마슈티컬스Jazz Pharmaceuticals, 바이오마린 파마슈티컬Biomarin Pharmaceutical, 호라이즌 파마Horizon Pharma가 있는데, 이들이 자체 블록버스터 신약을 출시하는 데 성공할 수 있었던 것은 장기, 대규모 자본을 조달할 대형 기관투자자들이 없었다면 불가능한 일이었다. 특히 이들 중 몇몇 대형 기관투자자와 VC들은 로이반트나 님버스, 퓨어텍Puretech과 같은 허브-스포크형 신약개발 기업을 공동창업하는 방식으로 단순한 투자자의 역할에서 벗어나 새로운 비즈니스 모델을 창출하는 데 직접 나시고 있는 점에도 주목할 필요가 있다.

미국 바이오텍 연도별 자본조달 경로 분석[18]

연도	S1 (개수)	VC (억 달러)	IPO (금액, 건수)	FO (금액, 건수)	PIPE (금액)	합계 (억 달러)
2014	60	50	52 (55)	70 (78)	4	176
2015	90	70	35 (39)	130 (113)	4	239
2016	85	60	14 (22)	50 (69)	8	132
2017	93	80	24 (24)	151 (113)	13	268
2018	120	130	52 (47)	207 (118)	98	487
2019	100	120	41 (41)	188 (107)	59	408
2020	138	190	102 (64)	414 (166)	71	777
2021	179	270	115 (77)	238 (127)	42	665
2022	163	230	15 (18)	151 (78)	37	433
2023	103	150	24 (15)	188 (73)	45	407

자료 Young & Partners (Y&P), 필자 집계

세 번째는 나스닥에 상장된 바이오텍의 생태계 진화가 빠르게 진행된다는 점이다. 이는 시장 선별기능이 강력하게 작용하며, 그 결과보다 경쟁력이 높은 바이오텍들의 자금력이 풍부해지면서 대형화되고, 향후 신약개발 지형을 변경시킬 수 있는 새로운 모달리티 기반의 바이오텍이 빠르게 신규진입, 전체 신약개발 역량의 진화가 촉진되는 것으로 이어진다.

예를 들어 1997~2016년 나스닥에 상장한 바이오텍 319개 중 157개 바이오텍이 신약 출시에 직간접적으로 기여했으며, 34개 기업이 계열 내 최초 first in class 약물을 개발했고, 31개 바이오텍은 빅파마에 의해 인수합병됐다. 또한 2015-2020년에는 키메릭항원수용체 T세포 CAR-T, 리보핵산간섭 RNAi, 유전자편집 Gene Editing, 프로탁 PROTAC 등 차세대 모달리티 기반의 바이오텍들이 매년 3~5개 내외 지속적으로 신규 상장돼 생태계 진화를 촉진했다. 반면에 상장 이후 성장성을 입증하지 못한 기업들은 3~5년 이내에 시가총액이 지속적으로 하락, 자연스럽게 상장폐지로 이어진다. 매년 40개 내외의 신규 바이오텍이 나스닥에 진입하는 동시에 매년 10개 내외의 기업이 상장폐지되는 것이다.

아틀라스벤처의 대표적인 파트너인 브루스 부스 Bruce Booth가 2013~2020년 나스닥 상장기업 344개를 분석한 결과[19], 344개 기업 중 3%에 해당하는 10개 기업이 1220억 달러 시가총액 증가를 이끌어서 전체 시가총액 상승분의 63%를 점유했다. 특히 시가총액 상승을 이끈 톱 15개 기업 중 9개가 빅파마에 의해 인수합병됐다. 또한 매년 발표되는 '기업공개-업데이트 통계 Initial Public Offerings: Updated Statistics'에 따르면 나스닥 상장 바이오텍 중 3년 이상 해당 기업 주식을 보유할 경우 500% 이상 수익을 달성하는 기업은 8%, 1000% 이상의 수익을 달성하는 기업은 2%에 해당하는 것으로 나타났다. 이에 반해 상장가보다 현재 시총이 하락한 경우는 전체의 57%를 차지하는데, 이처럼 시가총액 상위그룹과 하위그룹의 분화가 일어나는 데 소요되는 기간은 대략 3~5년 내외로 시장선별을 통한 진화의 과정이 매우 빠른 것이다.

이처럼 시장선별을 통한 생태계의 빠른 진화야말로 미국이 전 세계 최강의 신약개발 경쟁력을 가질 수 있는 원친 중 하나이다. 신

상장 이후 바이오텍 가치창출 추이

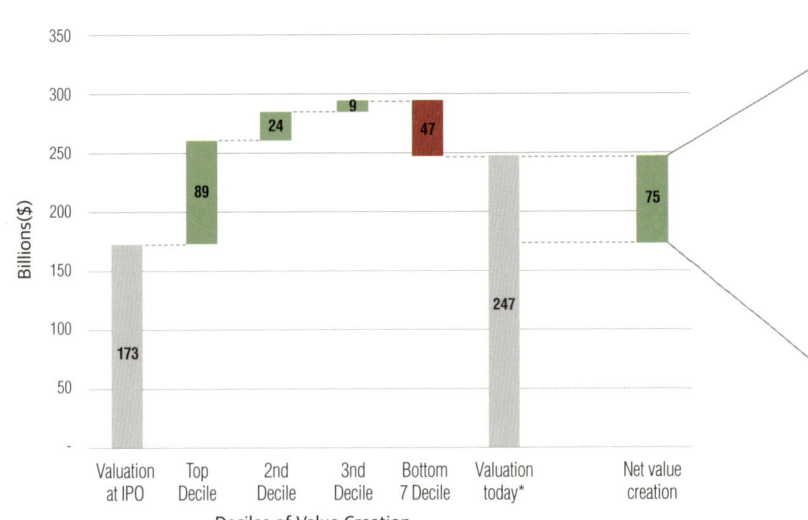

자료 Young & Partners (Y&P), 집계 필자

약개발은 대규모 자본동원이 필수적인데, 전체 투입가능한 자본규모는 제약돼 있다 보니 소수의 선별된 기업에 투자가 집중되기 위해서는 시장선별이 매우 신속하고 확실하게 진행돼야 한다. 임상결과에 해당 바이오텍의 주가가 매우 크게 변동하는 것도 이러한 현상을 반영하는 것이며, 나스닥 상장기업들의 기업가치가 상하위로 분명하게 양극화되는 현상 역시 이러한 선별기능이 정상작동한다는 점을 반영한다.

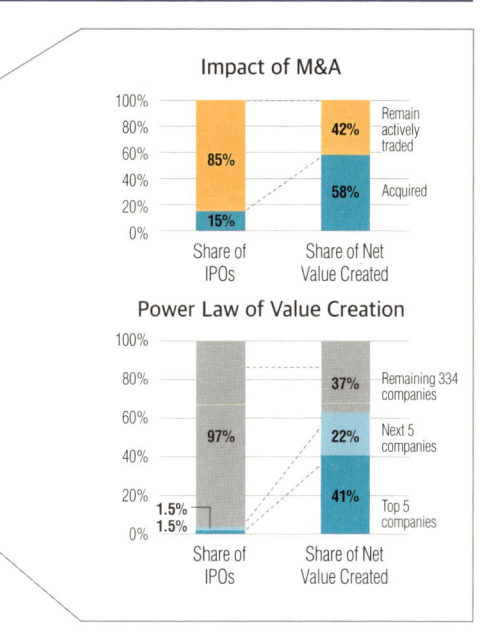

 주석

(1) 참고로 국내 KRX 헬스케어 지수를 구성하는 72개 기업의 시가총액 총합은 2024년 12월 기준 227조 원으로 기업당 평균 시가총액은 3조1000억 원이다.
(2) https://companiesmarketcap.com/biotech/largest-companies-by-market-cap/
(3) Stifel Healthcare 2024년 12월 리포트에 따르면 1995~2004년 10억 달러 이상 규모로 인수합병된 건수는 총 293건이다.
(4) Investigating the origins of recent pharmaceutical innovation, Alexander Schuhmacher et al, Nature Review of Drug Discovery, 2023. July
(5) Profitability of Large Pharmaceutical Companies Compared With Other Large Public Companies, JAMA, 2020, March
(6) New Drug Modalities, Boston Consulting Group, 2024
(7) New Drug Modalities Offer Promise and Peril, BCG Analysis, 2023
(8) RNAi-based drug design: considerations and future directions, Nature Review of Drug Discovery, 2024, May
(9) The tangled history of mRNA vaccines, Nature, 2021, Oct
(10) The 60-year evolution of lipid nanoparticles for nucleic acid delivery, Nature Review of Drug Discovery, 2024, Sep
(11) From Breakthrough to Blockbuster, Donald L. Drakeman et al, Oxford Univ Press, 2022
(12) Biotech funding stagnates, Laura DeFrancesco, Nature Biotechnology, 2019, Nov
(13) https://www.lqventures.com/를 기반으로 필자 재구성
(14) W. Lazonick et al, US biopharmaceutical finance and the sustainability of the biotech business model, Research Policy, 2011
(15) In Defense of Life Sciences Venture Investing, Bruce L Booth & Bijan Salehizaden, Nature Biotechnology, 2011
(16) The Power Law: Venture Capital and the Making of the New Future, Sebastian Mallaby, Penguin Press, 2022
(17) 미국 바이오텍 자본시장의구조에 대해서는 https://www.baybridgebio.com/blog을 참조
(18) https://www.youngandpartners.com/
(19) https://www.forbes.com/sites/brucebooth/2020/04/17/value-creation-and-destruction-dispersion-of-performance-in-biotech-ipos/

11

빅파마로 가기 위해 무엇을 준비할 것인가?

Big Pharma

2000~2018년 빅파마 중심의 제약기업 영업이익은 70%가 넘고 순이익률은 14%가 넘는다. 미국 성장산업으로 구성된 S&P 500대 기업의 영업이익률 37%, 순이익률 7.7%에 비해 거의 2배 이상 수준이다. 하지만 매출액 기준 상위 20대 제약기업의 서열은 변화해도 그 구성원이 변하는 일은 10년에 한두 번 발생할 뿐이며, 나스닥에 상장한 바이오텍의 1%만이 빅파마 대열에 입성한다.

그렇다면 우리나라 바이오텍으로 빅파마 성장의 꿈을 꾸기 위해서는 무엇이 필요할까? 많은 사람은 우리나라 바이오텍이 빅파마로 성장 가능한지에 대해 의문을 제기한다. 신약개발은 무엇보다 과학 기반의 산업인데, <네이처>가 2024년 발표한 생명과학 분야 국가경쟁력에서 우리나라는 13위이며(상위논문 점유율로는 미국 7832, 중국 3538이며, 우리나라는 240으로 미국 기준 30분의 1에 불과하다). 게다가 대규모 장기투자를 필수적으로 요구하는 산업 특성을 고려할 때 국내 자본시장이 얼마나 크고 효율적으로 작용하는지도 중요하다. 미국의 경우 2020년 기준 바이오텍 자본조달 총액은 777억 달러(112조 원가량)인 데 반해 우리나라의 경우는 5조 원을 넘지 않을 것으로 추정된다. 연구개발 수준도 자본시장의 규모도 미국과 비교하기 힘들다.

하지만 이러한 환경에서도 삼성바이오로직스는 2024년 연결기준 4조5473억 원의 매출액을 달성했고, SK바이오팜은 뇌전증 신약으로 연 매출액 1조 원 달성을 내다보고 있다. 특히 연구개발의 국제화와 개방형 협력이 일상이 되고 있으며, 국내 바이오텍이 글로벌 빅파마와 기술 라이선싱을 진행하는 건수는 매년 늘어나고, 이에 따라 글로벌 기관투자자는 물론이고 벤처캐피털[VC] 역시 과거와는 달리 우리나라의 바이오텍들에 대해 주목하고 있다. 국가단위의 경쟁력이 문제가 아니라 연구개발의 혁신, 비즈니스 모델의 혁신이 무엇보다 중요한 시대가 된 것이다. 자본시장도 더 이상 제약이 될 수 없다. 코스닥과 나스닥 동시 상장도 가능하고, 국내에서 성장한 바이오텍이 나스닥으로 직상장하는 것 역시 충분히 가능하다. 실제로 1980년대 이후 미국이 아닌 나라에서 창업한 기업으로 2023년 기준 매출액 50위 이내에 진입한 기업들 역시 다수다.

또한 최근 급성장하고 있는 중국 신약개발 바이오텍의 사례를 통해서도 우리나라 바이오텍의 미래 성장가능성을 가늠할 수 있다. 2016년 필자가 중국의 주요 대학과 연구소, 몇몇을 바이오텍을 방문했을 때 신약개발 바이오텍은 실질적으로 전무했다. 그나마 찾아볼 수 있는 소수의 바이오텍들은 대개 바이오시밀러에 주력했고, 신약개발 바이오텍의 연구성과는 극소수에 불과했다. 하지만 2014년 중국 신약 바이오텍에 대한 VC 투자는 4억3000만 달러에서 2021년 166억 달러로 40배 이상 급증했다. 그 결과 중국 신약 바이오텍이 등장한 지 10년 만에 글로벌 빅파마가 2024년 한 해 동안 진행한 라이선스인, 인수합병 딜의 30% 이상이 중국 바이오텍이 개발한 물질이다[1]. 게다가 2010년 창업, 2016년에 상장한 베이진 Beigen의 2023년 매출총액은 25억 달러, 시가총액은 30조 원을 기록하고 있다. 겨우 10년 만에 일어난 거대한 변화이다. 게다가 뒤에서 살펴보겠지만 지속적으로 하락하는 신약개발 생산성의 위기와 맞물려 블록버스터 의존적 글로벌 빅파마의 독점적 질서는 매우 취약한 상태이다[2]. 이로 인한 대대적인 구조재편이 도래한다면 우리나라 바이오텍도 글로벌 빅파마로 진입할 가능성이 크게 열리는 것이다.

블록버스터급
약물 개발이 필수

　글로벌 제약산업은 매우 강력한 독과점적 특징을 보이지만, 이러한 질서의 근저에는 블록버스터급 약물이 자리 잡고 있다. 블록버스터급 약물을 누가 개발하고, 누가 보유하느냐 여부에 따라 제약기업의 생존과 시장지배력이 결정되는 것이다. 화합물 신약에서 바이오의약품의 시대로 전환되는 1980년대에 진행됐던 대규모 인수합병 열풍, 그로 인한 제약기업 매출액 순위 변화 역시 블록버스터 약물을 둘러싸고 진행됐다. 그 결과 글로벌 제약기업 42개 기업 중 26개가 퇴진하고 16개는 인수합병을 통해 더 큰 규모로 성장했다.

　당시 화합물 기반 신약개발로는 출시된 신약의 30%만이 블록버스터급 매출을 달성할 수 있었으며, 기존에 보유하고 있던 블록버스터급 약물은 특허만료를 눈앞에 두고 있었다. 이러한 문제를 극복하기 위해 상위 제약기업 간 인수합병을 통해 블록버스터급 약물을 추가하거나 혹은 새롭게 등장하는 바이오텍을 인수합병하게 된 것이다. 결국, 당시 글로벌 매출액 1위를 기록했던 회흐스트와 시바가 인수합병되고, 매출액 순위 14위였던 화이자가 1위로 등극했다. 여기에 당시 등장했던 바이오텍은 화합물 기반의 신약개발과는 전혀 다른 패러다임을 제시했고, 블록버스터급 바이오의약품을 누가 차지하는지에 따라 시장질서가 급격하게 재편됐다. 암젠과 제넨텍에 대해 투자자들이 열광한 시대적 배경이며, 이들 바이오텍이 빅파마와의 대규모 공동연구를 상대적으로 초기부터 유치할 수 있었던 배경이기도 하다. 또한, 1990~2020년 항체신약 시장은

1993년 3억 달러에서 2019년 1500억 달러 규모로 급격히 성장했고, 이 과정에서 제넨테, 암젠, 리제네론, 바이오젠 등이 빅파마로 진입했다. 모달리티의 변화가 제약산업의 질서를 변화시킬 수 있다는 점이 다시 한 번 입증된 것이다.

특허절벽 주기라는 기회

이러한 모달리티 변화와 함께 제약산업 질서변화의 중요한 변수는 특허절벽의 주기적 도래이다. 특정 시기 모달리티 변화가 집중적으로 진행되고, 이 기간 동안 블록버스터급 약물이 크게 증가하게 되면, 다수 블록버스터급 약물이 거의 비슷한 시기에 특허만료 시점을 맞이하게 된다. 기존 시장질서에 큰 변화가 발생할 가능성이 높아지는 것이다. 예를 들어 1980년 이전까지 특허만료로 인한 매출액 손실은 5년 누적 510억 달러였으나 재조합단백질 의약품 특허만료가 집중된 2000~2010년 누적 1조4270억 달러로 30배

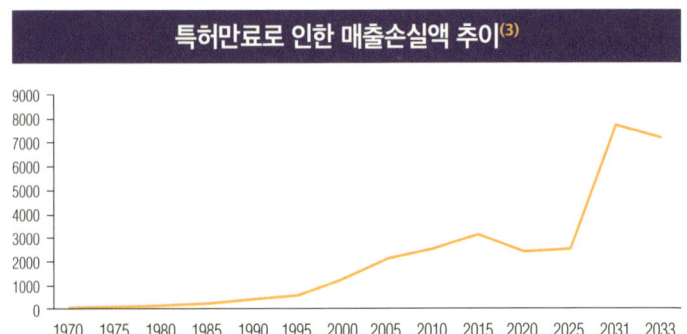

자료 IQVIA Data 활용 저자 추계 단위 억 달러

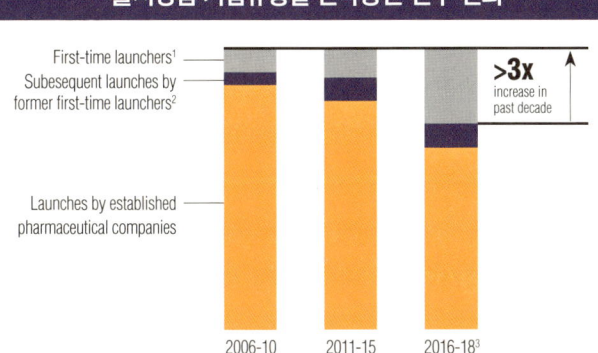

자료 McKinsey Company. 2021

이상 급증했다. 또한 항체 의약품 특허만료가 본격화되는 2025~2033년 특허만료 의약품의 개수는 190개이며, 이로 인한 매출손실 누적총액은 4조2210억 달러로 추정된다. 동 기간 처방의약품 글로벌 매출총액의 40~50%에 해당하는 금액이다.

　이처럼 모달리티 변화와 함께 주기적으로 도래하는 특허절벽의 위기는 글로벌 빅파마 중심의 독과점적 질서를 뒤흔들고 신규 진입자가 빅파마로 성장할 수 있는 환경을 주기적으로 발생시킨다. 최근 매킨지Mckinsey의 보고서에 의하면 2018~2023년 출시된 신약 346건 중 57%가 빅파마들에 의해 출시된 반면 총 43%는 신흥 바이오텍들에 의해 출시됐으며, 그 비중은 2000년 초반 10%를 기준으로 20년 사이에 3.3배 이상 증가한 것에서도 이러한 가능성을 확인할 수 있다.

　이러한 구조적 환경과 함께 현재 제약산업 전반이 50년 이상 장기적으로 해결하지 못한 연구개발 생산성의 위기와 관련된 주요 이슈, 빅파마 중심의 금융화financialization 압력을 고려하면 신규 진입 바이오텍이 빅파마 중심의 독과점적 질서를 뒤흔들 수 있는 가능성은 더욱 높아지고, 신약개발 전략의 혁신, 창조적인 비즈니스 모델을 가진 신흥 바이오텍이 글로벌 빅파마로 진입할 가능성 역시 높아질 것이다.

연구개발 생산성의 위기

신약개발 생산성의 위기는 1950년 이후 지속적으로 심화됐다. 예를 들어, 1970년대 기준 10억 달러를 투입했을 때 개발 가능한 신약의 개수가 10개 내외인 데 비해 1996년에는 2개, 2010년에는 0.25개로 줄어들었다. 2015년 기준 신약 1개 개발에 투입되는 비용은 보수적으로 잡아도 11억~15억 달러로 추정된다. 이러한 현상

10억 달러당 신약개발 성공건수 변화추이[5]

자료 Drug Discovery Today, 2024

을 두고 점점 복잡해지고 엄격해지는 임상규제를 원인으로 지목, 신약허가 프로세스를 단축시키기 위한 각종 인센티브 시스템(희귀의약품법 Orphan Drug Act, 가속승인 Accelerated Approval, 패스트트랙 FastTrack, 혁신치료제 지정 Breakthrough Therapy Designation)이 도입됐지만 연구개발 생산성의 위기는 여전히 해결되지 않고 있다. 이는 단순히 임상비용과 기간의 증가에서 시작된 문제가 아니라, 신약개발 방법, 블록버스터 약물중심 빅파마 비즈니스 모델, 더 나아가서는 현재의 약가결정 시스템 전반을 반영한 결과이기 때문이다.

연구개발 생산성의 위기는 일차적으로는 연구개발 투자비 증가율 대비 신약승인 건수가 줄어드는 것으로 나타난다[6]. 1991년 이후 연구개발 투자는 총 270억 달러에서 2023년 2280억 달러까지 10배 이상 상승했다. 이에 반해 신약 승인건수는 1996년 130개를 기록한 이후 2015년까지 평균 100여 건 내외에서 위아래로 변동하다가 2017~2023년 다시 130개 수준으로 복귀했다. FDA 신약허가건수를 기준으로 하면 1999년 49건에서 2010년 31건, 2019년 50건으로 상승했다. 1980~2020년을 기준으로는 연평균 40건 내외에서 크게 변하지 않은 것이다. 같은 기간 신약개발 생산성을 획기적으로 증가시킬 새로운 혁신으로 HTS, 합리적 약물설계, 오믹스 Omics 기반 타깃 발굴, 생물학적 기전기반 약물개발, 동물모델의 임상 예측력 강화를 위한 다양한 동물모델 개발 등이 이루어졌음에도 신약개발 생산성 하락 반전은커녕 하락을 멈추지 않은 것이다.

그렇다면 연구개발 생산성 위기의 원인은 무엇일까? 2012년 잭 스캐넬 Jack W. Scannell이 이룸의 법칙 Eroom's Law이라는 이름으로 신약개발 생산성의 위기를 진단한 이래[7] 수백 편의 논문이 위기의 원인과 해법을 진단해 온 만큼 원인분석도 다양하고 해법도 다양하다. 하지만 단순하게 본다면 연구개발 투입비용의 상승과 신약개발 성공률의 하락이라는 두 가지 요인으로 분해 가능한데, 생산성 하락의 주원인은 성공률 하락에서 찾을 수 있다. 신약개발 투자비용은 딜로이트Deloitte가 글로벌데이터GlobalData를 사용해서 추정한 결과에 따르면 2013년 12억9000만 달러에서 2023년 22억8000만 달러로 약 2배 증가했다. 연구개발투자비 상승은 연평균 증가율 5%로 국내총생산GDP 성장률보다 약간 높은 수준의 자연증가분인 셈이다. 이에 반해 임상실패율은 1상 47%, 2상 26%, 3상 40%가 증가했다.

또 하나 주목할 만한 현상은 2000~2020년 16개 빅파마들에 의해 승인된 약물은 연평균 16개인데, 빅파마가 2001년 전체 허가된 신약의 76%를 차지한 반면 2020년에는 그 비율이 25% 수준까지 떨어졌다는 점, 빅파마가 승인받은 약물의 65% 이상이 외부에서 라이선스인된 물질이거나 인수합병을 통해 도입된 물질이라는

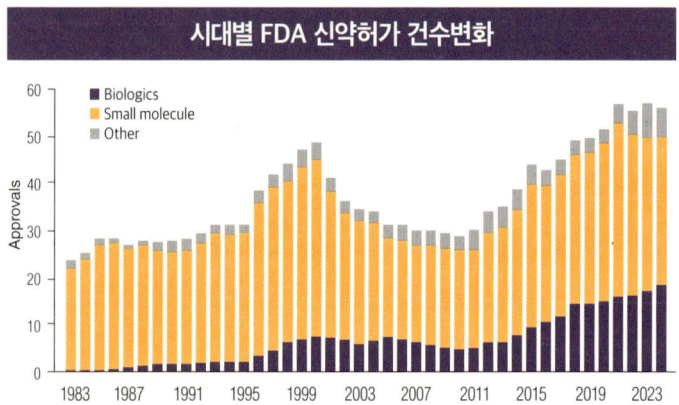

자료 https://cdek.pharmacy.purdue.edu/api/trends/

임상개발 실패율 변화추이

연도	Phase 1	Phase 2	Phase 3
2012	29.89%	55.29%	45.24%
2013	28.35%	55.49%	44.25%
2014	30.69%	56.26%	46.16%
2015	35.39%	58.71%	49.42%
2016	39.71%	60.66%	51.02%
2017	39.23%	62.17%	52.54%
2018	41.57%	67.37%	58.75%
2019	43.92%	69.54%	62.96%
평균	36%	61%	51%
실패증가율	46.95%	25.8%	39.1%

자료 Drug Discovery Today, 2024를 기반으로 필자 재구성

점이다. 이는 곧 연구개발 생산성의 위기가 빅파마를 중심으로 더욱 심화되고 있음을 의미한다. 전체 신약 승인건수는 크게 변하지 않았는데, 외부에서 도입된 물질의 건수가 증가한다는 것은 빅파마 자체 연구개발을 통한 신약승인 건수가 그만큼 더 많이 줄어들고 있음을 방증한다.

이에 따라 빅파마는 자체 연구개발 생산성의 위기를 임상 후기에서 성공가능성이 높은 물질을 라이선스인을 하거나 인수합병을 통해 해결하는 방식으로 대응하고 있다. 특히 초기 개발단계일수록, 새로운 모달리티 기반일수록 임상실패 가능성이 매우 높기 때문에, 설령 높은 가격을 지불해야 한다 하더라도 특별한 이유가

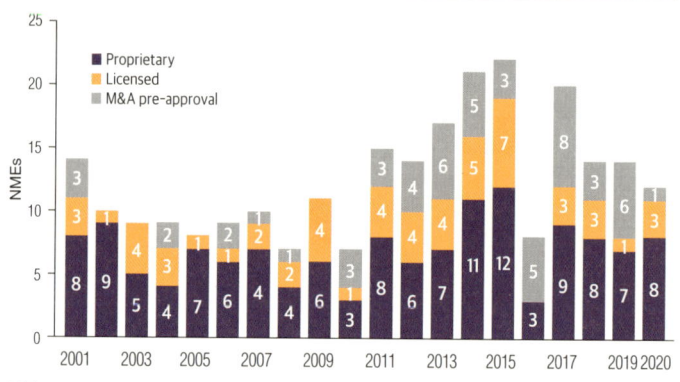

자료 Drug Discovery Today, 2023

없다면 초기 단계보다는 후기 단계를 선호하는 경향이 뚜렷하다.

빅파마 수익성 하락과
블록버스터 모델의 한계

연구개발생산성이 연구개발 투자비용 대비 신약 승인건수를 통해 측정된다면, 투자생산성은 연구개발투자 비용 대비 승인된 신약의 매출액을 통해서 측정된다. 따라서 신약개발 투자생산성은 시장에서의 빅파마, 바이오텍 간 경쟁상황은 물론, 특허만료로 인한 제네릭의약품의 진입 상황을 반영한 결과이다. 딜로이트Deloitte[9]와 매킨지McKinsey[10]의 분석에 따르면 빅파마의 투자수익률ROI은 1993년 2.3 수준에서 2008년 0.6수준까지 하락했다가 신종 코로나바이러스 감염증(Covid-19, 코로나19) 변수를 제거한 2022년 1.4 수준을 유지하고 있다.

개발 후기 단계 파이프라인의 예상매출액을 기준으로 투입된 연구개발 투자비용에 대한 내부수익률을 계산한 IRR$^{Internal\ Rate\ of\ Return}$ 기준으로는 2013년 6.5%에서 2022년 1.2와 2023년 4.1을 기록했다. (ROI나 IRR이 지속적으로 낮은 수준인데도 빅파마의 평균 순이익률이 10% 내외를 기록하는 것은 연구개발 투자비 과대계상, 메가 블록버스터로 인한 예상 대비 실제매출 초과달성 때문이다). 역사적인 추이를 보면 신약개발 생산성의 위기보다는 진행속도가

20대 빅파마 IRR 변화추이

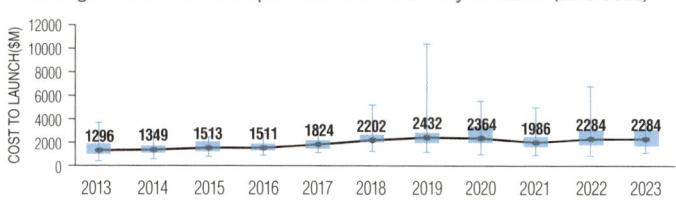

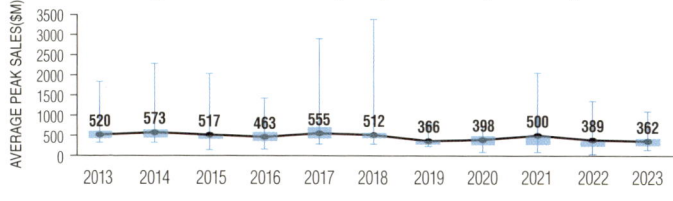

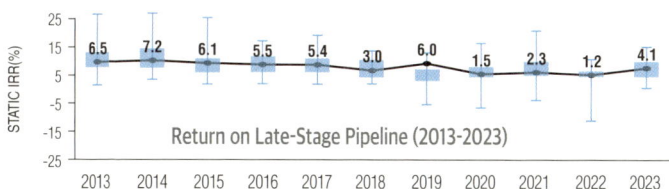

자료 Delloitte, 2024

상대적으로 느린 편이긴 하지만 하락하는 추세는 변화하지 않는다.

이처럼 연구개발 생산성의 위기가 장기 하락하는 데에도 불구하고 IRR 하락추세는 상대적으로 느린 이유는 연매출 10억 달러 내외의 블록버스터급 약물이 매년 조금씩 증가했기 때문이다. 한 가지 주의할 것은 블록버스터급 약물의 지속적이고 완만한 증가와는 달리 연매출 10억 달러 초과 메가 블록버스터의 숫자는 크게 증가

연도별 블록버스터 약물 증가추이 및 first in class 점유율 변화

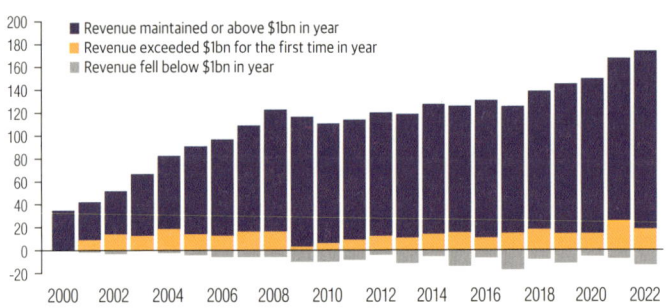

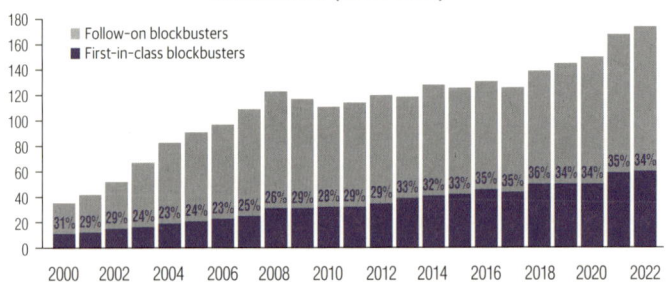

자료 https://atelfo.github.io/2023/02/26/pharmaceutical-blockbusters-the-past-present-and-future.html

하지 않았다는 점이다. 메가블록버스터가 되기 위해서는 질환 부담이 높고 환자 규모가 매우 크며, 만성질환으로 지속적인 치료가 필요한 경우(휴미라^{Humira})이거나 혹은 하나의 약물로 다수의 중증질환 적응증에 치료가 가능한 경우(키트루다^{Keytruda})인데, 특히 동등 혹은 우월한 약물경쟁력을 가진 후발 경쟁자가 한동안 등장하지 않아야만 메가블록버스터 약물의 지위가 오랫동안 유지될 수 있다.

하지만 이런 종류의 메가 블록버스터급 약물은 매우 드물게 나타나며, 신약개발 경쟁이 치열해질수록 그 발생빈도 역시 낮아지게 된다. 아래 그림에서도 이러한 점이 잘 확인된다. 그림 A는 메가블록버스터와 블록버스터의 연도별 개수 증가율을 보여준다. 그림 B는 블록버스터 약물 중 계열 내 최초$^{first\ in\ class}$의 점유율 변화를 보여준다. 2010~2022년 블록버스터 약물 중 계열 내 최초에 해당하는 약물의 비중은 27~36%로 평균 33%를 차지한다. 이에 반해 해당 기간 FDA 신약 승인건수 중 FIC에 해당하는 약물의 비중은 45~50%에 해당한다. 계열 내 최초 약물 승인 건수는 지속적으로 증가했지만 블록버스터 중 계열 내 최초의 비중은 크게 변화하지 않은 것이다. 이러한 현상은 유망한 타깃의 경우 후속 개발경쟁이 더 치열해졌음을 의미하며, 또 한편으로는 계열 내 최초 약물을 개발해도 블록버스터 약물 지위를 확보하기 어려움을 의미한다[11].

이에 반해 블록버스터급 약물 보유 여부는 빅파마 매출에 절대적인 영향을 미친다. 빅파마 평균 연매출은 대략 300억 달러 내외인데, 이 중 65~70% 이상이 블록버스터 약물로부터 발생한다. 이에 따라 모든 빅파마는 매년 1개 이상의 블록버스터급 약물을 승인받기 위해 치열하게 경쟁하며, 이러한 경쟁의 결과가 후기 파이프라인에 대한 인수합병 혹은 라이선스인 거래가격 상승을 이끈다. 결국 빅파마의 지속적 성장을 위해 블록버스터급 약물의 지속적인 공급이 이루어져야 하는데, 현재 신약개발 혁신경쟁 트렌드는 지속적인 블록버스터급 약물 공급을 할 수 있는 방향으로 진화하고 있을까? 유감스럽게도 답은 부정적이다.

혁신적 신약개발을 촉진하기 위한 인센티브 시스템으로 도입된 혁신 치료제 지정을 통해 승인된 항암신약의 임상적 이익에 대해 분석한 결과를 보면[12], 2012년 해당 제도가 도입된 이후 2022년까지 해당 트랙에 신청한 건수는 1289건이며, 이 중 39%인 506건이 트랙 지정을 받았고, 최종 신약허가를 받은 비율은 26%인 157건이다. 이렇게 승인된 약물 중 계열 내 최초에 해당하는 비율은 41%이며, 계열 내 개선품은 56%였다. 또한 실제 임상현장에서 어떤 효과를 보여줬는지 분석한 또 다른 연구결과에 따르면[13] 전체 승인 약물의 생존기간 연장효과는 평균 1.6개월이며, 승인된 신약의

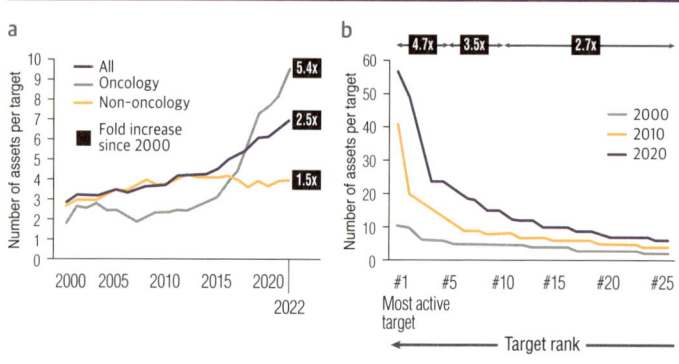

동일 타깃 파이프라인 증가 현황[14]

자료 Nature Review of Drug Discovery, 2023

32% 내외만이 기존 표준치료제 대비 의미 있는 전체 생존율 증가를 입증했고, 68%는 추가적인 임상적 이익이 없는 것으로 나타났다. 가장 혁신성이 높은 신약개발 프로젝트에 대해 지정되는 혁신치료제 지정 약물임에도 불구하고 실제 임상적 효과는 제도도입을 통해 기대하던 수준에는 도달하지 못하고 있는 것이다.

신약개발에서 혁신둔화 현상은 대세추종적 약물개발 전략에서도 드러난다. 키트루다가 2028년 특허만료를 앞두고 있는 상태에서도 PD-1/L1 타깃 면역항암 파이프라인은 2024년 기준 전 세계적으로 180개 회사가 200개 이상의 파이프라인에 대한 임상을 진행하고 있다. HER2 타깃 ADC 역시 2021년 34개에서 2024년 106개로 3배 이상 증가했다. 동일 타깃에 대한 중복경쟁이 점점 심화되고 있는 현상에 대해 분석한 2023년 연구논문에 따르면 항암 분야의 경우 2000년 대비 2020년 5.4배 이상 증가했으며, 질환 전체 평균은 2.5배 증가한 것으로 나타났다. 타깃에 대한 중복경쟁이

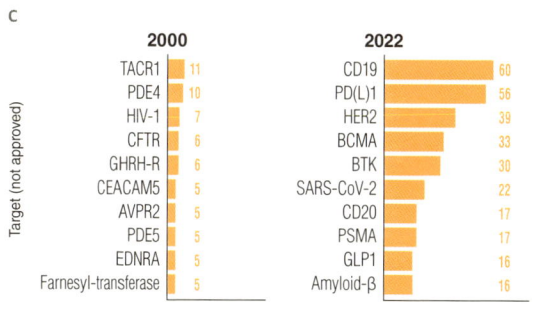

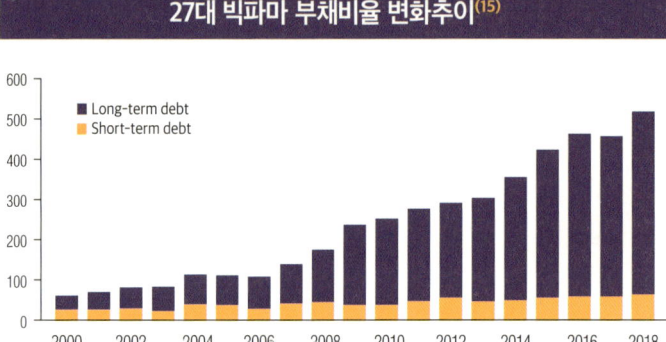

자료 The financialisation of Big Pharma. SOMO Report, 2020 **단위** 십억 달러

심화하고 있는 현상은 신약개발 전반에서 혁신과 도전이 그만큼 약화된 것을 보여주는 하나의 상징이기도 하지만 해당 타깃 약물의 시장독점 가능성이 그만큼 약화돼 블록버스터급 약물의 시장지배 기간이 짧아지기 때문이다.

빅파마 비즈니스 모델에 대한
자본시장의 압력

빅파마의 연간 매출액은 2023년 기준 J&J이 851억, 로슈는 653억, 길리어드는 269억 달러를 기록했다. 순이익 기준으로는 역시 J&J가 164억, MSD가 137억, 애브비가 54억 달러를 기록했다. 이들 빅파마가 보유한 현금성 자산은 총 2190억 달러이며, 부채는 3100억 달러이다. 이들 자금은 주로 인수합병, 자사주 매입 및 주주환원 등에 사용된다(화이자가 2023년 시젠을 인수할 때 비용은 총 430억 달러). 특히 부채비율의 증가가 눈에 띄는데, 순매출 대비 부채비율이 2000년 20%인 데 비해 2018년에는 72%로 증가했다. 이에 반해 연구개발투자비는 같은 기간 매출액 대비 12%에서 17%로 성장했다. 또한 인수합병에 소요된 비용은 2015년 1889억 달러에서 2019년 2392억 달러, 2022년 905억 달러로, 같은 기간 동안 연평균 1300억 달러 정도가 투여됐다. 빅파마 연평균 연구개발 투자액 1260억 달러보다 약간 높은 수준이다.[16] 여기에서 볼 수 있듯이 빅파마 비즈니스 모델의 핵심은 자체 연구개발을 통한 신약창출보다는 인수합병을 통한 블록버스터급 약물 확보에 있으며, 이를 위해서 중요한 것은 인수합병에 사용할 수 있는 대규모 자본동원 능력이다. 최근 늘어난 빅파마의 부채비율 증가가 이를 증명한다.

그런데 부채비율의 증가는 빅파마가 자본시장으로부터 받는 압력을 더욱 강화시킨다. 증시에 상장된 빅파마들은 매년 분기 실적에 따라 주가가 변동하며, 채권자들과 대형 기관투자자들은 실적이 악화될 때마다 빅파마 경영에 직접적인 압력을 가하게 된다. 최근 화이자가 코로나19 이후 매출액이 급감하자 화이자 주식 10억 달러 규모를 보유한 스타보드 밸류Starboard Value가 경영진을 압박한 사례가 대표적이다[17]. 이에 따라 빅파마들은 주주배당, 자사주 매입 등 주주환원에 부채를 투입하는데, 2016~2020년 14대 빅파마가 주주환원에 사용한 금액은 5770억 달러에 달한다. 같은 기간 연구개발비 총액 5210억 달러 대비 560억 달러가 더 많은 수준이다.

이러한 현상을 연구한 라조닉Lazonick[18]은 빅파마들이 자본시장의 압력에 점점 더 많이 노출되고, 자본시장의 압력에 대응하는 방법으로 생산적 연구개발 투자보다 주주환원율을 높이는 방식을 금융화financialization 현상으로 정의하면서 빅파마 비즈니스 모델의 지속가능성에 심각한 의문을 제기했다. 특히 미국 의회에서도 2000년 항암제 가격이 1만 달러였으나 2020년 15만 달러로 증가하는 현상 역시 연구개발 투자 증가가 아니라 빅파마 금융화의 결과임을 주장하며, 약가인하를 위해서는 신약개발 혁신경쟁이 더 강화돼야 함을 지적하고 있다.

하지만 빅파마 비즈니스 모델의 금융화는 블록버스터 약물과 이를 확보하기 위한 인수합병 중심의 사업모델이 중심을 차지하는 한 쉽게 변회하기 어렵다. 뿐만 아니라 금융화 압력은 빅파마의 의사결정에서 단기적 관점을 강화하기 쉬운데, 불확실성이 높고 매출예상이 어려운 초기 파이프라인, 신규 모달리티 기반의 계열 내 최초 약물보다는 임상 2상 이후 임상적 확증가능성이 높은 물질에 집중적으로 투자하고 내부 초기연구 역량은 축소하는 방향으로 이끈다. 이러한 빅파마의 투자경향은 바이오텍들에게는 인수합병(라이선스아웃)까지 소요되는 기간과 투자부담을 높이게 되고, 높은 불

14대 제약기업 지출구조 분석[19]

	자사주 매입	주주배당	주주환원 총액	연구개발 투자액
2016	45,193	67,614	112,806	92,034
2017	34,401	67,338	101,740	96,392
2018	70,162	70,918	141,080	104,585
2019	50,168	73,533	123,721	107,573
2020	19,014	79,463	98,567	121,233
합계	219,028	358,886	577,914	521,817

자료 U.S. House of Representatives, 2021 **단위** 백만 달러

확실성을 가진 새로운 혁신을 주저하게 만든다. 초기 혁신에 대한 빅파마들의 줄어든 투자를 채워주기 위해서는 벤처투자자들이 더 과감하고 모험적인 투자가 증가돼야 하는데, 최근 2020년 이후 4년째 지속되고 있는 투자 혹한기는 벤처투자 영역에서도 위험회피 성향을 더욱 강화시키고 있다.

신약개발 혁신성과 다양성의 감소도 매우 심각하다. 이러한 현상은 전 세계 바이오텍의 생태계 진화를 추적관찰하고 있는 퍼듀대학교 Purdue University의 생명공학연구혁신센터 Center for Research Innovation in Biotechnology에서 제공하는 데이터를 통해서도 확인할 수 있다[20]. 이 데이터에 따르면, 2010~2020년 매년 미국 내에서 창업되는 바이오텍의 개수는 100여 개 내외이며, 인수합병되는 건수는 30건 내외, 퇴출 폐업은 23건 내외였다. 하지만 2020년 이후 2024년까지 신규 창업 건수는 50개가 안 되며 인수합병 건수는 40건 내외, 퇴출 폐업은 50건이 넘는다. 신규창업 대비 인수합병이나 퇴출되

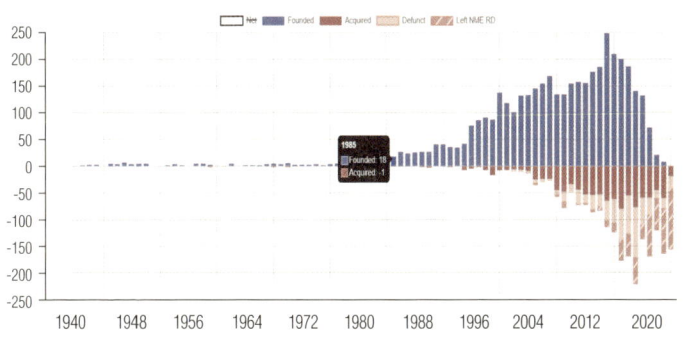

신약개발 바이오텍의 신규진입 및 인수합병, 퇴출 동향

자료 CDEK. 2025.1

는 기업이 압도적으로 많은 현상이 나타나고 있는 것이다. 이러한 흐름이 장기적으로 지속된다면 빅파마 블록버스터급 약물공급 원천이 축소소멸, 빅파마 비즈니스 모델의 심각한 위기로 전환될 가능성도 있고, 살아남거나 신규진입하는 혁신기업에게는 더 많은 비즈니스 기회가 열린다는 것을 예고하는 것이다.

신약개발 생산성의 위기, 새로운 혁신은 어디에서?

지속적으로 하락하는 신약개발 생산성의 위기는 질병에 대한 생물학적 지식의 부족, 약물개발 전략의 부적절성으로 인해 충분한 치료계수를 확보하지 못한 경우, 약물개발 전략과 관련된 의사결정의 오류, 상업적 성공가능성에 대한 오판 등 다양한 요소들의 총체적 결과이며, 개별 약물에 따라 이들 중 어떤 요소가 더 중요하게 작용하는지는 사례별로 모두 다르다. 따라서 위기의 원인을 일반화하기는 매우 어렵다. 원인분석이 어렵다 보니 해결의 방법을 찾는 것도 어렵고, 이를 전략으로 일반화하기는 더더욱 어렵다. 하지만 수십 년 이상 지속돼 온 구조적 연구개발 생산성 위기를 획기적으로 돌파할 수 있는 전략과 방법을 통해 신약개발 성공률을 높이고 미충족 의료 수요가 높은 질환에 대한 새로운 치료해법을 제공할 수 있다면 높은 미래 성장성은 물론이고 빅파마 진입 대열에 더욱 가까워질 것이다.

이와 관련된 논의를 촉발하기 위해 과감하지만 거친 상상력을 발휘해 보자. 최근 들어 인공지능AI이나 오가노이드organoid 개발을 통해 신약개발 성공률을 높이고 약물개발 과정의 효율성을 높이려는 시도가 크게 주목받고 있지만, 그 이전에 더 근본적인 문제점은 없는지 살펴볼 필요가 있다. 신약개발은 질환치료에 필요한 타깃을 선정, 해당 타깃을 조절(저해, 작용, 제거, 조절)하기 위한 물질(엔자임, 단백질, 항체, 핵산, 세포 등)을 투약해 일정기간과 농도로 타깃에 작용할 수 있도록 선택적으로 전달해서 질환병리 작용을 늦추거나 멈추거나 정상상태로 회복시키려는 방법 전체를 포함한다. 또한 이렇게 개발된 약물을 동물모델과 사람을 통해 임상적으로 검증한 후 환자의 치료접근성을 확보하기 위해 경제적인 대량생산 방법을 확보하는 것을 포함한다. 특히 임상 성공률을 높이기 위해서는 임상 진입 전 약물설계 최적화가 필수적이다. 임상에 일단 진입한 이후에 임상 성공률을 높이는 것은 사실상 불가능에 가까우며, 바이오마커 기반 임상설계 최적화(이럴 경우 해당 적응증 대상 환자규모가 줄어든다) 외에는 선택지가 극히 제한돼 있다[21].

따라서 여기에서는 주로 임상에 진입하기 이전 임상 성공률을 높일 수 있는 변수로 ① 타깃선택 ② 물질선택 ③ 선택적 전달을 살펴본 후[22] 2030년 이후 빠르게 질환부담이 증가하게 될 미충족 의료 수요가 높은 질환은 무엇일지를 살펴보자.

첫째, 타깃 선택의 경우 과거에는 특정질환과 질환유발 세포에 과발현된 특정 단백질의 상관관계로부터 출발했으며 분자병리학의 발전에 따라 상관관계를 넘어 인과관계를 규명하는 수준까지 발전했다. 크리스퍼(CRISPR)나 RNA간섭(RNAi)을 통해 특정 유전자, 핵산, 단백질 등을 편집했을 때 해당 질환 특성이 나타나는지를 확인하는 방식이다. 하지만 질병은 이러한 1:1 대응관계가 성립하기 어렵다. 오히려 질병은 작용과 반응을 통해 일어나는 것이 아니라 하나의 진행과정으로 이해돼야 하며 질병은 그러한 과정의 누적된 결과라고 할 수 있다.

이에 따라 질환기전 및 타깃 발굴 연구는 일대일 대응관계를 넘어서 다양한 분자적 상호작용 경로pathway를 전체적으로 이해하기 위한 방향으로 지속 발전해 왔다. 하지만 분자생물학적 질병기전 연구(3차원 실시간 시퀀스 분석Spatio Temporal Sequencing도 이러한 노력 중 하나)를 토대로 수많은 신규 타깃이 제안됐지만 실제 제안된 타깃 대상의 신약개발 성공률은 여전히 극히 낮다[24]. 특히 항암분

항암 타깃의 종류와 위치[23]

2만300개의 단백질 코딩 유전자 중 20%인 4000개가
약물 타깃 질환관련 유전자=9,178
904개(바이오의약=189, 화합물의약=715)는 이미 약물로 개발
세포막에 발현된 단백질의 23%가 약물로 개발
2006년 기준 324 타깃 약물개발, 2020년 900개로 20년간 3배 증가
(연간 5.3개 신규타겟, 2005년 이후 주로 항체타겟)

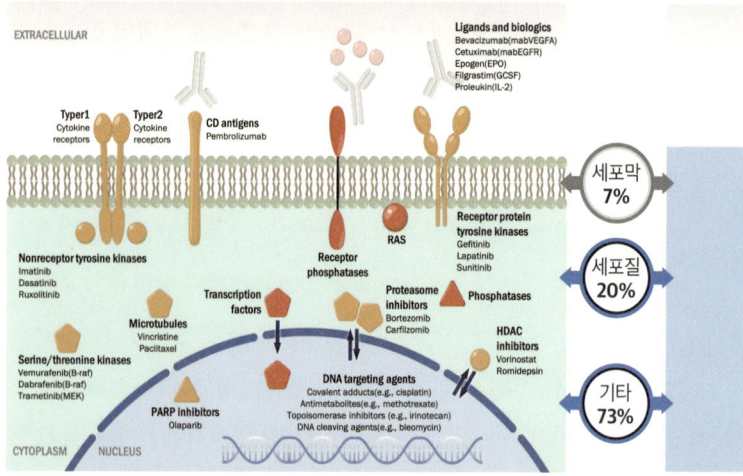

자료 Annual Review of Pharmacology and Toxicology, 2016

야의 경우는 수많은 연구노력이 집중돼 과정으로서의 질환기전을 규명하려는 시도가 상당수준 발전돼 왔지만, 만성 복합질환, 퇴행성 질환의 경우는 분자병리학적 질환기전 연구가 여전히 부족한 상태이다. 알츠하이머 질환의 경우 이미 수십 년 이상 실패를 경험한 아밀로이드 베타, 타우 단백질의 범주에서 벗어나지 못하고 있는 것도 이를 방증한다. 신약개발 생산성 향상을 위해 무엇보다 질환기전에 대한 연구방향의 혁신이 필요한 이유이다.

통합 유전체 빅데이터, 실사용 임상 데이터 Real World Clinical Data를 기반으로 AI를 활용한 질환병리 연구는 새로운 약물접근법을 발견하기 위해 지속적인 투자가 필요한 분야이다.

질환기전 연구를 통한 신규 타깃 발굴과 함께 고려해야 할 것이 있다. 304페이지 그림에서 확인할 수 있듯이 현재까지 규명된 약물 타깃 2만여 개 단백질 중 10% 내외만이 약물로 발굴됐다[25]. 주로 세포막 외부에 발현돼 있는 타깃이거나 화합물이 결합할 수 있는 포켓을 가진 단백질들이다[26]. 이에 반해 세포질과 핵에 존재하는 단백질은 물론이고, 단백질 타깃에 비해 독특한 장점을 가진 핵산 타깃의 경우는 셀

수도 없을 만큼 많다[27]. 현재 개발 가능한 약물 타깃은 그야말로 빙산의 일각인 셈이다. 하지만 대다수의 바이오텍이 미공략 신규 타깃보다 이미 경쟁이 치열한 타깃을 중복적으로 개발하고 있으며, 이것이 신약개발 생산성 지속적으로 하락하는 한 가지 원인일 수 있다. 그렇다면 왜 세포 내에 존재하는 타깃을 공략하지 못하는 것일까? 한 가지 이유는 이들 타깃을 선택적으로 공략할 수 있는 적절한 전달체를 확보하지 못했기 때문이다. 특히 화합물의 경우 세포질이나 핵에 존재하는 단백질, 핵산 등으로 전달되는 것은 가능하지만 타깃 선택성을 확보하기 매우 어렵다. 항체 등을 포함한 단백질의 경우는 타깃 선택성은 매우 높지만 세포막 내부에 존재하는 타깃을 공략하기는 상대적으로 어렵다. 하지만 항체약물접합체ADC의 사례에서 볼 수 있듯이 항체를 이용한 타깃 세포 선택성과 화합물을 사용한 세포막 내 타깃을 공략이라는 두 가지 장점을 결합한 약물개발 모달리티라면 완전히 새로운 약물개발 전략을 적용할 수 있다.

두 번째 문제는 약리작용 물질의 고도화·지능화이다. 현재까지 화합물에서 핵산, 단백질에서 항체, 세포와 미생물까지 수많은 약리작용을 가진 물질이 개발됐다. 하지만 문제는 여전히 약리물질을 특정한 티슈의 특정한 세포에 대해 선택적으로, 약리작용을 유도할 만큼의 농도와 시간 동안 충분하게 전달하는 데 한계가 존재한다는 점이다.

그동안 신약개발이 실패한 원인은 어떤 타깃이 어떤 질환기전에 적합한지, 어떤 질환진행 단계에서 특정 타깃이 지배적으로 작용하는지 규명하기 어렵기 때문이기도 하지만, 해당 작용기전 대상

그동안 신약개발이 실패한 원인은 해당 작용기전 대상으로 선택한 약물의 생리화학적 특성이 적절하지 않았기 때문일 수도 있다.

으로 선택한 약물의 생리화학적 특성이 적절하지 않았기 때문일 수도 있다. 특히 질환기전은 복합적이라 하더라도 약물로 사용되는 물질의 특성과 임상적 안전성 확보를 위해서는 사용되는 약리물질의 작용은 단순할 필요가 있었다. 결국, 질병의 작용기전을 시스템적 상호작용의 과정으로 이해할 수는 있지만 실제 약물을 개발할 때에는 질환과 타깃간의 일대일 대응관계를 전제하게 되는 것이다.

전통적인 화합물 기반 신약개발에서 다중 타짓을 공략하는 것은 매우 어렵다. 화합물은 그 자체의 타짓 선택성이 높지 않은 상황에서 다중작용 화합물을 약물로 사용할 경우 부작용 발생 가능성이 더욱 커지기 때문이며, 다중작용 화합물의 약리물성 역시 최적화하기 어렵다. 이에 반해 항체의 경우는 최소 Fab, Fc, 콘주게이션 conjugation을 통해 다중 약리작용을 기대할 수 있다. 세포를 약리물질로 사용하는 경우도 마찬가지다. 세포(분자) 엔지니어링을 통해 다중 약리작용을 구현할 수 있기 때문이다. 문제는 엔지니어링 방식을 도입했을 때 대량생산의 품질관리 및 경제성 확보가 가능한지 여부이다. 특히 최근 승인된 첨단의약품의 경우 매우 높은 약가로 인해 환자접근성이 제약될 뿐만 아니라 블록버스터급 매출액을 달성하는 것이 매우 어렵다. 따라서 다중작용 약리기전을 발휘할 수 있는 분자엔지니어링 기술을 경제적인 수준에서 생산할 수 있는 생산기술의 혁신을 할 수 있다면 그 역시 높은 비즈니스 기회를 창출할 수 있을 것이다.

하지만 제아무리 분자엔지니어링을 통해 다중작용 기전을 가질 수 있다 해도 충분한 타깃선택성이 확보되지 않으면 모든 약물은 좁은 범위의 치료계수를 가질 수밖에 없다. 다중 약리작용을 가진 물질의 경우는 더욱 그러하다. 특히 지금까지 발굴된 그 어떤 질환 타깃도 완전한 선택성을 가지지 못했다. 하지만 동일한 타깃이라도 특성 상기, 특정 세포에서는 전혀 다른 작용과 기능을 가지며, 타깃에 대해 작용하는 농도와 시간에 따라 약리작용의 정도나 그 기능이 달라질 수 있다. 따라서 여기에서 말하는 타깃선택성이란 타깃 선택적인 바인딩 여부만을 의미하지 않는다. 타깃 티슈 익스포저 target tissue exposure, 타깃 셀렉티브 모듈레이션 target selective modulation, 타깃 인게이지먼트 target engagement 모두가 선택적으로 작용할 수 있을 때에만 타깃 선택성이 확보됐다고 말할 수 있는 것이다[28]. 이런 점에서 신약개발 생산성 위기를 돌파하기 위해서는 충분한 타깃 선택성을 가지고 특정 환경과 맥락에서 조건부로 작용할 수 있는 전달체 기술혁신이 필수적이다. 그동안 나노지질입자 LNP, 아데노연관바이러스 AAV, 엑소좀 exosome 등 다수의 바이럴 viral, 논바이럴 non-viral 약물전달체 기술이 개발돼 왔지만, 그 어떤 전달물질도 충분한 수준의 타깃 선택성을 확보하지는 못했다. 특히 약물전달체의 경우 다양한 약리물질을 탑재할 경우 멀티모달 플랫폼 multimodal platform 으로 대단히 넓은 확장성을 가질 수 있다. 이 때문에 타깃 혁신이나 약리물질의 혁신에 비해 전달체 기술의 혁신은 플랫폼 기술로서의 잠재적 가치가 가장 극대화될 수 있는 영역인 것이다.

뿐만 아니라 화합물, 단백질, 항체, RNAi, mRNA, DNA 등 다양한 형태의 약물 모달리티가 발굴돼 있어 향후 차세대 모달리티 경쟁은 세상에 없던 완전히 새로운 모달리티의 개발보다는 서로 다른 작용을 하는 복수의 약물을 특정 세포의 특정 타깃에 정교하게 전달하는 전달체 기술로 융합, 수렴되는 양상으로 발전할 가능성이 높다.

셋째, 신약개발 생산성 위기를 돌파할 수 있는 기술혁신은 상업적 환경에서 만들어지기 어렵다. 확실하고 직접적인 투자수익을 기대하는 상업적 세계에서 기초과학 수준의 와해성 혁신을 시도하기는 어렵기 때문이다. 특히 질환기전 연구나 약물 전달체 기술의 경우 대학이나 연구소를 통해 개발된 것이 대부분이다. 특히 기초과학 연구성과가 신규 모달리티 약물개발에 적용될 때까지는 통상 30~40년 이상이 소요되는데[29], 이는 새로운 모달리티를 구성하는 구성요소들이 서로 독립적으로 연구돼서 공진화를 이루기 어려웠기 때문에 비교적 오랜 기간이 소요되는 것이다. 하지만 각각의 구성요소가 준비된 상태에서는 체계통합을 구성하는 데 소요되는 기간은 매우 짧다. 공진화에 따라 진화속도가 빠르게 진행되기 때문이다. 따라서 미래 빅파마 진입을 꿈꾸는 바이오텍이라면 가장 적합한 타깃 모달리티를 설계하고 target modality profile, 이러한 모달리티를 구성할 수 있는 구성요소들에 대해 이미 어느 정도 기술혁신 성과를 가진 연구자 간 컬래버레이션 collaboration을 구성, 시스템 통합자로서 코디네이팅 전략을 운영할 필요가 있다. 이를 위한 사전 준비로는 유럽 차원에서 신약개발 생산성 위기를 돌파하고 신약개발 경쟁력 강화를 위해 진행하고 있는 이노베이티브 메디신 이니셔티브

Innovative Medicine Initiative와 같은 글로벌 협력 프로그램에 참여, 기술탐색과 협력 파트너 발굴 지평을 확대하는 것도 적극적으로 고려할 필요가 있다. 전 세계 연구자들 중 모두가 불가능할 것이라고 예상하는 문제를 해결하기 위해 남들과는 전혀 다른 아이디어로 기발한 연구 아이디어를 가진 사람들이 우리가 예상하는 것보다는 훨씬 많다. 문제는 설계와 조합하는 능력이다.

이와 관련, 국내 연구개발 정책도 변화할 필요가 있다. 특히, 흔히 분류되는 응용기술, 실용화 기술개발 사업의 경우 굳이 정부가 나서지 않아도 사업적 가치가 충분하다면 기업체가 나서서 연구개발에 나선다. 반면에 사업성이 없다면 정부나 공공연구기관이 제아무리 발 벗고 나서서 이끈다 해도 투자재원 대비 만족할 만한 성과를 거둘 수 없다. 따라서 이와 같은 분류의 연구개발은 정부 재원을 투입해 대학이나 공공연구기관이 공급자 주도 형태로 진행하기보다는 해당 연구개발에 투자하는 민간기업에 적절한 수준의 세액공제를 제공하는 것으로 충분하다. 게다가 신약개발의 경우 산업화에 필요한 재원은 정부예산으로 감당하기 어려운 규모라는 점도 고려할 필요가 있다. 이러한 재원은 정부예산이 아니라 민간 자본시장을 효율화하는 방식으로 해결해야 하며, 민간 자본시장이 제대로 작동한다면 정부가 나서서 신약개발 연구과제를 지원해주지 않아도 기업들 스스로가 발 벗고 나설 수 있을 것이다. 정부는 이보다는 질환병리 연구, 생물학적 발견, 대규모 국제 공동연구 등을 지속적으로 확대·강화하는 것이 무엇보다 중요하다. 우수한 기초원천 연구성과가 창출되면 기업들이 먼저 해당 기술을 적용하고자 나설 것이다.

이와는 별도로 정부가 특히 집중해야 할 영역이 있다. 신약개발 차세대 모달리티 개발은 우리와 같은 후발주자가 기존 시장 질서를 무너뜨리고 새로운 지배기업으로 진입하기 위해 필수적인 결정적 무기이다. 하지만 앞서도 살펴본 것처럼 새로운 신약 모달리티의 등장에서부터 플랫폼 통합이 이루어지기까지 통상 15년~20년 이상이 소요되기에 개별기업이 차세대 모달리티 통합 플랫폼을 단독으로 구축할 수 없다. 또한 자본시장의 투자사이클(5년~10년)로도 감당이 어렵다. 특히 이런 유형의 연구개발 사업은 산·학·연이 경쟁 전pre-competitive 공통기반을 확보, 관련 기업체 간 클러스터링 효과가 유도될 수 있도록 운영하는 것이 중요하다. 따라서 정부의 집중적 투자와 임무 중심 선단형(관련 기술·금융 생태계 전반의 육성을 포함하는) 연구가 효율적으로 작동할 수 있도록 코디네이팅 역할이 필수적이다.

넷째, 질환 타깃의 문제이다. 1980년대 이전 블록버스터 약물은 주로 항생제, 항우울제, 심혈관계와 대사질환 치료제 중심으로 개발됐고, 2000년대 이후에는 자가면역, 항암, 다발경화증과 희귀질환 중심으로 개발됐다. 최근에는 비만, 간질환 치료제 중심의 개발경쟁이 치열하다. 그렇다면 2030년대 이후에는 어떤 질환이 블록버스터급 약물로 주목을 받게 될까? 항암치료제는 2030년대 이후에도 여전히 매우 높은 미충족 의료 수요를 가지고 있을 것이며, 자가면역 역시 근본적 치료는 어려울 것이다.

특히 항암제의 경우 암 전이 경로 등을 공략, 관리가능한 치료제에서 완치 가능한 치료제를 개발할 필요가 있고, 자가면역 치료제 역시 리간드ligand보다는 수용체receptor를 차단하거나 면역세포의 기능을 조절하는 방향으로 치료제 개발이 필요하다. 알츠하이머병, 파킨슨병, 근위축성측삭경화증(루게릭병, ALS) 등 퇴행성 뇌질환은 역시 현재로서는 마땅한 치료법이 없는 질환으로 새로운 작용기전을 공략하는 게 중요하다. 여기에 기후위기와 인구고령화에 따라 감염성 질환, 호흡기 관련 폐질환에 대한 치료제 개발 요구가 높을 것으로 예상되고, 퇴행성 질환과 관련된 항노화 치료제 개발에 대한 관심 역시 뜨거울 것이다. 누구든 이들 질환 분야에 대해 근본적 치료법을 제시한다면 크게 성장할 수 있다. 하지만 문제는 이들 질환의 경우 만성적인 과정의 누적적 결과이기에 병리기전 자체가 매우 복잡하고 불확실하다는 점이다. 2030년 글로벌 도약을 꿈꾸는 기업이라면 이처럼 도래할 주요 질환에 대한 병리학적 기전연구에 주목해야 하는 이유이다.[30]

 주석

(1) Trends of drug licensing in China: From bring-in to go-global, Pharmacological Research, 2024, Dec
(2) 최근 제약산업 생태계 변화에 대해서는 The Price of Healthcare, Michael Kinch and Lori Weiman, Pegasus Books, 2021을 참조
(3) The Global Use of Medicines 2024: Outlook to 2028, IQVIA, 2024
(4) First-time launchers in the pharmaceutical industry, McKinsey Company. 2021
(5) The pharmaceutical productivity gap - Incremental decline in R&D efficiency despite transient improvements, Kenneth D.S. et al, Drug Discovery Today, 2024. Nov
(6) 출시된 신약의 매출액을 연구개발 생산성 분석에 포함하지는 않는다. 출시 신약의 매출액을 포함한 분석은 빅파마 비즈니스 모델의 지속가능성과 투자생산성에 대한 별도의 분석에서 다룬다.
(7) Diagnosing the decline in pharmaceutical R&D efficiency, Nature Review of Drug Discovery, Jack W. Scannell et al, 2012, Mar
(8) Analysis of pharma R&D productivity-a new perspective needed, Alexander Schuhmacher at el, Drug Discovery Today, Vol, 28, 2023, Oct
(9) Unleash AI's potential-Measuring the return from pharmaceutical innovation, Delloitte, 2024
(10) Making more medicines that matter, McKinsey, 2024
(11) 2020년대 계열 내 최초 약물의 시장 점유율이 2010년대에 비해 낮아지고, 5위권 이내 후속개발 제품의 시장점유율 증가현상에 대한 분석결과는 First-in-class versus best-in-class: an update for new market dynamics, Lindsay Spring et al, Nature Review of Drug Discovery, 2023, April을 참조
(12) Breakthrough Therapy Cancer Drugs and Indications With FDA Approval: Development Time, Innovation, Trials, Clinical Benefit, Epidemiology, and Price, Journal of National Comprehensive Cancer Network, 2024, Vol.22
(13) Overall survival benefits of cancer drugs initially approved by the US Food and Drug Administration on the basis of immature survival data: a retrospective analysis, Lancet Oncol 2024; 25: 760-69
(14) Herding in the drug development pipeline, Nature Review of Drug Discovery, 2023, Aug
(15) The financialisation of Big Pharma. SOMO Report, 2020; www.somo.nl
(16) 2023년 기준 MSD 305억 달러, 로슈 155억 달러, 존슨앤드존슨 150억 달러, 노바티스 113억 달러, 아스트라제네카 100억 달러, 화이자 105억 달러, 일라이릴리 93억 달러, BMS 92억 달러, 애브비 76억 달러, 사노피 71억 달러 연구개발에 투자

(17) https://www.reuters.com/business/healthcare-pharmaceuticals/starboard-value-ceo-says-pfizers-board-should-hold-management-accountable-2024-10-22/
(18) US biopharmaceutical finance and the sustainability of the biotech business model, Research Policy, Vol 40, 2011, Nov
(19) Drug Pricing Investigation, Industry Spending on Buybacks, Dividends, and Executive Compensation, Staff Report Committee on Oversight and Reform U.S. House of Representatives. 2021
(20) https://cdek.pharmacy.purdue.edu/org/trends/
(21) 미국 바이오산업협회 BIO가 2021년 발표한 보고서에 의하면, 바이오마커 기반 임상 성공률은 15.9%로 바이오마커 없는 임상성공률 7.6%의 두 배 정도가 개선됐다. 특히 임상 1상과 3상에서는 별다른 차이가 없었지만 임상 2상에서는 46.3% 대 28.3%로 큰 차이를 만들어 낸 것으로 보고됐다. Clinical Development Success Rates and Contributing Factors 2011-2020, BIO, 2021
(22) 아스트라제네카는 이러한 신약개발 프레임워크를 5R, 즉 Right Target, Right Tissue, Right Safety, Right Patients, Right Commercial Potential로 제안하기도 했다. Impact of a five-dimensional framework on R&D productivity at AstraZeneca, Nature Review of Drug Discovery, 2018, Mar
(23) Drug discovery effectiveness from the standpoint of therapeutic mechanisms and indications, Nature Review of Drug Discovery, 2018, Jan
(24) Drugging Undruggable Molecular Cancer Targets, John S. Lazo, Annaul Review of Pharmacology and Toxicology, 2016, vol 56
(25) Target Central Resource Database (TCRD)/Pharos에 의하면 2979개의 승인된 약물, 5009개의 특허권으로 보호되는 비임상 약물이 존재하는데, 이들이 공략하는 단백질 타깃은 전체 타깃의 10% 이내인 2,000여 개에 불과하다.
(26) A comprehensive map of molecular drug targets, Nature Review of Drug Discovery, 2016, Dec
(27) RNA as a drug target, R. Mannhold & H. Buschmann, Wiley-VCH, 2024
(28) Know your molecule: pharmacological characterization of drug candidates to enhance efficacy and reduce late-stage attrition, Nature Review of Drug Discovery, 2024, Aug
(29) Fundamental science behind today's important medicines, Scince Translational Medicine, 2018, April
(30) 사망률 기준과 질환부담 기준 1990년 대비 2030년대 빠르게 성장하는 미충족 의료 수요 질환군에 대해서는 https://vizhub.healthdata.org/gbd-compare/을 참조

 참고문헌

- A Prescription for Change, Kinch, Michael, North Carolina University Press, 2016
- Antibodies for Treating Cancer, Melvyn Little, Springer, 2021
- Antibody Mediated Drug Delivery Systems, Yashwant Pathak, Wiley&Sons Inc, 2012
- Antibody Therapeutics, William J. Harris, CRC Press, 1997
- Antisense Drug Technologies, Stanley T. Crooke, Taylor&Francis, 2001
- Attrition in the Pharmaceutical Industry, Alexander Alex et al, Wiley&Sons Inc, 2015
- Biomedical Politics, National Academies of Sciences, 1991
- Biotech Funding Trend, Alexander Carina Gruber, Wiley&Sons Inc, 2009
- Blockbuster Drugs, Jie Jack Li, Oxford University Press, 2014
- Capitalizing a Cure, Victor Roy, California University Press, 2023
- Evolutionary Innovation, Maureen Mckelvey, Oxford University Press, 2000
- From Alchemy to IPO, Cynthia Robbins Roth, Basic Books, 2000
- From Breakthrough to Blockbuster, Donald L. Drakeman et al, Oxford University Press, 2022
- Gene Dreams, Robert Teitelman, Basic Books, 1989
- Genentech, Sally Smith Hughes, Chicago University Press, 2011
- Insulin-the crooked timber, Kersten T. Hall, Oxford University Press, 2022
- Interferon, the science and selling of miracle drug, Toine Pieters, Routledge, 2005
- Gene Jokeys, Nicolas Rasmussen, Johns Hopkins University, 2014
- Kleiner Perkins History, Glenn E. Bugos, University of California, 2001
- Magic Bullet, Grant Fjermedal, Macmillan, 1984
- Pharmaceutical Innovation, Ralph Landau et al, Chemical Heritage Press, 1999
- RNA as a Drug Target, R. Mannhold & H. Buschmann, Wiley-VCH, 2024
- Science and Innovation, Alfonso Gambadella, Cambridge University Press, 1995
- Science Business, Gary Pisano, Harvard Business Press, 2006
- Science Lesson, Binder Gordon, Harvard Business Press, 2008
- The Antidote: Inside the World of New Pharma, Barry Werth, 2014
- The Business of Healthcare Innovation, Lawton Robert Burns, Cambridge Press, 2020
- The Gene Factory, Jhon Elkington, Carroll&Graf, 1985
- The Golden Helix-inside biotech ventures, Arthus Kornberg, University Science Books, 1995
- The Lock and Key of Medicine, Lara V. Marks, Yale University, 2015
- The Making of Herceptin, Robert Bazell, Random House, 1998
- The Price of Healthcare, Michael Kinch and Lori Weiman, Pegasus Books, 2021
- The Recombinant University, Doogab Yi, Chicago University, 2015
- Therapeutic Monoclonal Antibody, An Zhiqiang, Wiley&Sons Inc, 2009
- Venture Capital, Andrew Metrick&Ayako Yasuda, Wiley&Sons Inc, 2010

BIO Insight 총서 ❹

빅파마로 가는 길

펴낸날	제1판 제1쇄 2025년 3월 27일
지은이	김태억
발행인	김정호
펴낸곳	한국경제신문
편집총괄	임도원
제작·기획 총괄	이선정
편집·제작	유나리
디자인	네거티브에이치
인쇄	도담프린팅
등록	제2006-000008호
주소	서울시 중구 청파로 463 한국경제신문
구입문의	02-360-4652
홈페이지	www.hankyung.com/bioinsight

값 15,900원
ISBN 978-89-475-0150-7(93320)

● 잘못 만들어진 책은 구입하신 곳에서 교환해 드립니다.
● 이 책은 저작권법에 따라 보호받는 저작물이므로 무단 전재와 복제를 금합니다.